上海全国名特优新农产品和农耕农品工作指南

上海市农产品质量安全中心　编

沈秀平　刘东亮　刘　洋　主编

中国农业科学技术出版社

图书在版编目（CIP）数据

上海全国名特优新农产品和农耕农品工作指南 / 上海市农产品质量安全中心编；沈秀平，刘东亮，刘洋主编. -- 北京：中国农业科学技术出版社，2025. 6.

ISBN 978-7-5116-7329-9

Ⅰ. F724. 72-62

中国国家版本馆 CIP 数据核字第 2025537J9Y 号

责任编辑 王惟萍
责任校对 王 彦
责任印制 姜义伟 王思文

出 版 者 中国农业科学技术出版社
北京市中关村南大街 12 号 邮编：100081
电 话 （010）82106643（编辑室） （010）82106624（发行部）
（010）82109709（读者服务部）
网 址 https://castp.caas.cn
经 销 者 各地新华书店
印 刷 者 北京科信印刷有限公司
开 本 185 mm × 260 mm 1/16
印 张 18.5
字 数 385 千字
版 次 2025 年 6 月第 1 版 2025 年 6 月第 1 次印刷
定 价 98.00 元

《上海全国名特优新农产品和农耕农品工作指南》

编委会

前　言

习近平总书记指出，产业振兴是乡村振兴的重中之重，也是实际工作的切入点。各地推动产业振兴，要把“土特产”这3个字琢磨透。“土”讲的是基于一方水土，开发乡土资源；“特”讲的是突出地域特点，体现当地风情；“产”讲的是真正建成产业、形成集群。要依托农业农村特色资源，向开发农业多种功能、挖掘乡村多元价值要效益，向一二三产业融合发展要效益，强龙头、补链条、兴业态、树品牌，推动乡村产业全链条升级，增强市场竞争力和可持续发展能力。

依托农业农村自然禀赋和农耕文化大力开展全国名特优新农产品登录和农耕农品记忆索引工作是发展特色产业，做好“土特产”文章的重要实践。为了让从业人员系统、全面、准确掌握上海全国名特优新农产品登录及农耕农品记忆索引名录遴选，上海市农产品质量安全中心结合上级部门有关文件精神和上海市近年来的工作实践，组织编写了《上海全国名特优新农产品和农耕农品工作指南》。本书对全国名特优新农产品及农耕农品工作政策法规、工作流程、工作难点等进行了系统总结、归纳、提炼，并有针对性地补充了典型案例，文字通俗易懂，范例图文并茂。全书共分为政策法规篇、名特优新篇和农耕农品篇，力求体现理论性、全面性、科学性和实践性特点。

本书对关注全国名特优新及农耕农品事业发展的各级政府有关部门、申请主体、相关企业和从业人员具有良好的指导性和参考性。

编　者

2025年3月

目　录

第一篇　政策法规篇

政策法规

政策文件

第二篇　名特优新篇

第一章　政策引导

第一篇

政策法规篇

上海全国名特优新农产品和农耕农品工作指南

政策法规

中华人民共和国农产品质量安全法

《中华人民共和国农产品质量安全法》经2006年4月29日第十届全国人民代表大会常务委员会第二十一次会议通过，中华人民共和国主席令（第四十九号）公布，历经2018年修正，2022年修订，共八章节八十一条。该法修订版于2023年1月1日正式实施。

第一章　总　则

第一条　为了保障农产品质量安全，维护公众健康，促进农业和农村经济发展，制定本法。

第二条　本法所称农产品，是指来源于种植业、林业、畜牧业和渔业等的初级产品，即在农业活动中获得的植物、动物、微生物及其产品。

本法所称农产品质量安全，是指农产品质量达到农产品质量安全标准，符合保障人的健康、安全的要求。

第三条　与农产品质量安全有关的农产品生产经营及其监督管理活动，适用本法。

《中华人民共和国食品安全法》对食用农产品的市场销售、有关质量安全标准的制定、有关安全信息的公布和农业投入品已经作出规定的，应当遵守其规定。

第四条　国家加强农产品质量安全工作，实行源头治理、风险管理、全程控制，建立科学、严格的监督管理制度，构建协同、高效的社会共治体系。

第五条 国务院农业农村主管部门、市场监督管理部门依照本法和规定的职责，对农产品质量安全实施监督管理。

国务院其他有关部门依照本法和规定的职责承担农产品质量安全的有关工作。

第六条 县级以上地方人民政府对本行政区域的农产品质量安全工作负责，统一领导、组织、协调本行政区域的农产品质量安全工作，建立健全农产品质量安全工作机制，提高农产品质量安全水平。

县级以上地方人民政府应当依照本法和有关规定，确定本级农业农村主管部门、市场监督管理部门和其他有关部门的农产品质量安全监督管理工作职责。各有关部门在职责范围内负责本行政区域的农产品质量安全监督管理工作。

乡镇人民政府应当落实农产品质量安全监督管理责任，协助上级人民政府及其有关部门做好农产品质量安全监督管理工作。

第七条 农产品生产经营者应当对其生产经营的农产品质量安全负责。

农产品生产经营者应当依照法律、法规和农产品质量安全标准从事生产经营活动，诚信自律，接受社会监督，承担社会责任。

第八条 县级以上人民政府应当将农产品质量安全管理工作纳入本级国民经济和社会发展规划，所需经费列入本级预算，加强农产品质量安全监督管理能力建设。

第九条 国家引导、推广农产品标准化生产，鼓励和支持生产绿色优质农产品，禁止生产、销售不符合国家规定的农产品质量安全标准的农产品。

第十条 国家支持农产品质量安全科学技术研究，推行科学的质量安全管理方法，推广先进安全的生产技术。国家加强农产品质量安全科学技术国际交流与合作。

第十一条 各级人民政府及有关部门应当加强农产品质量安全知识的宣传，发挥基层群众性自治组织、农村集体经济组织的优势和作用，指导农产品生产经营者加强质量安全管理，保障农产品消费安全。

新闻媒体应当开展农产品质量安全法律、法规和农产品质量安全知识的公益宣传，对违法行为进行舆论监督。有关农产品质量安全的宣传报道应当真实、公正。

第十二条 农民专业合作社和农产品行业协会等应当及时为其成员提供生产技术服务，建立农产品质量安全管理制度，健全农产品质量安全控制体系，加强自律管理。

第二章　农产品质量安全风险管理和标准制定

第十三条 国家建立农产品质量安全风险监测制度。

国务院农业农村主管部门应当制定国家农产品质量安全风险监测计划，并对重点区域、重点农产品品种进行质量安全风险监测。省、自治区、直辖市人民政府农业农村主管部门应当根据国家农产品质量安全风险监测计划，结合本行政区域农产品生产经营实际，制定本行政区域的农产品质量安全风险监测实施方案，并报国务院农业农村主管部门备案。县级以上地方人民政府农业农村主管部门负责组织实施本行政区域的农产品质量安全风险监测。

县级以上人民政府市场监督管理部门和其他有关部门获知有关农产品质量安全风险信息后，应当立即核实并向同级农业农村主管部门通报。接到通报的农业农村主管部门应当及时上报。制定农产品质量安全风险监测计划、实施方案的部门应当及时研究分析，必要时进行调整。

第十四条　国家建立农产品质量安全风险评估制度。

国务院农业农村主管部门应当设立农产品质量安全风险评估专家委员会，对可能影响农产品质量安全的潜在危害进行风险分析和评估。国务院卫生健康、市场监督管理等部门发现需要对农产品进行质量安全风险评估的，应当向国务院农业农村主管部门提出风险评估建议。

农产品质量安全风险评估专家委员会由农业、食品、营养、生物、环境、医学、化工等方面的专家组成。

第十五条　国务院农业农村主管部门应当根据农产品质量安全风险监测、风险评估结果采取相应的管理措施，并将农产品质量安全风险监测、风险评估结果及时通报国务院市场监督管理、卫生健康等部门和有关省、自治区、直辖市人民政府农业农村主管部门。

县级以上人民政府农业农村主管部门开展农产品质量安全风险监测和风险评估工作时，可以根据需要进入农产品产地、储存场所及批发、零售市场。采集样品应当按照市场价格支付费用。

第十六条　国家建立健全农产品质量安全标准体系，确保严格实施。农产品质量安全标准是强制执行的标准，包括以下与农产品质量安全有关的要求：

（一）农业投入品质量要求、使用范围、用法、用量、安全间隔期和休药期规定；

（二）农产品产地环境、生产过程管控、储存、运输要求；

（三）农产品关键成分指标等要求；

（四）与屠宰畜禽有关的检验规程；

（五）其他与农产品质量安全有关的强制性要求。

《中华人民共和国食品安全法》对食用农产品的有关质量安全标准作出规定的，依照其规定执行。

第十七条　农产品质量安全标准的制定和发布，依照法律、行政法规的规定执行。

制定农产品质量安全标准应当充分考虑农产品质量安全风险评估结果，并听取农产品生产经营者、消费者、有关部门、行业协会等的意见，保障农产品消费安全。

第十八条　农产品质量安全标准应当根据科学技术发展水平以及农产品质量安全

的需要，及时修订。

第十九条 农产品质量安全标准由农业农村主管部门商有关部门推进实施。

第三章 农产品产地

第二十条 国家建立健全农产品产地监测制度。

县级以上地方人民政府农业农村主管部门应当会同同级生态环境、自然资源等部门制定农产品产地监测计划，加强农产品产地安全调查、监测和评价工作。

第二十一条 县级以上地方人民政府农业农村主管部门应当会同同级生态环境、自然资源等部门按照保障农产品质量安全的要求，根据农产品品种特性和产地安全调查、监测、评价结果，依照土壤污染防治等法律、法规的规定提出划定特定农产品禁止生产区域的建议，报本级人民政府批准后实施。

任何单位和个人不得在特定农产品禁止生产区域种植、养殖、捕捞、采集特定农产品和建立特定农产品生产基地。

特定农产品禁止生产区域划定和管理的具体办法由国务院农业农村主管部门商国务院生态环境、自然资源等部门制定。

第二十二条 任何单位和个人不得违反有关环境保护法律、法规的规定向农产品产地排放或者倾倒废水、废气、固体废物或者其他有毒有害物质。

农业生产用水和用作肥料的固体废物，应当符合法律、法规和国家有关强制性标准的要求。

第二十三条 农产品生产者应当科学合理使用农药、兽药、肥料、农用薄膜等农业投入品，防止对农产品产地造成污染。

农药、肥料、农用薄膜等农业投入品的生产者、经营者、使用者应当按照国家有关规定回收并妥善处置包装物和废弃物。

第二十四条 县级以上人民政府应当采取措施，加强农产品基地建设，推进农业标准化示范建设，改善农产品的生产条件。

第四章 农产品生产

第二十五条 县级以上地方人民政府农业农村主管部门应当根据本地区的实际情况，制定保障农产品质量安全的生产技术要求和操作规程，并加强对农产品生产经营者的培训和指导。

农业技术推广机构应当加强对农产品生产经营者质量安全知识和技能的培训。国家鼓励科研教育机构开展农产品质量安全培训。

第二十六条 农产品生产企业、农民专业合作社、农业社会化服务组织应当加强农产品质量安全管理。

农产品生产企业应当建立农产品质量安全管理制度，配备相应的技术人员；不具备配备条件的，应当委托具有专业技术知识的人员进行农产品质量安全指导。

国家鼓励和支持农产品生产企业、农民专业合作社、农业社会化服务组织建立和实施危害分析和关键控制点体系，实施良好农业规范，提高农产品质量安全管理水平。

第二十七条 农产品生产企业、农民专业合作社、农业社会化服务组织应当建立农产品生产记录，如实记载下列事项：

（一）使用农业投入品的名称、来源、用法、用量和使用、停用的日期；

（二）动物疫病、农作物病虫害的发生和防治情况；

（三）收获、屠宰或者捕捞的日期。

农产品生产记录应当至少保存二年。禁止伪造、变造农产品生产记录。

国家鼓励其他农产品生产者建立农产品生产记录。

第二十八条 对可能影响农产品质量安全的农药、兽药、饲料和饲料添加剂、肥料、兽医器械，依照有关法律、行政法规的规定实行许可制度。

省级以上人民政府农业农村主管部门应当定期或者不定期组织对可能危及农产品质量安全的农药、兽药、饲料和饲料添加剂、肥料等农业投入品进行监督抽查，并公布抽查结果。

农药、兽药经营者应当依照有关法律、行政法规的规定建立销售台账，记录购买者、销售日期和药品施用范围等内容。

第二十九条 农产品生产经营者应当依照有关法律、行政法规和国家有关强制性标准、国务院农业农村主管部门的规定，科学合理使用农药、兽药、饲料和饲料添加剂、肥料等农业投入品，严格执行农业投入品使用安全间隔期或者休药期的规定；不得超范围、超剂量使用农业投入品危及农产品质量安全。

禁止在农产品生产经营过程中使用国家禁止使用的农业投入品以及其他有毒有害物质。

第三十条 农产品生产场所以及生产活动中使用的设施、设备、消毒剂、洗涤剂等应当符合国家有关质量安全规定，防止污染农产品。

第三十一条 县级以上人民政府农业农村主管部门应当加强对农业投入品使用的监督管理和指导，建立健全农业投入品的安全使用制度，推广农业投入品科学使用技术，普及安全、环保农业投入品的使用。

第三十二条 国家鼓励和支持农产品生产经营者选用优质特色农产品品种，采用绿色生产技术和全程质量控制技术，生产绿色优质农产品，实施分等分级，提高农产品品质，打造农产品品牌。

第三十三条 国家支持农产品产地冷链物流基础设施建设，健全有关农产品冷链物流标准、服务规范和监管保障机制，保障冷链物流农产品畅通高效、安全便捷，扩大高品质市场供给。

从事农产品冷链物流的生产经营者应当依照法律、法规和有关农产品质量安全标准，加强冷链技术创新与应用、质量安全控制，执行对冷链物流农产品及其包装、运输工具、作业环境等的检验检测检疫要求，保证冷链农产品质量安全。

第五章 农产品销售

第三十四条 销售的农产品应当符合农产品质量安全标准。

农产品生产企业、农民专业合作社应当根据质量安全控制要求自行或者委托检测机构对农产品质量安全进行检测；经检测不符合农产品质量安全标准的农产品，应当及时采取管控措施，且不得销售。

农业技术推广等机构应当为农户等农产品生产经营者提供农产品检测技术服务。

第三十五条 农产品在包装、保鲜、储存、运输中所使用的保鲜剂、防腐剂、添加剂、包装材料等，应当符合国家有关强制性标准以及其他农产品质量安全规定。

储存、运输农产品的容器、工具和设备应当安全、无害。禁止将农产品与有毒有害物质一同储存、运输，防止污染农产品。

第三十六条 有下列情形之一的农产品，不得销售：

（一）含有国家禁止使用的农药、兽药或者其他化合物；

（二）农药、兽药等化学物质残留或者含有的重金属等有毒有害物质不符合农产品质量安全标准；

（三）含有的致病性寄生虫、微生物或者生物毒素不符合农产品质量安全标准；

（四）未按照国家有关强制性标准以及其他农产品质量安全规定使用保鲜剂、防腐剂、添加剂、包装材料等，或者使用的保鲜剂、防腐剂、添加剂、包装材料等不符合国家有关强制性标准以及其他质量安全规定；

（五）病死、毒死或者死因不明的动物及其产品；

（六）其他不符合农产品质量安全标准的情形。

对前款规定不得销售的农产品，应当依照法律、法规的规定进行处置。

第三十七条 农产品批发市场应当按照规定设立或者委托检测机构，对进场销售的农产品质量安全状况进行抽查检测；发现不符合农产品质量安全标准的，应当要求销售者立即停止销售，并向所在地市场监督管理、农业农村等部门报告。

农产品销售企业对其销售的农产品，应当建立健全进货检查验收制度；经查验不符合农产品质量安全标准的，不得销售。

食品生产者采购农产品等食品原料，应当依照《中华人民共和国食品安全法》的规定查验许可证和合格证明，对无法提供合格证明的，应当按照规定进行检验。

第三十八条 农产品生产企业、农民专业合作社以及从事农产品收购的单位或者个人销售的农产品，按照规定应当包装或者附加承诺达标合格证等标识的，须经包装或者附加标识后方可销售。包装物或者标识上应当按照规定标明产品的品名、产地、生产者、生产日期、保质期、产品质量等级等内容；使用添加剂的，还应当按照规定标明添加剂的名称。具体办法由国务院农业农村主管部门制定。

第三十九条 农产品生产企业、农民专业合作社应当执行法律、法规的规定和国家有关强制性标准，保证其销售的农产品符合农产品质量安全标准，并根据质量安全控制、检测结果等开具承诺达标合格证，承诺不使用禁用的农药、兽药及其他化合物且使用的常规农药、兽药残留不超标等。鼓励和支持农户销售农产品时开具承诺达标合格证。法律、行政法规对畜禽产品的质量安全合格证明有特别规定的，应当遵守其规定。

从事农产品收购的单位或者个人应当按照规定收取、保存承诺达标合格证或者其他质量安全合格证明，对其收购的农产品进行混装或者分装后销售的，应当按照规定开具承诺达标合格证。

农产品批发市场应当建立健全农产品承诺达标合格证查验等制度。

县级以上人民政府农业农村主管部门应当做好承诺达标合格证有关工作的指导服务，加强日常监督检查。

农产品质量安全承诺达标合格证管理办法由国务院农业农村主管部门会同国务院有关部门制定。

第四十条 农产品生产经营者通过网络平台销售农产品的，应当依照本法和《中华人民共和国电子商务法》、《中华人民共和国食品安全法》等法律、法规的规定，严格落实质量安全责任，保证其销售的农产品符合质量安全标准。网络平台经营者应当依法加强对农产品生产经营者的管理。

第四十一条 国家对列入农产品质量安全追溯目录的农产品实施追溯管理。国务院农业农村主管部门应当会同国务院市场监督管理等部门建立农产品质量安全追溯协作机制。农产品质量安全追溯管理办法和追溯目录由国务院农业农村主管部门会同国务院市场监督管理等部门制定。

国家鼓励具备信息化条件的农产品生产经营者采用现代信息技术手段采集、留存生产记录、购销记录等生产经营信息。

第四十二条 农产品质量符合国家规定的有关优质农产品标准的，农产品生产经营者可以申请使用农产品质量标志。禁止冒用农产品质量标志。

国家加强地理标志农产品保护和管理。

第四十三条 属于农业转基因生物的农产品，应当按照农业转基因生物安全管理的有关规定进行标识。

第四十四条 依法需要实施检疫的动植物及其产品，应当附具检疫标志、检疫证明。

第六章 监督管理

第四十五条 县级以上人民政府农业农村主管部门和市场监督管理等部门应当建立健全农产品质量安全全程监督管理协作机制，确保农产品从生产到消费各环节的质量安全。

县级以上人民政府农业农村主管部门和市场监督管理部门应当加强收购、储存、运输过程中农产品质量安全监督管理的协调配合和执法衔接，及时通报和共享农产品质量安全监督管理信息，并按照职责权限，发布有关农产品质量安全日常监督管理信息。

第四十六条 县级以上人民政府农业农村主管部门应当根据农产品质量安全风险监测、风险评估结果和农产品质量安全状况等，制定监督抽查计划，确定农产品质量安全监督抽查的重点、方式和频次，并实施农产品质量安全风险分级管理。

第四十七条 县级以上人民政府农业农村主管部门应当建立健全随机抽查机制，按照监督抽查计划，组织开展农产品质量安全监督抽查。

农产品质量安全监督抽查检测应当委托符合本法规定条件的农产品质量安全检测机构进行。监督抽查不得向被抽查人收取费用，抽取的样品应当按照市场价格支付费用，并不得超过国务院农业农村主管部门规定的数量。

上级农业农村主管部门监督抽查的同批次农产品，下级农业农村主管部门不得另行重复抽查。

第四十八条 农产品质量安全检测应当充分利用现有的符合条件的检测机构。

从事农产品质量安全检测的机构，应当具备相应的检测条件和能力，由省级以上人民政府农业农村主管部门或者其授权的部门考核合格。具体办法由国务院农业农村主管部门制定。

农产品质量安全检测机构应当依法经资质认定。

第四十九条 从事农产品质量安全检测工作的人员，应当具备相应的专业知识和实际操作技能，遵纪守法，恪守职业道德。

农产品质量安全检测机构对出具的检测报告负责。检测报告应当客观公正，检测数据应当真实可靠，禁止出具虚假检测报告。

第五十条 县级以上地方人民政府农业农村主管部门可以采用国务院农业农村主管部门会同国务院市场监督管理等部门认定的快速检测方法，开展农产品质量安全监督抽查检测。抽查检测结果确定有关农产品不符合农产品质量安全标准的，可以作为行政处罚的证据。

第五十一条 农产品生产经营者对监督抽查检测结果有异议的，可以自收到检测结果之日起五个工作日内，向实施农产品质量安全监督抽查的农业农村主管部门或者其上一级农业农村主管部门申请复检。复检机构与初检机构不得为同一机构。

采用快速检测方法进行农产品质量安全监督抽查检测，被抽查人对检测结果有异议的，可以自收到检测结果时起四小时内申请复检。复检不得采用快速检测方法。

复检机构应当自收到复检样品之日起七个工作日内出具检测报告。

因检测结果错误给当事人造成损害的，依法承担赔偿责任。

第五十二条 县级以上地方人民政府农业农村主管部门应当加强对农产品生产的监督管理，开展日常检查，重点检查农产品产地环境、农业投入品购买和使用、农产品生产记录、承诺达标合格证开具等情况。

国家鼓励和支持基层群众性自治组织建立农产品质量安全信息员工作制度，协助开展有关工作。

第五十三条 开展农产品质量安全监督检查，有权采取下列措施：

（一）进入生产经营场所进行现场检查，调查了解农产品质量安全的有关情况；

（二）查阅、复制农产品生产记录、购销台账等与农产品质量安全有关的资料；

（三）抽样检测生产经营的农产品和使用的农业投入品以及其他有关产品；

（四）查封、扣押有证据证明存在农产品质量安全隐患或者经检测不符合农产品质量安全标准的农产品；

（五）查封、扣押有证据证明可能危及农产品质量安全或者经检测不符合产品质量标准的农业投入品以及其他有毒有害物质；

（六）查封、扣押用于违法生产经营农产品的设施、设备、场所以及运输工具；

（七）收缴伪造的农产品质量标志。

农产品生产经营者应当协助、配合农产品质量安全监督检查，不得拒绝、阻挠。

第五十四条 县级以上人民政府农业农村等部门应当加强农产品质量安全信用体系建设，建立农产品生产经营者信用记录，记载行政处罚等信息，推进农产品质量安全信用信息的应用和管理。

第五十五条 农产品生产经营过程中存在质量安全隐患，未及时采取措施消除的，县级以上地方人民政府农业农村主管部门可以对农产品生产经营者的法定代表人或者主要负责人进行责任约谈。农产品生产经营者应当立即采取措施，进行整改，消除隐患。

第五十六条 国家鼓励消费者协会和其他单位或者个人对农产品质量安全进行社会监督，对农产品质量安全监督管理工作提出意见和建议。任何单位和个人有权对违反本法的行为进行检举控告、投诉举报。

县级以上人民政府农业农村主管部门应当建立农产品质量安全投诉举报制度，公开投诉举报渠道，收到投诉举报后，应当及时处理。对不属于本部门职责的，应当移交有权处理的部门并书面通知投诉举报人。

第五十七条 县级以上地方人民政府农业农村主管部门应当加强对农产品质量安全执法人员的专业技术培训并组织考核。不具备相应知识和能力的，不得从事农产品质量安全执法工作。

第五十八条 上级人民政府应当督促下级人民政府履行农产品质量安全职责。对农产品质量安全责任落实不力、问题突出的地方人民政府，上级人民政府可以对其主要负责人进行责任约谈。被约谈的地方人民政府应当立即采取整改措施。

第五十九条 国务院农业农村主管部门应当会同国务院有关部门制定国家农产品质量安全突发事件应急预案，并与国家食品安全事故应急预案相衔接。

县级以上地方人民政府应当根据有关法律、行政法规的规定和上级人民政府的农产品质量安全突发事件应急预案，制定本行政区域的农产品质量安全突发事件应急预案。

发生农产品质量安全事故时，有关单位和个人应当采取控制措施，及时向所在地乡镇人民政府和县级人民政府农业农村等部门报告；收到报告的机关应当按照农产品质量安全突发事件应急预案及时处理并报本级人民政府、上级人民政府有关部门。发生重大农产品质量安全事故时，按照规定上报国务院及其有关部门。

任何单位和个人不得隐瞒、谎报、缓报农产品质量安全事故，不得隐匿、伪造、毁灭有关证据。

第六十条 县级以上地方人民政府市场监督管理部门依照本法和《中华人民共和国食品安全法》等法律、法规的规定，对农产品进入批发、零售市场或者生产加工企业后的生产经营活动进行监督检查。

第六十一条 县级以上人民政府农业农村、市场监督管理等部门发现农产品质量安全违法行为涉嫌犯罪的，应当及时将案件移送公安机关。对移送的案件，公安机关应当及时审查；认为有犯罪事实需要追究刑事责任的，应当立案侦查。

公安机关对依法不需要追究刑事责任但应当给予行政处罚的，应当及时将案件移送农业农村、市场监督管理等部门，有关部门应当依法处理。

公安机关商请农业农村、市场监督管理、生态环境等部门提供检验结论、认定意见以及对涉案农产品进行无害化处理等协助的，有关部门应当及时提供、予以协助。

第七章 法律责任

第六十二条 违反本法规定，地方各级人民政府有下列情形之一的，对直接负责的主管人员和其他直接责任人员给予警告、记过、记大过处分；造成严重后果的，给予降级或者撤职处分：

（一）未确定有关部门的农产品质量安全监督管理工作职责，未建立健全农产品质量安全工作机制，或者未落实农产品质量安全监督管理责任；

（二）未制定本行政区域的农产品质量安全突发事件应急预案，或者发生农产品质量安全事故后未按照规定启动应急预案。

第六十三条 违反本法规定，县级以上人民政府农业农村等部门有下列行为之一的，对直接负责的主管人员和其他直接责任人员给予记大过处分；情节较重的，给予降级或者撤职处分；情节严重的，给予开除处分；造成严重后果的，其主要负责人还应当引咎辞职：

（一）隐瞒、谎报、缓报农产品质量安全事故或者隐匿、伪造、毁灭有关证据；

（二）未按照规定查处农产品质量安全事故，或者接到农产品质量安全事故报告未及时处理，造成事故扩大或者蔓延；

（三）发现农产品质量安全重大风险隐患后，未及时采取相应措施，造成农产品质量安全事故或者不良社会影响；

（四）不履行农产品质量安全监督管理职责，导致发生农产品质量安全事故。

第六十四条 县级以上地方人民政府农业农村、市场监督管理等部门在履行农产品质量安全监督管理职责过程中，违法实施检查、强制等执法措施，给农产品生产经营者造成损失的，应当依法予以赔偿，对直接负责的主管人员和其他直接责任人员依法给予处分。

第六十五条 农产品质量安全检测机构、检测人员出具虚假检测报告的，由县级以上人民政府农业农村主管部门没收所收取的检测费用，检测费用不足一万元的，并处五万元以上十万元以下罚款，检测费用一万元以上的，并处检测费用五倍以上十倍以下罚款；对直接负责的主管人员和其他直接责任人员处一万元以上五万元以下罚款；使消费者的合法权益受到损害的，农产品质量安全检测机构应当与农产品生产经营者承担连带责任。

因农产品质量安全违法行为受到刑事处罚或者因出具虚假检测报告导致发生重大农产品质量安全事故的检测人员，终身不得从事农产品质量安全检测工作。农产品质量安全检测机构不得聘用上述人员。

农产品质量安全检测机构有前两款违法行为的，由授予其资质的主管部门或者机构吊销该农产品质量安全检测机构的资质证书。

第六十六条 违反本法规定，在特定农产品禁止生产区域种植、养殖、捕捞、采集特定农产品或者建立特定农产品生产基地的，由县级以上地方人民政府农业农村主管部门责令停止违法行为，没收农产品和违法所得，并处违法所得一倍以上三倍以下罚款。

违反法律、法规规定，向农产品产地排放或者倾倒废水、废气、固体废物或者其他有毒有害物质的，依照有关环境保护法律、法规的规定处理、处罚；造成损害的，依法承担赔偿责任。

第六十七条 农药、肥料、农用薄膜等农业投入品的生产者、经营者、使用者未按照规定回收并妥善处置包装物或者废弃物的，由县级以上地方人民政府农业农村主管部门依照有关法律、法规的规定处理、处罚。

第六十八条 违反本法规定，农产品生产企业有下列情形之一的，由县级以上地方人民政府农业农村主管部门责令限期改正；逾期不改正的，处五千元以上五万元以下罚款：

（一）未建立农产品质量安全管理制度；

（二）未配备相应的农产品质量安全管理技术人员，且未委托具有专业技术知识的人员进行农产品质量安全指导。

第六十九条 农产品生产企业、农民专业合作社、农业社会化服务组织未依照本法规定建立、保存农产品生产记录，或者伪造、变造农产品生产记录的，由县级以上地方人民政府农业农村主管部门责令限期改正；逾期不改正的，处二千元以上二万元以下罚款。

第七十条 违反本法规定，农产品生产经营者有下列行为之一，尚不构成犯罪的，由县级以上地方人民政府农业农村主管部门责令停止生产经营、追回已经销售的农产品，对违法生产经营的农产品进行无害化处理或者予以监督销毁，没收违法所得，并可以没收用于违法生产经营的工具、设备、原料等物品；违法生产经营的农产品货值金额不足一万元的，并处十万元以上十五万元以下罚款，货值金额一万元以上的，并处货值金额十五倍以上三十倍以下罚款；对农户，并处一千元以上一万元以下罚款；情节严重的，有许可证的吊销许可证，并可以由公安机关对其直接负责的主管人员和其他直接责任人员处五日以上十五日以下拘留：

（一）在农产品生产经营过程中使用国家禁止使用的农业投入品或者其他有毒有害物质；

（二）销售含有国家禁止使用的农药、兽药或者其他化合物的农产品；

（三）销售病死、毒死或者死因不明的动物及其产品。

明知农产品生产经营者从事前款规定的违法行为，仍为其提供生产经营场所或者其他条件的，由县级以上地方人民政府农业农村主管部门责令停止违法行为，没收违法所得，并处十万元以上二十万元以下罚款；使消费者的合法权益受到损害的，应当与农产品生产经营者承担连带责任。

第七十一条 违反本法规定，农产品生产经营者有下列行为之一，尚不构成犯罪的，由县级以上地方人民政府农业农村主管部门责令停止生产经营、追回已经销售的农产品，对违法生产经营的农产品进行无害化处理或者予以监督销毁，没收违法所得，并可以没收用于违法生产经营的工具、设备、原料等物品；违法生产经营的农产品货值金额不足一万元的，并处五万元以上十万元以下罚款，货值金额一万元以上的，并处货值金额十倍以上二十倍以下罚款；对农户，并处五百元以上五千元以下罚款：

（一）销售农药、兽药等化学物质残留或者含有的重金属等有毒有害物质不符合农产品质量安全标准的农产品；

（二）销售含有的致病性寄生虫、微生物或者生物毒素不符合农产品质量安全标准的农产品；

（三）销售其他不符合农产品质量安全标准的农产品。

第七十二条 违反本法规定，农产品生产经营者有下列行为之一的，由县级以上地方人民政府农业农村主管部门责令停止生产经营、追回已经销售的农产品，对违法生产经营的农产品进行无害化处理或者予以监督销毁，没收违法所得，并可以没收用于违法生产经营的工具、设备、原料等物品；违法生产经营的农产品货值金额不足一万元的，并处五千元以上五万元以下罚款，货值金额一万元以上的，并处货值金额五倍以上十倍以下罚款；对农户，并处三百元以上三千元以下罚款：

（一）在农产品生产场所以及生产活动中使用的设施、设备、消毒剂、洗涤剂等不符合国家有关质量安全规定；

（二）未按照国家有关强制性标准或者其他农产品质量安全规定使用保鲜剂、防腐剂、添加剂、包装材料等，或者使用的保鲜剂、防腐剂、添加剂、包装材料等不符合国家有关强制性标准或者其他质量安全规定；

（三）将农产品与有毒有害物质一同储存、运输。

第七十三条 违反本法规定，有下列行为之一的，由县级以上地方人民政府农业农村主管部门按照职责给予批评教育，责令限期改正；逾期不改正的，处一百元以上一千元以下罚款：

（一）农产品生产企业、农民专业合作社、从事农产品收购的单位或者个人未按照规定开具承诺达标合格证；

（二）从事农产品收购的单位或者个人未按照规定收取、保存承诺达标合格证或者其他合格证明。

第七十四条 农产品生产经营者冒用农产品质量标志，或者销售冒用农产品质量标志的农产品的，由县级以上地方人民政府农业农村主管部门按照职责责令改正，没收违法所得；违法生产经营的农产品货值金额不足五千元的，并处五千元以上五万元以下罚款，货值金额五千元以上的，并处货值金额十倍以上二十倍以下罚款。

第七十五条 违反本法关于农产品质量安全追溯规定的，由县级以上地方人民政府农业农村主管部门按照职责责令限期改正；逾期不改正的，可以处一万元以下罚款。

第七十六条 违反本法规定，拒绝、阻挠依法开展的农产品质量安全监督检查、事故调查处理、抽样检测和风险评估的，由有关主管部门按照职责责令停产停业，并处二千元以上五万元以下罚款；构成违反治安管理行为的，由公安机关依法给予治安管理处罚。

第七十七条 《中华人民共和国食品安全法》对食用农产品进入批发、零售市场或者生产加工企业后的违法行为和法律责任有规定的，由县级以上地方人民政府市场监督管理部门依照其规定进行处罚。

第七十八条 违反本法规定，构成犯罪的，依法追究刑事责任。

第七十九条 违反本法规定，给消费者造成人身、财产或者其他损害的，依法承担民事赔偿责任。生产经营者财产不足以同时承担民事赔偿责任和缴纳罚款、罚金时，先承担民事赔偿责任。

食用农产品生产经营者违反本法规定，污染环境、侵害众多消费者合法权益，损害社会公共利益的，人民检察院可以依照《中华人民共和国民事诉讼法》、《中华人民共和国行政诉讼法》等法律的规定向人民法院提起诉讼。

第八章　附　　则

第八十条 粮食收购、储存、运输环节的质量安全管理，依照有关粮食管理的法律、行政法规执行。

第八十一条 本法自2023年1月1日起施行。

中华人民共和国食品安全法

（2021年4月29日发布）

（2009年2月28日第十一届全国人民代表大会常务委员会第七次会议通过　2015年4月24日第十二届全国人民代表大会常务委员会第十四次会议修订　根据2018年12月29日第十三届全国人民代表大会常务委员会第七次会议《关于修改〈中华人民共和国产品质量法〉等五部法律的决定》第一次修正　根据2021年4月29日第十三届全国人民代表大会常务委员会第二十八次会议《关于修改〈中华人民共和国道路交通安全法〉等八部法律的决定》第二次修正）

第一章　总　　则

第一条　为了保证食品安全，保障公众身体健康和生命安全，制定本法。

第二条　在中华人民共和国境内从事下列活动，应当遵守本法：

（一）食品生产和加工（以下称食品生产），食品销售和餐饮服务（以下称食品经营）；

（二）食品添加剂的生产经营；

（三）用于食品的包装材料、容器、洗涤剂、消毒剂和用于食品生产经营的工具、设备（以下称食品相关产品）的生产经营；

（四）食品生产经营者使用食品添加剂、食品相关产品；

（五）食品的贮存和运输；

（六）对食品、食品添加剂、食品相关产品的安全管理。

供食用的源于农业的初级产品（以下称食用农产品）的质量安全管理，遵守《中华人民共和国农产品质量安全法》的规定。但是，食用农产品的市场销售、有关质量安全标准的制定、有关安全信息的公布和本法对农业投入品作出规定的，应当遵守本法的规定。

第三条　食品安全工作实行预防为主、风险管理、全程控制、社会共治，建立科学、严格的监督管理制度。

第四条　食品生产经营者对其生产经营食品的安全负责。

食品生产经营者应当依照法律、法规和食品安全标准从事生产经营活动，保证食品安全，诚信自律，对社会和公众负责，接受社会监督，承担社会责任。

第五条 国务院设立食品安全委员会，其职责由国务院规定。

国务院食品安全监督管理部门依照本法和国务院规定的职责，对食品生产经营活动实施监督管理。

国务院卫生行政部门依照本法和国务院规定的职责，组织开展食品安全风险监测和风险评估，会同国务院食品安全监督管理部门制定并公布食品安全国家标准。

国务院其他有关部门依照本法和国务院规定的职责，承担有关食品安全工作。

第六条 县级以上地方人民政府对本行政区域的食品安全监督管理工作负责，统一领导、组织、协调本行政区域的食品安全监督管理工作以及食品安全突发事件应对工作，建立健全食品安全全程监督管理工作机制和信息共享机制。

县级以上地方人民政府依照本法和国务院的规定，确定本级食品安全监督管理、卫生行政部门和其他有关部门的职责。有关部门在各自职责范围内负责本行政区域的食品安全监督管理工作。

县级人民政府食品安全监督管理部门可以在乡镇或者特定区域设立派出机构。

第七条 县级以上地方人民政府实行食品安全监督管理责任制。上级人民政府负责对下一级人民政府的食品安全监督管理工作进行评议、考核。县级以上地方人民政府负责对本级食品安全监督管理部门和其他有关部门的食品安全监督管理工作进行评议、考核。

第八条 县级以上人民政府应当将食品安全工作纳入本级国民经济和社会发展规划，将食品安全工作经费列入本级政府财政预算，加强食品安全监督管理能力建设，为食品安全工作提供保障。

县级以上人民政府食品安全监督管理部门和其他有关部门应当加强沟通、密切配合，按照各自职责分工，依法行使职权，承担责任。

第九条 食品行业协会应当加强行业自律，按照章程建立健全行业规范和奖惩机制，提供食品安全信息、技术等服务，引导和督促食品生产经营者依法生产经营，推动行业诚信建设，宣传、普及食品安全知识。

消费者协会和其他消费者组织对违反本法规定，损害消费者合法权益的行为，依法进行社会监督。

第十条 各级人民政府应当加强食品安全的宣传教育，普及食品安全知识，鼓励社会组织、基层群众性自治组织、食品生产经营者开展食品安全法律、法规以及食品安全标准和知识的普及工作，倡导健康的饮食方式，增强消费者食品安全意识和自我保护能力。

新闻媒体应当开展食品安全法律、法规以及食品安全标准和知识的公益宣传，并对食品安全违法行为进行舆论监督。有关食品安全的宣传报道应当真实、公正。

第十一条 国家鼓励和支持开展与食品安全有关的基础研究、应用研究，鼓励和支持食品生产经营者为提高食品安全水平采用先进技术和先进管理规范。

国家对农药的使用实行严格的管理制度，加快淘汰剧毒、高毒、高残留农药，推动替代产品的研发和应用，鼓励使用高效低毒低残留农药。

第十二条 任何组织或者个人有权举报食品安全违法行为，依法向有关部门了解食品安全信息，对食品安全监督管理工作提出意见和建议。

第十三条 对在食品安全工作中做出突出贡献的单位和个人，按照国家有关规定给予表彰、奖励。

第二章 食品安全风险监测和评估

第十四条 国家建立食品安全风险监测制度，对食源性疾病、食品污染以及食品中的有害因素进行监测。

国务院卫生行政部门会同国务院食品安全监督管理等部门，制定、实施国家食品安全风险监测计划。

国务院食品安全监督管理部门和其他有关部门获知有关食品安全风险信息后，应当立即核实并向国务院卫生行政部门通报。对有关部门通报的食品安全风险信息以及医疗机构报告的食源性疾病等有关疾病信息，国务院卫生行政部门应当会同国务院有关部门分析研究，认为必要的，及时调整国家食品安全风险监测计划。

省、自治区、直辖市人民政府卫生行政部门会同同级食品安全监督管理等部门，根据国家食品安全风险监测计划，结合本行政区域的具体情况，制定、调整本行政区域的食品安全风险监测方案，报国务院卫生行政部门备案并实施。

第十五条 承担食品安全风险监测工作的技术机构应当根据食品安全风险监测计划和监测方案开展监测工作，保证监测数据真实、准确，并按照食品安全风险监测计划和监测方案的要求报送监测数据和分析结果。

食品安全风险监测工作人员有权进入相关食用农产品种植养殖、食品生产经营场所采集样品、收集相关数据。采集样品应当按照市场价格支付费用。

第十六条 食品安全风险监测结果表明可能存在食品安全隐患的，县级以上人民政府卫生行政部门应当及时将相关信息通报同级食品安全监督管理等部门，并报告本级人民政府和上级人民政府卫生行政部门。食品安全监督管理等部门应当组织开展进一步调查。

第十七条 国家建立食品安全风险评估制度，运用科学方法，根据食品安全风险监测信息、科学数据以及有关信息，对食品、食品添加剂、食品相关产品中生物性、化学性和物理性危害因素进行风险评估。

国务院卫生行政部门负责组织食品安全风险评估工作，成立由医学、农业、食品、营养、生物、环境等方面的专家组成的食品安全风险评估专家委员会进行食品安全风险评估。食品安全风险评估结果由国务院卫生行政部门公布。

对农药、肥料、兽药、饲料和饲料添加剂等的安全性评估，应当有食品安全风险评估专家委员会的专家参加。

食品安全风险评估不得向生产经营者收取费用，采集样品应当按照市场价格支付费用。

第十八条 有下列情形之一的，应当进行食品安全风险评估：

（一）通过食品安全风险监测或者接到举报发现食品、食品添加剂、食品相关产品可能存在安全隐患的；

（二）为制定或者修订食品安全国家标准提供科学依据需要进行风险评估的；

（三）为确定监督管理的重点领域、重点品种需要进行风险评估的；

（四）发现新的可能危害食品安全因素的；

（五）需要判断某一因素是否构成食品安全隐患的；

（六）国务院卫生行政部门认为需要进行风险评估的其他情形。

第十九条 国务院食品安全监督管理、农业行政等部门在监督管理工作中发现需要进行食品安全风险评估的，应当向国务院卫生行政部门提出食品安全风险评估的建议，并提供风险来源、相关检验数据和结论等信息、资料。属于本法第十八条规定情形的，国务院卫生行政部门应当及时进行食品安全风险评估，并向国务院有关部门通报评估结果。

第二十条 省级以上人民政府卫生行政、农业行政部门应当及时相互通报食品、食用农产品安全风险监测信息。

国务院卫生行政、农业行政部门应当及时相互通报食品、食用农产品安全风险评估结果等信息。

第二十一条 食品安全风险评估结果是制定、修订食品安全标准和实施食品安全监督管理的科学依据。

经食品安全风险评估，得出食品、食品添加剂、食品相关产品不安全结论的，国务院食品安全监督管理等部门应当依据各自职责立即向社会公告，告知消费者停止食用或者使用，并采取相应措施，确保该食品、食品添加剂、食品相关产品停止生产经营；需要制定、修订相关食品安全国家标准的，国务院卫生行政部门应当会同国务院食品安全监督管理部门立即制定、修订。

第二十二条 国务院食品安全监督管理部门应当会同国务院有关部门，根据食品安全风险评估结果、食品安全监督管理信息，对食品安全状况进行综合分析。对经综合分析表明可能具有较高程度安全风险的食品，国务院食品安全监督管理部门应当及时提出食品安全风险警示，并向社会公布。

第二十三条 县级以上人民政府食品安全监督管理部门和其他有关部门、食品安全风险评估专家委员会及其技术机构，应当按照科学、客观、及时、公开的原则，组织食品生产经营者、食品检验机构、认证机构、食品行业协会、消费者协会以及新闻媒体等，就食品安全风险评估信息和食品安全监督管理信息进行交流沟通。

第三章 食品安全标准

第二十四条 制定食品安全标准，应当以保障公众身体健康为宗旨，做到科学合理、安全可靠。

第二十五条 食品安全标准是强制执行的标准。除食品安全标准外，不得制定其他食品强制性标准。

第二十六条 食品安全标准应当包括下列内容：

（一）食品、食品添加剂、食品相关产品中的致病性微生物，农药残留、兽药残留、生物毒素、重金属等污染物质以及其他危害人体健康物质的限量规定；

（二）食品添加剂的品种、使用范围、用量；

（三）专供婴幼儿和其他特定人群的主辅食品的营养成分要求；

（四）对与卫生、营养等食品安全要求有关的标签、标志、说明书的要求；

（五）食品生产经营过程的卫生要求；

（六）与食品安全有关的质量要求；

（七）与食品安全有关的食品检验方法与规程；

（八）其他需要制定为食品安全标准的内容。

第二十七条 食品安全国家标准由国务院卫生行政部门会同国务院食品安全监督管理部门制定、公布，国务院标准化行政部门提供国家标准编号。

食品中农药残留、兽药残留的限量规定及其检验方法与规程由国务院卫生行政部门、国务院农业行政部门会同国务院食品安全监督管理部门制定。

屠宰畜、禽的检验规程由国务院农业行政部门会同国务院卫生行政部门制定。

第二十八条 制定食品安全国家标准，应当依据食品安全风险评估结果并充分考虑食用农产品安全风险评估结果，参照相关的国际标准和国际食品安全风险评估结果，并将食品安全国家标准草案向社会公布，广泛听取食品生产经营者、消费者、有关部门等方面的意见。

食品安全国家标准应当经国务院卫生行政部门组织的食品安全国家标准审评委员会审查通过。食品安全国家标准审评委员会由医学、农业、食品、营养、生物、环境等方面的专家以及国务院有关部门、食品行业协会、消费者协会的代表组成，对食品安全国家标准草案的科学性和实用性等进行审查。

第二十九条　对地方特色食品，没有食品安全国家标准的，省、自治区、直辖市人民政府卫生行政部门可以制定并公布食品安全地方标准，报国务院卫生行政部门备案。食品安全国家标准制定后，该地方标准即行废止。

第三十条　国家鼓励食品生产企业制定严于食品安全国家标准或者地方标准的企业标准，在本企业适用，并报省、自治区、直辖市人民政府卫生行政部门备案。

第三十一条　省级以上人民政府卫生行政部门应当在其网站上公布制定和备案的食品安全国家标准、地方标准和企业标准，供公众免费查阅、下载。

对食品安全标准执行过程中的问题，县级以上人民政府卫生行政部门应当会同有关部门及时给予指导、解答。

第三十二条　省级以上人民政府卫生行政部门应当会同同级食品安全监督管理、农业行政等部门，分别对食品安全国家标准和地方标准的执行情况进行跟踪评价，并根据评价结果及时修订食品安全标准。

省级以上人民政府食品安全监督管理、农业行政等部门应当对食品安全标准执行中存在的问题进行收集、汇总，并及时向同级卫生行政部门通报。

食品生产经营者、食品行业协会发现食品安全标准在执行中存在问题的，应当立即向卫生行政部门报告。

第四章　食品生产经营

第一节　一般规定

第三十三条　食品生产经营应当符合食品安全标准，并符合下列要求：

（一）具有与生产经营的食品品种、数量相适应的食品原料处理和食品加工、包装、贮存等场所，保持该场所环境整洁，并与有毒、有害场所以及其他污染源保持规定的距离；

（二）具有与生产经营的食品品种、数量相适应的生产经营设备或者设施，有相应的消毒、更衣、盥洗、采光、照明、通风、防腐、防尘、防蝇、防鼠、防虫、洗涤以及处理废水、存放垃圾和废弃物的设备或者设施；

（三）有专职或者兼职的食品安全专业技术人员、食品安全管理人员和保证食品安全的规章制度；

（四）具有合理的设备布局和工艺流程，防止待加工食品与直接入口食品、原料与成品交叉污染，避免食品接触有毒物、不洁物；

（五）餐具、饮具和盛放直接入口食品的容器，使用前应当洗净、消毒，炊具、用具用后应当洗净，保持清洁；

（六）贮存、运输和装卸食品的容器、工具和设备应当安全、无害，保持清洁，防止食品污染，并符合保证食品安全所需的温度、湿度等特殊要求，不得将食品与有毒、有害物品一同贮存、运输；

（七）直接入口的食品应当使用无毒、清洁的包装材料、餐具、饮具和容器；

（八）食品生产经营人员应当保持个人卫生，生产经营食品时，应当将手洗净，穿戴清洁的工作衣、帽等；销售无包装的直接入口食品时，应当使用无毒、清洁的容器、售货工具和设备；

（九）用水应当符合国家规定的生活饮用水卫生标准；

（十）使用的洗涤剂、消毒剂应当对人体安全、无害；

（十一）法律、法规规定的其他要求。

非食品生产经营者从事食品贮存、运输和装卸的，应当符合前款第六项的规定。

第三十四条 禁止生产经营下列食品、食品添加剂、食品相关产品：

（一）用非食品原料生产的食品或者添加食品添加剂以外的化学物质和其他可能危害人体健康物质的食品，或者用回收食品作为原料生产的食品；

（二）致病性微生物，农药残留、兽药残留、生物毒素、重金属等污染物质以及其他危害人体健康的物质含量超过食品安全标准限量的食品、食品添加剂、食品相关产品；

（三）用超过保质期的食品原料、食品添加剂生产的食品、食品添加剂；

（四）超范围、超限量使用食品添加剂的食品；

（五）营养成分不符合食品安全标准的专供婴幼儿和其他特定人群的主辅食品；

（六）腐败变质、油脂酸败、霉变生虫、污秽不洁、混有异物、掺假掺杂或者感官性状异常的食品、食品添加剂；

（七）病死、毒死或者死因不明的禽、畜、兽、水产动物肉类及其制品；

（八）未按规定进行检疫或者检疫不合格的肉类，或者未经检验或者检验不合格的肉类制品；

（九）被包装材料、容器、运输工具等污染的食品、食品添加剂；

（十）标注虚假生产日期、保质期或者超过保质期的食品、食品添加剂；

（十一）无标签的预包装食品、食品添加剂；

（十二）国家为防病等特殊需要明令禁止生产经营的食品；

（十三）其他不符合法律、法规或者食品安全标准的食品、食品添加剂、食品相关产品。

第三十五条 国家对食品生产经营实行许可制度。从事食品生产、食品销售、餐饮服务，应当依法取得许可。但是，销售食用农产品和仅销售预包装食品的，不需要取得许可。仅销售预包装食品的，应当报所在地县级以上地方人民政府食品安全监督管理部门备案。

县级以上地方人民政府食品安全监督管理部门应当依照《中华人民共和国行政许可法》的规定，审核申请人提交的本法第三十三条第一款第一项至第四项规定要求的相关资料，必要时对申请人的生产经营场所进行现场核查；对符合规定条件的，准予许可；对不符合规定条件的，不予许可并书面说明理由。

第三十六条 食品生产加工小作坊和食品摊贩等从事食品生产经营活动，应当符合本法规定的与其生产经营规模、条件相适应的食品安全要求，保证所生产经营的食品卫生、无毒、无害，食品安全监督管理部门应当对其加强监督管理。

县级以上地方人民政府应当对食品生产加工小作坊、食品摊贩等进行综合治理，加强服务和统一规划，改善其生产经营环境，鼓励和支持其改进生产经营条件，进入集中交易市场、店铺等固定场所经营，或者在指定的临时经营区域、时段经营。

食品生产加工小作坊和食品摊贩等的具体管理办法由省、自治区、直辖市制定。

第三十七条 利用新的食品原料生产食品，或者生产食品添加剂新品种、食品相关产品新品种，应当向国务院卫生行政部门提交相关产品的安全性评估材料。国务院卫生行政部门应当自收到申请之日起六十日内组织审查；对符合食品安全要求的，准予许可并公布；对不符合食品安全要求的，不予许可并书面说明理由。

第三十八条 生产经营的食品中不得添加药品，但是可以添加按照传统既是食品又是中药材的物质。按照传统既是食品又是中药材的物质目录由国务院卫生行政部门会同国务院食品安全监督管理部门制定、公布。

第三十九条 国家对食品添加剂生产实行许可制度。从事食品添加剂生产，应当具有与所生产食品添加剂品种相适应的场所、生产设备或者设施、专业技术人员和管理制度，并依照本法第三十五条第二款规定的程序，取得食品添加剂生产许可。

生产食品添加剂应当符合法律、法规和食品安全国家标准。

第四十条 食品添加剂应当在技术上确有必要且经过风险评估证明安全可靠，方可列入允许使用的范围；有关食品安全国家标准应当根据技术必要性和食品安全风险评估结果及时修订。

食品生产经营者应当按照食品安全国家标准使用食品添加剂。

第四十一条 生产食品相关产品应当符合法律、法规和食品安全国家标准。对直接接触食品的包装材料等具有较高风险的食品相关产品，按照国家有关工业产品生产许可证管理的规定实施生产许可。食品安全监督管理部门应当加强对食品相关产品生产活动的监督管理。

第四十二条 国家建立食品安全全程追溯制度。

食品生产经营者应当依照本法的规定，建立食品安全追溯体系，保证食品可追溯。国家鼓励食品生产经营者采用信息化手段采集、留存生产经营信息，建立食品安全追溯体系。

国务院食品安全监督管理部门会同国务院农业行政等有关部门建立食品安全全程追溯协作机制。

第四十三条 地方各级人民政府应当采取措施鼓励食品规模化生产和连锁经营、配送。

国家鼓励食品生产经营企业参加食品安全责任保险。

第二节 生产经营过程控制

第四十四条 食品生产经营企业应当建立健全食品安全管理制度，对职工进行食品安全知识培训，加强食品检验工作，依法从事生产经营活动。

食品生产经营企业的主要负责人应当落实企业食品安全管理制度，对本企业的食品安全工作全面负责。

食品生产经营企业应当配备食品安全管理人员，加强对其培训和考核。经考核不具备食品安全管理能力的，不得上岗。食品安全监督管理部门应当对企业食品安全管理人员随机进行监督抽查考核并公布考核情况。监督抽查考核不得收取费用。

第四十五条 食品生产经营者应当建立并执行从业人员健康管理制度。患有国务院卫生行政部门规定的有碍食品安全疾病的人员，不得从事接触直接入口食品的工作。

从事接触直接入口食品工作的食品生产经营人员应当每年进行健康检查，取得健康证明后方可上岗工作。

第四十六条 食品生产企业应当就下列事项制定并实施控制要求，保证所生产的食品符合食品安全标准：

（一）原料采购、原料验收、投料等原料控制；

（二）生产工序、设备、贮存、包装等生产关键环节控制；

（三）原料检验、半成品检验、成品出厂检验等检验控制；

（四）运输和交付控制。

第四十七条 食品生产经营者应当建立食品安全自查制度，定期对食品安全状况进行检查评价。生产经营条件发生变化，不再符合食品安全要求的，食品生产经营者应当立即采取整改措施；有发生食品安全事故潜在风险的，应当立即停止食品生产经营活动，并向所在地县级人民政府食品安全监督管理部门报告。

第四十八条 国家鼓励食品生产经营企业符合良好生产规范要求，实施危害分析与关键控制点体系，提高食品安全管理水平。

对通过良好生产规范、危害分析与关键控制点体系认证的食品生产经营企业，认证机构应当依法实施跟踪调查；对不再符合认证要求的企业，应当依法撤销认证，及时向县级以上人民政府食品安全监督管理部门通报，并向社会公布。认证机构实施跟踪调查不得收取费用。

第四十九条 食用农产品生产者应当按照食品安全标准和国家有关规定使用农药、肥料、兽药、饲料和饲料添加剂等农业投入品，严格执行农业投入品使用安全间隔期或者休药期的规定，不得使用国家明令禁止的农业投入品。禁止将剧毒、高毒农药用于蔬菜、瓜果、茶叶和中草药材等国家规定的农作物。

食用农产品的生产企业和农民专业合作经济组织应当建立农业投入品使用记录制度。

县级以上人民政府农业行政部门应当加强对农业投入品使用的监督管理和指导，建立健全农业投入品安全使用制度。

第五十条 食品生产者采购食品原料、食品添加剂、食品相关产品，应当查验供货者的许可证和产品合格证明；对无法提供合格证明的食品原料，应当按照食品安全标准进行检验；不得采购或者使用不符合食品安全标准的食品原料、食品添加剂、食品相关产品。

食品生产企业应当建立食品原料、食品添加剂、食品相关产品进货查验记录制度，如实记录食品原料、食品添加剂、食品相关产品的名称、规格、数量、生产日期或者生产批号、保质期、进货日期以及供货者名称、地址、联系方式等内容，并保存相关凭证。记录和凭证保存期限不得少于产品保质期满后六个月；没有明确保质期的，保存期限不得少于二年。

第五十一条 食品生产企业应当建立食品出厂检验记录制度，查验出厂食品的检验合格证和安全状况，如实记录食品的名称、规格、数量、生产日期或者生产批号、保质期、检验合格证号、销售日期以及购货者名称、地址、联系方式等内容，并保存相关凭证。记录和凭证保存期限应当符合本法第五十条第二款的规定。

第五十二条 食品、食品添加剂、食品相关产品的生产者，应当按照食品安全标准对所生产的食品、食品添加剂、食品相关产品进行检验，检验合格后方可出厂或者销售。

第五十三条 食品经营者采购食品，应当查验供货者的许可证和食品出厂检验合格证或者其他合格证明（以下称合格证明文件）。

食品经营企业应当建立食品进货查验记录制度，如实记录食品的名称、规格、数量、生产日期或者生产批号、保质期、进货日期以及供货者名称、地址、联系方式等内容，并保存相关凭证。记录和凭证保存期限应当符合本法第五十条第二款的规定。

实行统一配送经营方式的食品经营企业，可以由企业总部统一查验供货者的许可证和食品合格证明文件，进行食品进货查验记录。

从事食品批发业务的经营企业应当建立食品销售记录制度，如实记录批发食品的名称、规格、数量、生产日期或者生产批号、保质期、销售日期以及购货者名称、地址、联系方式等内容，并保存相关凭证。记录和凭证保存期限应当符合本法第五十条第二款的规定。

第五十四条 食品经营者应当按照保证食品安全的要求贮存食品，定期检查库存食品，及时清理变质或者超过保质期的食品。

食品经营者贮存散装食品，应当在贮存位置标明食品的名称、生产日期或者生产批号、保质期、生产者名称及联系方式等内容。

第五十五条 餐饮服务提供者应当制定并实施原料控制要求，不得采购不符合食品安全标准的食品原料。倡导餐饮服务提供者公开加工过程，公示食品原料及其来源等信息。

餐饮服务提供者在加工过程中应当检查待加工的食品及原料，发现有本法第三十四条第六项规定情形的，不得加工或者使用。

第五十六条 餐饮服务提供者应当定期维护食品加工、贮存、陈列等设施、设备；定期清洗、校验保温设施及冷藏、冷冻设施。

餐饮服务提供者应当按照要求对餐具、饮具进行清洗消毒，不得使用未经清洗消毒的餐具、饮具；餐饮服务提供者委托清洗消毒餐具、饮具的，应当委托符合本法规定条件的餐具、饮具集中消毒服务单位。

第五十七条 学校、托幼机构、养老机构、建筑工地等集中用餐单位的食堂应当严格遵守法律、法规和食品安全标准；从供餐单位订餐的，应当从取得食品生产经营许可的企业订购，并按照要求对订购的食品进行查验。供餐单位应当严格遵守法律、法规和食品安全标准，当餐加工，确保食品安全。

学校、托幼机构、养老机构、建筑工地等集中用餐单位的主管部门应当加强对集中用餐单位的食品安全教育和日常管理，降低食品安全风险，及时消除食品安全隐患。

第五十八条 餐具、饮具集中消毒服务单位应当具备相应的作业场所、清洗消毒设备或者设施，用水和使用的洗涤剂、消毒剂应当符合相关食品安全国家标准和其他国家标准、卫生规范。

餐具、饮具集中消毒服务单位应当对消毒餐具、饮具进行逐批检验，检验合格后方可出厂，并应当随附消毒合格证明。消毒后的餐具、饮具应当在独立包装上标注单位名称、地址、联系方式、消毒日期以及使用期限等内容。

第五十九条 食品添加剂生产者应当建立食品添加剂出厂检验记录制度，查验出厂产品的检验合格证和安全状况，如实记录食品添加剂的名称、规格、数量、生产日期或者生产批号、保质期、检验合格证号、销售日期以及购货者名称、地址、联系方式等相关内容，并保存相关凭证。记录和凭证保存期限应当符合本法第五十条第二款的规定。

第六十条 食品添加剂经营者采购食品添加剂，应当依法查验供货者的许可证和产品合格证明文件，如实记录食品添加剂的名称、规格、数量、生产日期或者生产批号、保质期、进货日期以及供货者名称、地址、联系方式等内容，并保存相关凭证。记录和凭证保存期限应当符合本法第五十条第二款的规定。

第六十一条 集中交易市场的开办者、柜台出租者和展销会举办者，应当依法审查入场食品经营者的许可证，明确其食品安全管理责任，定期对其经营环境和条件进行检查，发现其有违反本法规定行为的，应当及时制止并立即报告所在地县级人民政府食品安全监督管理部门。

第六十二条 网络食品交易第三方平台提供者应当对入网食品经营者进行实名登记，明确其食品安全管理责任；依法应当取得许可证的，还应当审查其许可证。

网络食品交易第三方平台提供者发现入网食品经营者有违反本法规定行为的，应当及时制止并立即报告所在地县级人民政府食品安全监督管理部门；发现严重违法行为的，应当立即停止提供网络交易平台服务。

第六十三条 国家建立食品召回制度。食品生产者发现其生产的食品不符合食品安全标准或者有证据证明可能危害人体健康的，应当立即停止生产，召回已经上市销售的食品，通知相关生产经营者和消费者，并记录召回和通知情况。

食品经营者发现其经营的食品有前款规定情形的，应当立即停止经营，通知相关生产经营者和消费者，并记录停止经营和通知情况。食品生产者认为应当召回的，应当立即召回。由于食品经营者的原因造成其经营的食品有前款规定情形的，食品经营者应当召回。

食品生产经营者应当对召回的食品采取无害化处理、销毁等措施，防止其再次流入市场。但是，对因标签、标志或者说明书不符合食品安全标准而被召回的食品，食品生产者在采取补救措施且能保证食品安全的情况下可以继续销售；销售时应当向消费者明示补救措施。

食品生产经营者应当将食品召回和处理情况向所在地县级人民政府食品安全监督管理部门报告；需要对召回的食品进行无害化处理、销毁的，应当提前报告时间、地点。食品安全监督管理部门认为必要的，可以实施现场监督。

食品生产经营者未依照本条规定召回或者停止经营的，县级以上人民政府食品安全监督管理部门可以责令其召回或者停止经营。

第六十四条 食用农产品批发市场应当配备检验设备和检验人员或者委托符合本法规定的食品检验机构，对进入该批发市场销售的食用农产品进行抽样检验；发现不符合食品安全标准的，应当要求销售者立即停止销售，并向食品安全监督管理部门报告。

第六十五条 食用农产品销售者应当建立食用农产品进货查验记录制度，如实记录食用农产品的名称、数量、进货日期以及供货者名称、地址、联系方式等内容，并保存相关凭证。记录和凭证保存期限不得少于六个月。

第六十六条 进入市场销售的食用农产品在包装、保鲜、贮存、运输中使用保鲜剂、防腐剂等食品添加剂和包装材料等食品相关产品，应当符合食品安全国家标准。

第三节 标签、说明书和广告

第六十七条 预包装食品的包装上应当有标签。标签应当标明下列事项：

（一）名称、规格、净含量、生产日期；

（二）成分或者配料表；

（三）生产者的名称、地址、联系方式；

（四）保质期；

（五）产品标准代号；

（六）贮存条件；

（七）所使用的食品添加剂在国家标准中的通用名称；

（八）生产许可证编号；

（九）法律、法规或者食品安全标准规定应当标明的其他事项。

专供婴幼儿和其他特定人群的主辅食品，其标签还应当标明主要营养成分及其含量。

食品安全国家标准对标签标注事项另有规定的，从其规定。

第六十八条 食品经营者销售散装食品，应当在散装食品的容器、外包装上标明食品的名称、生产日期或者生产批号、保质期以及生产经营者名称、地址、联系方式等内容。

第六十九条 生产经营转基因食品应当按照规定显著标示。

第七十条 食品添加剂应当有标签、说明书和包装。标签、说明书应当载明本法第六十七条第一款第一项至第六项、第八项、第九项规定的事项，以及食品添加剂的使用范围、用量、使用方法，并在标签上载明“食品添加剂”字样。

第七十一条 食品和食品添加剂的标签、说明书，不得含有虚假内容，不得涉及疾病预防、治疗功能。生产经营者对其提供的标签、说明书的内容负责。

食品和食品添加剂的标签、说明书应当清楚、明显，生产日期、保质期等事项应当显著标注，容易辨识。

食品和食品添加剂与其标签、说明书的内容不符的，不得上市销售。

第七十二条 食品经营者应当按照食品标签标示的警示标志、警示说明或者注意事项的要求销售食品。

第七十三条 食品广告的内容应当真实合法，不得含有虚假内容，不得涉及疾病预防、治疗功能。食品生产经营者对食品广告内容的真实性、合法性负责。

县级以上人民政府食品安全监督管理部门和其他有关部门以及食品检验机构、食品行业协会不得以广告或者其他形式向消费者推荐食品。消费者组织不得以收取费用或者其他牟取利益的方式向消费者推荐食品。

第四节 特殊食品

第七十四条 国家对保健食品、特殊医学用途配方食品和婴幼儿配方食品等特殊食品实行严格监督管理。

第七十五条 保健食品声称保健功能，应当具有科学依据，不得对人体产生急性、亚急性或者慢性危害。

保健食品原料目录和允许保健食品声称的保健功能目录，由国务院食品安全监督管理部门会同国务院卫生行政部门、国家中医药管理部门制定、调整并公布。

保健食品原料目录应当包括原料名称、用量及其对应的功效；列入保健食品原料目录的原料只能用于保健食品生产，不得用于其他食品生产。

第七十六条 使用保健食品原料目录以外原料的保健食品和首次进口的保健食品应当经国务院食品安全监督管理部门注册。但是，首次进口的保健食品中属于补充维生素、矿物质等营养物质的，应当报国务院食品安全监督管理部门备案。其他保健食品应当报省、自治区、直辖市人民政府食品安全监督管理部门备案。

进口的保健食品应当是出口国（地区）主管部门准许上市销售的产品。

第七十七条 依法应当注册的保健食品，注册时应当提交保健食品的研发报告、产品配方、生产工艺、安全性和保健功能评价、标签、说明书等材料及样品，并提供相关证明文件。国务院食品安全监督管理部门经组织技术审评，对符合安全和功能声称要求的，准予注册；对不符合要求的，不予注册并书面说明理由。对使用保健食品原料目录以外原料的保健食品作出准予注册决定的，应当及时将该原料纳入保健食品原料目录。

依法应当备案的保健食品，备案时应当提交产品配方、生产工艺、标签、说明书以及表明产品安全性和保健功能的材料。

第七十八条 保健食品的标签、说明书不得涉及疾病预防、治疗功能，内容应当真实，与注册或者备案的内容相一致，载明适宜人群、不适宜人群、功效成分或者标志性成分及其含量等，并声明“本品不能代替药物”。保健食品的功能和成分应当与标签、说明书相一致。

第七十九条 保健食品广告除应当符合本法第七十三条第一款的规定外，还应当声明“本品不能代替药物”；其内容应当经生产企业所在地省、自治区、直辖市人民政府食品安全监督管理部门审查批准，取得保健食品广告批准文件。省、自治区、直辖市人民政府食品安全监督管理部门应当公布并及时更新已经批准的保健食品广告目录以及批准的广告内容。

第八十条 特殊医学用途配方食品应当经国务院食品安全监督管理部门注册。注册时，应当提交产品配方、生产工艺、标签、说明书以及表明产品安全性、营养充足性和特殊医学用途临床效果的材料。

特殊医学用途配方食品广告适用《中华人民共和国广告法》和其他法律、行政法规关于药品广告管理的规定。

第八十一条 婴幼儿配方食品生产企业应当实施从原料进厂到成品出厂的全过程质量控制，对出厂的婴幼儿配方食品实施逐批检验，保证食品安全。

生产婴幼儿配方食品使用的生鲜乳、辅料等食品原料、食品添加剂等，应当符合法律、行政法规的规定和食品安全国家标准，保证婴幼儿生长发育所需的营养成分。

婴幼儿配方食品生产企业应当将食品原料、食品添加剂、产品配方及标签等事项向省、自治区、直辖市人民政府食品安全监督管理部门备案。

婴幼儿配方乳粉的产品配方应当经国务院食品安全监督管理部门注册。注册时，应当提交配方研发报告和其他表明配方科学性、安全性的材料。

不得以分装方式生产婴幼儿配方乳粉，同一企业不得用同一配方生产不同品牌的婴幼儿配方乳粉。

第八十二条 保健食品、特殊医学用途配方食品、婴幼儿配方乳粉的注册人或者备案人应当对其提交材料的真实性负责。

省级以上人民政府食品安全监督管理部门应当及时公布注册或者备案的保健食品、特殊医学用途配方食品、婴幼儿配方乳粉目录，并对注册或者备案中获知的企业商业秘密予以保密。

保健食品、特殊医学用途配方食品、婴幼儿配方乳粉生产企业应当按照注册或者备案的产品配方、生产工艺等技术要求组织生产。

第八十三条 生产保健食品，特殊医学用途配方食品、婴幼儿配方食品和其他专供特定人群的主辅食品的企业，应当按照良好生产规范的要求建立与所生产食品相适应的生产质量管理体系，定期对该体系的运行情况进行自查，保证其有效运行，并向所在地县级人民政府食品安全监督管理部门提交自查报告。

第五章 食品检验

第八十四条 食品检验机构按照国家有关认证认可的规定取得资质认定后，方可从事食品检验活动。但是，法律另有规定的除外。

食品检验机构的资质认定条件和检验规范，由国务院食品安全监督管理部门规定。

符合本法规定的食品检验机构出具的检验报告具有同等效力。

县级以上人民政府应当整合食品检验资源，实现资源共享。

第八十五条 食品检验由食品检验机构指定的检验人独立进行。

检验人应当依照有关法律、法规的规定，并按照食品安全标准和检验规范对食品进行检验，尊重科学，恪守职业道德，保证出具的检验数据和结论客观、公正，不得出具虚假检验报告。

第八十六条 食品检验实行食品检验机构与检验人负责制。食品检验报告应当加盖食品检验机构公章，并有检验人的签名或者盖章。食品检验机构和检验人对出具的食品检验报告负责。

第八十七条 县级以上人民政府食品安全监督管理部门应当对食品进行定期或者不定期的抽样检验，并依据有关规定公布检验结果，不得免检。进行抽样检验，应当购买抽取的样品，委托符合本法规定的食品检验机构进行检验，并支付相关费用；不得向食品生产经营者收取检验费和其他费用。

第八十八条 对依照本法规定实施的检验结论有异议的，食品生产经营者可以自收到检验结论之日起七个工作日内向实施抽样检验的食品安全监督管理部门或者其上一级食品安全监督管理部门提出复检申请，由受理复检申请的食品安全监督管理部门在公布的复检机构名录中随机确定复检机构进行复检。复检机构出具的复检结论为最终检验结论。复检机构与初检机构不得为同一机构。复检机构名录由国务院认证认可监督管理、食品安全监督管理、卫生行政、农业行政等部门共同公布。

采用国家规定的快速检测方法对食用农产品进行抽查检测，被抽查人对检测结果有异议的，可以自收到检测结果时起四小时内申请复检。复检不得采用快速检测方法。

第八十九条 食品生产企业可以自行对所生产的食品进行检验，也可以委托符合本法规定的食品检验机构进行检验。

食品行业协会和消费者协会等组织、消费者需要委托食品检验机构对食品进行检验的，应当委托符合本法规定的食品检验机构进行。

第九十条 食品添加剂的检验，适用本法有关食品检验的规定。

第六章　食品进出口

第九十一条 国家出入境检验检疫部门对进出口食品安全实施监督管理。

第九十二条 进口的食品、食品添加剂、食品相关产品应当符合我国食品安全国家标准。

进口的食品、食品添加剂应当经出入境检验检疫机构依照进出口商品检验相关法律、行政法规的规定检验合格。

进口的食品、食品添加剂应当按照国家出入境检验检疫部门的要求随附合格证明材料。

第九十三条 进口尚无食品安全国家标准的食品，由境外出口商、境外生产企业或者其委托的进口商向国务院卫生行政部门提交所执行的相关国家（地区）标准或者国际标准。国务院卫生行政部门对相关标准进行审查，认为符合食品安全要求的，决定暂予适用，并及时制定相应的食品安全国家标准。进口利用新的食品原料生产的食品或者进口食品添加剂新品种、食品相关产品新品种，依照本法第三十七条的规定办理。

出入境检验检疫机构按照国务院卫生行政部门的要求，对前款规定的食品、食品添加剂、食品相关产品进行检验。检验结果应当公开。

第九十四条 境外出口商、境外生产企业应当保证向我国出口的食品、食品添加剂、食品相关产品符合本法以及我国其他有关法律、行政法规的规定和食品安全国家标准的要求，并对标签、说明书的内容负责。

进口商应当建立境外出口商、境外生产企业审核制度，重点审核前款规定的内容；审核不合格的，不得进口。

发现进口食品不符合我国食品安全国家标准或者有证据证明可能危害人体健康的，进口商应当立即停止进口，并依照本法第六十三条的规定召回。

第九十五条 境外发生的食品安全事件可能对我国境内造成影响，或者在进口食品、食品添加剂、食品相关产品中发现严重食品安全问题的，国家出入境检验检疫部门应当及时采取风险预警或者控制措施，并向国务院食品安全监督管理、卫生行政、农业行政部门通报。接到通报的部门应当及时采取相应措施。

县级以上人民政府食品安全监督管理部门对国内市场上销售的进口食品、食品添加剂实施监督管理。发现存在严重食品安全问题的，国务院食品安全监督管理部门应当及时向国家出入境检验检疫部门通报。国家出入境检验检疫部门应当及时采取相应措施。

第九十六条 向我国境内出口食品的境外出口商或者代理商、进口食品的进口商应当向国家出入境检验检疫部门备案。向我国境内出口食品的境外食品生产企业应当经国家出入境检验检疫部门注册。已经注册的境外食品生产企业提供虚假材料，或者因其自身的原因致使进口食品发生重大食品安全事故的，国家出入境检验检疫部门应当撤销注册并公告。

国家出入境检验检疫部门应当定期公布已经备案的境外出口商、代理商、进口商和已经注册的境外食品生产企业名单。

第九十七条 进口的预包装食品、食品添加剂应当有中文标签；依法应当有说明书的，还应当有中文说明书。标签、说明书应当符合本法以及我国其他有关法律、行政法规的规定和食品安全国家标准的要求，并载明食品的原产地以及境内代理商的名称、地址、联系方式。预包装食品没有中文标签、中文说明书或者标签、说明书不符合本条规定的，不得进口。

第九十八条 进口商应当建立食品、食品添加剂进口和销售记录制度，如实记录食品、食品添加剂的名称、规格、数量、生产日期、生产或者进口批号、保质期、境外出口商和购货者名称、地址及联系方式、交货日期等内容，并保存相关凭证。记录和凭证保存期限应当符合本法第五十条第二款的规定。

第九十九条 出口食品生产企业应当保证其出口食品符合进口国（地区）的标准或者合同要求。

出口食品生产企业和出口食品原料种植、养殖场应当向国家出入境检验检疫部门备案。

第一百条 国家出入境检验检疫部门应当收集、汇总下列进出口食品安全信息，并及时通报相关部门、机构和企业：

（一）出入境检验检疫机构对进出口食品实施检验检疫发现的食品安全信息；

（二）食品行业协会和消费者协会等组织、消费者反映的进口食品安全信息；

（三）国际组织、境外政府机构发布的风险预警信息及其他食品安全信息，以及境外食品行业协会等组织、消费者反映的食品安全信息；

（四）其他食品安全信息。

国家出入境检验检疫部门应当对进出口食品的进口商、出口商和出口食品生产企业实施信用管理，建立信用记录，并依法向社会公布。对有不良记录的进口商、出口商和出口食品生产企业，应当加强对其进出口食品的检验检疫。

第一百零一条 国家出入境检验检疫部门可以对向我国境内出口食品的国家（地区）的食品安全管理体系和食品安全状况进行评估和审查，并根据评估和审查结果，确定相应检验检疫要求。

第七章　食品安全事故处置

第一百零二条 国务院组织制定国家食品安全事故应急预案。

县级以上地方人民政府应当根据有关法律、法规的规定和上级人民政府的食品安全事故应急预案以及本行政区域的实际情况，制定本行政区域的食品安全事故应急预案，并报上一级人民政府备案。

食品安全事故应急预案应当对食品安全事故分级、事故处置组织指挥体系与职责、预防预警机制、处置程序、应急保障措施等作出规定。

食品生产经营企业应当制定食品安全事故处置方案，定期检查本企业各项食品安全防范措施的落实情况，及时消除事故隐患。

第一百零三条 发生食品安全事故的单位应当立即采取措施，防止事故扩大。事故单位和接收病人进行治疗的单位应当及时向事故发生地县级人民政府食品安全监督管理、卫生行政部门报告。

县级以上人民政府农业行政等部门在日常监督管理中发现食品安全事故或者接到事故举报，应当立即向同级食品安全监督管理部门通报。

发生食品安全事故，接到报告的县级人民政府食品安全监督管理部门应当按照应急预案的规定向本级人民政府和上级人民政府食品安全监督管理部门报告。县级人民政府和上级人民政府食品安全监督管理部门应当按照应急预案的规定上报。

任何单位和个人不得对食品安全事故隐瞒、谎报、缓报，不得隐匿、伪造、毁灭有关证据。

第一百零四条 医疗机构发现其接收的病人属于食源性疾病病人或者疑似病人的，应当按照规定及时将相关信息向所在地县级人民政府卫生行政部门报告。县级人民政府卫生行政部门认为与食品安全有关的，应当及时通报同级食品安全监督管理部门。

县级以上人民政府卫生行政部门在调查处理传染病或者其他突发公共卫生事件中发现与食品安全相关的信息，应当及时通报同级食品安全监督管理部门。

第一百零五条 县级以上人民政府食品安全监督管理部门接到食品安全事故的报告后，应当立即会同同级卫生行政、农业行政等部门进行调查处理，并采取下列措施，防止或者减轻社会危害：

（一）开展应急救援工作，组织救治因食品安全事故导致人身伤害的人员；

（二）封存可能导致食品安全事故的食品及其原料，并立即进行检验；对确认属于被污染的食品及其原料，责令食品生产经营者依照本法第六十三条的规定召回或者停止经营；

（三）封存被污染的食品相关产品，并责令进行清洗消毒；

（四）做好信息发布工作，依法对食品安全事故及其处理情况进行发布，并对可能产生的危害加以解释、说明。

发生食品安全事故需要启动应急预案的，县级以上人民政府应当立即成立事故处置指挥机构，启动应急预案，依照前款和应急预案的规定进行处置。

发生食品安全事故，县级以上疾病预防控制机构应当对事故现场进行卫生处理，并对与事故有关的因素开展流行病学调查，有关部门应当予以协助。县级以上疾病预防控制机构应当向同级食品安全监督管理、卫生行政部门提交流行病学调查报告。

第一百零六条 发生食品安全事故，设区的市级以上人民政府食品安全监督管理部门应当立即会同有关部门进行事故责任调查，督促有关部门履行职责，向本级人民政府和上一级人民政府食品安全监督管理部门提出事故责任调查处理报告。

涉及两个以上省、自治区、直辖市的重大食品安全事故由国务院食品安全监督管理部门依照前款规定组织事故责任调查。

第一百零七条 调查食品安全事故，应当坚持实事求是、尊重科学的原则，及时、准确查清事故性质和原因，认定事故责任，提出整改措施。

调查食品安全事故，除了查明事故单位的责任，还应当查明有关监督管理部门、食品检验机构、认证机构及其工作人员的责任。

第一百零八条 食品安全事故调查部门有权向有关单位和个人了解与事故有关的情况，并要求提供相关资料和样品。有关单位和个人应当予以配合，按照要求提供相关资料和样品，不得拒绝。

任何单位和个人不得阻挠、干涉食品安全事故的调查处理。

第八章 监督管理

第一百零九条 县级以上人民政府食品安全监督管理部门根据食品安全风险监测、风险评估结果和食品安全状况等，确定监督管理的重点、方式和频次，实施风险分级管理。

县级以上地方人民政府组织本级食品安全监督管理、农业行政等部门制定本行政区域的食品安全年度监督管理计划，向社会公布并组织实施。

食品安全年度监督管理计划应当将下列事项作为监督管理的重点：

（一）专供婴幼儿和其他特定人群的主辅食品；

（二）保健食品生产过程中的添加行为和按照注册或者备案的技术要求组织生产的情况，保健食品标签、说明书以及宣传材料中有关功能宣传的情况；

（三）发生食品安全事故风险较高的食品生产经营者；

（四）食品安全风险监测结果表明可能存在食品安全隐患的事项。

第一百一十条 县级以上人民政府食品安全监督管理部门履行食品安全监督管理职责，有权采取下列措施，对生产经营者遵守本法的情况进行监督检查：

（一）进入生产经营场所实施现场检查；

（二）对生产经营的食品、食品添加剂、食品相关产品进行抽样检验；

（三）查阅、复制有关合同、票据、账簿以及其他有关资料；

（四）查封、扣押有证据证明不符合食品安全标准或者有证据证明存在安全隐患以及用于违法生产经营的食品、食品添加剂、食品相关产品；

（五）查封违法从事生产经营活动的场所。

第一百一十一条 对食品安全风险评估结果证明食品存在安全隐患，需要制定、修订食品安全标准的，在制定、修订食品安全标准前，国务院卫生行政部门应当及时会同国务院有关部门规定食品中有害物质的临时限量值和临时检验方法，作为生产经营和监督管理的依据。

第一百一十二条 县级以上人民政府食品安全监督管理部门在食品安全监督管理工作中可以采用国家规定的快速检测方法对食品进行抽查检测。

对抽查检测结果表明可能不符合食品安全标准的食品，应当依照本法第八十七条的规定进行检验。抽查检测结果确定有关食品不符合食品安全标准的，可以作为行政处罚的依据。

第一百一十三条 县级以上人民政府食品安全监督管理部门应当建立食品生产经营者食品安全信用档案，记录许可颁发、日常监督检查结果、违法行为查处等情况，依法向社会公布并实时更新；对有不良信用记录的食品生产经营者增加监督检查频次，对违法行为情节严重的食品生产经营者，可以通报投资主管部门、证券监督管理机构和有关的金融机构。

第一百一十四条 食品生产经营过程中存在食品安全隐患，未及时采取措施消除的，县级以上人民政府食品安全监督管理部门可以对食品生产经营者的法定代表人或者主要负责人进行责任约谈。食品生产经营者应当立即采取措施，进行整改，消除隐患。责任约谈情况和整改情况应当纳入食品生产经营者食品安全信用档案。

第一百一十五条 县级以上人民政府食品安全监督管理等部门应当公布本部门的电子邮件地址或者电话，接受咨询、投诉、举报。接到咨询、投诉、举报，对属于本部门职责的，应当受理并在法定期限内及时答复、核实、处理；对不属于本部门职责的，应当移交有权处理的部门并书面通知咨询、投诉、举报人。有权处理的部门应当在法定期限内及时处理，不得推诿。对查证属实的举报，给予举报人奖励。

有关部门应当对举报人的信息予以保密，保护举报人的合法权益。举报人举报所在企业的，该企业不得以解除、变更劳动合同或者其他方式对举报人进行打击报复。

第一百一十六条 县级以上人民政府食品安全监督管理等部门应当加强对执法人员食品安全法律、法规、标准和专业知识与执法能力等的培训，并组织考核。不具备相应知识和能力的，不得从事食品安全执法工作。

食品生产经营者、食品行业协会、消费者协会等发现食品安全执法人员在执法过程中有违反法律、法规规定的行为以及不规范执法行为的，可以向本级或者上级人民政府食品安全监督管理等部门或者监察机关投诉、举报。接到投诉、举报的部门或者机关应当进行核实，并将经核实的情况向食品安全执法人员所在部门通报；涉嫌违法违纪的，按照本法和有关规定处理。

第一百一十七条 县级以上人民政府食品安全监督管理等部门未及时发现食品安

全系统性风险，未及时消除监督管理区域内的食品安全隐患的，本级人民政府可以对其主要负责人进行责任约谈。

地方人民政府未履行食品安全职责，未及时消除区域性重大食品安全隐患的，上级人民政府可以对其主要负责人进行责任约谈。

被约谈的食品安全监督管理等部门、地方人民政府应当立即采取措施，对食品安全监督管理工作进行整改。

责任约谈情况和整改情况应当纳入地方人民政府和有关部门食品安全监督管理工作评议、考核记录。

第一百一十八条 国家建立统一的食品安全信息平台，实行食品安全信息统一公布制度。国家食品安全总体情况、食品安全风险警示信息、重大食品安全事故及其调查处理信息和国务院确定需要统一公布的其他信息由国务院食品安全监督管理部门统一公布。食品安全风险警示信息和重大食品安全事故及其调查处理信息的影响限于特定区域的，也可以由有关省、自治区、直辖市人民政府食品安全监督管理部门公布。未经授权不得发布上述信息。

县级以上人民政府食品安全监督管理、农业行政部门依据各自职责公布食品安全日常监督管理信息。

公布食品安全信息，应当做到准确、及时，并进行必要的解释说明，避免误导消费者和社会舆论。

第一百一十九条 县级以上地方人民政府食品安全监督管理、卫生行政、农业行政部门获知本法规定需要统一公布的信息，应当向上级主管部门报告，由上级主管部门立即报告国务院食品安全监督管理部门；必要时，可以直接向国务院食品安全监督管理部门报告。

县级以上人民政府食品安全监督管理、卫生行政、农业行政部门应当相互通报获知的食品安全信息。

第一百二十条 任何单位和个人不得编造、散布虚假食品安全信息。

县级以上人民政府食品安全监督管理部门发现可能误导消费者和社会舆论的食品安全信息，应当立即组织有关部门、专业机构、相关食品生产经营者等进行核实、分析，并及时公布结果。

第一百二十一条 县级以上人民政府食品安全监督管理等部门发现涉嫌食品安全犯罪的，应当按照有关规定及时将案件移送公安机关。对移送的案件，公安机关应当及时审查；认为有犯罪事实需要追究刑事责任的，应当立案侦查。

公安机关在食品安全犯罪案件侦查过程中认为没有犯罪事实，或者犯罪事实显著轻微，不需要追究刑事责任，但依法应当追究行政责任的，应当及时将案件移送食品安全监督管理等部门和监察机关，有关部门应当依法处理。

公安机关商请食品安全监督管理、生态环境等部门提供检验结论、认定意见以及对涉案物品进行无害化处理等协助的，有关部门应当及时提供，予以协助。

第九章　法律责任

第一百二十二条　违反本法规定，未取得食品生产经营许可从事食品生产经营活动，或者未取得食品添加剂生产许可从事食品添加剂生产活动的，由县级以上人民政府食品安全监督管理部门没收违法所得和违法生产经营的食品、食品添加剂以及用于违法生产经营的工具、设备、原料等物品；违法生产经营的食品、食品添加剂货值金额不足一万元的，并处五万元以上十万元以下罚款；货值金额一万元以上的，并处货值金额十倍以上二十倍以下罚款。

明知从事前款规定的违法行为，仍为其提供生产经营场所或者其他条件的，由县级以上人民政府食品安全监督管理部门责令停止违法行为，没收违法所得，并处五万元以上十万元以下罚款；使消费者的合法权益受到损害的，应当与食品、食品添加剂生产经营者承担连带责任。

第一百二十三条　违反本法规定，有下列情形之一，尚不构成犯罪的，由县级以上人民政府食品安全监督管理部门没收违法所得和违法生产经营的食品，并可以没收用于违法生产经营的工具、设备、原料等物品；违法生产经营的食品货值金额不足一万元的，并处十万元以上十五万元以下罚款；货值金额一万元以上的，并处货值金额十五倍以上三十倍以下罚款；情节严重的，吊销许可证，并可以由公安机关对其直接负责的主管人员和其他直接责任人员处五日以上十五日以下拘留：

（一）用非食品原料生产食品、在食品中添加食品添加剂以外的化学物质和其他可能危害人体健康的物质，或者用回收食品作为原料生产食品，或者经营上述食品；

（二）生产经营营养成分不符合食品安全标准的专供婴幼儿和其他特定人群的主辅食品；

（三）经营病死、毒死或者死因不明的禽、畜、兽、水产动物肉类，或者生产经营其制品；

（四）经营未按规定进行检疫或者检疫不合格的肉类，或者生产经营未经检验或者检验不合格的肉类制品；

（五）生产经营国家为防病等特殊需要明令禁止生产经营的食品；

（六）生产经营添加药品的食品。

明知从事前款规定的违法行为，仍为其提供生产经营场所或者其他条件的，由县级以上人民政府食品安全监督管理部门责令停止违法行为，没收违法所得，并处十万元以上二十万元以下罚款；使消费者的合法权益受到损害的，应当与食品生产经营者承担连带责任。

违法使用剧毒、高毒农药的，除依照有关法律、法规规定给予处罚外，可以由公安机关依照第一款规定给予拘留。

第一百二十四条 违反本法规定，有下列情形之一，尚不构成犯罪的，由县级以上人民政府食品安全监督管理部门没收违法所得和违法生产经营的食品、食品添加剂，并可以没收用于违法生产经营的工具、设备、原料等物品；违法生产经营的食品、食品添加剂货值金额不足一万元的，并处五万元以上十万元以下罚款；货值金额一万元以上的，并处货值金额十倍以上二十倍以下罚款；情节严重的，吊销许可证：

（一）生产经营致病性微生物，农药残留、兽药残留、生物毒素、重金属等污染物质以及其他危害人体健康的物质含量超过食品安全标准限量的食品、食品添加剂；

（二）用超过保质期的食品原料、食品添加剂生产食品、食品添加剂，或者经营上述食品、食品添加剂；

（三）生产经营超范围、超限量使用食品添加剂的食品；

（四）生产经营腐败变质、油脂酸败、霉变生虫、污秽不洁、混有异物、掺假掺杂或者感官性状异常的食品、食品添加剂；

（五）生产经营标注虚假生产日期、保质期或者超过保质期的食品、食品添加剂；

（六）生产经营未按规定注册的保健食品、特殊医学用途配方食品、婴幼儿配方乳粉，或者未按注册的产品配方、生产工艺等技术要求组织生产；

（七）以分装方式生产婴幼儿配方乳粉，或者同一企业以同一配方生产不同品牌的婴幼儿配方乳粉；

（八）利用新的食品原料生产食品，或者生产食品添加剂新品种，未通过安全性评估；

（九）食品生产经营者在食品安全监督管理部门责令其召回或者停止经营后，仍拒不召回或者停止经营。

除前款和本法第一百二十三条、第一百二十五条规定的情形外，生产经营不符合法律、法规或者食品安全标准的食品、食品添加剂的，依照前款规定给予处罚。

生产食品相关产品新品种，未通过安全性评估，或者生产不符合食品安全标准的食品相关产品的，由县级以上人民政府食品安全监督管理部门依照第一款规定给予处罚。

第一百二十五条 违反本法规定，有下列情形之一的，由县级以上人民政府食品安全监督管理部门没收违法所得和违法生产经营的食品、食品添加剂，并可以没收用于违法生产经营的工具、设备、原料等物品；违法生产经营的食品、食品添加剂货值金额不足一万元的，并处五千元以上五万元以下罚款；货值金额一万元以上的，并处货值金额五倍以上十倍以下罚款；情节严重的，责令停产停业，直至吊销许可证：

（一）生产经营被包装材料、容器、运输工具等污染的食品、食品添加剂；

（二）生产经营无标签的预包装食品、食品添加剂或者标签、说明书不符合本法规定的食品、食品添加剂；

（三）生产经营转基因食品未按规定进行标示；

（四）食品生产经营者采购或者使用不符合食品安全标准的食品原料、食品添加剂、食品相关产品。

生产经营的食品、食品添加剂的标签、说明书存在瑕疵但不影响食品安全且不会对消费者造成误导的，由县级以上人民政府食品安全监督管理部门责令改正；拒不改正的，处二千元以下罚款。

第一百二十六条 违反本法规定，有下列情形之一的，由县级以上人民政府食品安全监督管理部门责令改正，给予警告；拒不改正的，处五千元以上五万元以下罚款；情节严重的，责令停产停业，直至吊销许可证：

（一）食品、食品添加剂生产者未按规定对采购的食品原料和生产的食品、食品添加剂进行检验；

（二）食品生产经营企业未按规定建立食品安全管理制度，或者未按规定配备或者培训、考核食品安全管理人员；

（三）食品、食品添加剂生产经营者进货时未查验许可证和相关证明文件，或者未按规定建立并遵守进货查验记录、出厂检验记录和销售记录制度；

（四）食品生产经营企业未制定食品安全事故处置方案；

（五）餐具、饮具和盛放直接入口食品的容器，使用前未经洗净、消毒或者清洗消毒不合格，或者餐饮服务设施、设备未按规定定期维护、清洗、校验；

（六）食品生产经营者安排未取得健康证明或者患有国务院卫生行政部门规定的有碍食品安全疾病的人员从事接触直接入口食品的工作；

（七）食品经营者未按规定要求销售食品；

（八）保健食品生产企业未按规定向食品安全监督管理部门备案，或者未按备案的产品配方、生产工艺等技术要求组织生产；

（九）婴幼儿配方食品生产企业未将食品原料、食品添加剂、产品配方、标签等向食品安全监督管理部门备案；

（十）特殊食品生产企业未按规定建立生产质量管理体系并有效运行，或者未定期提交自查报告；

（十一）食品生产经营者未定期对食品安全状况进行检查评价，或者生产经营条件发生变化，未按规定处理；

（十二）学校、托幼机构、养老机构、建筑工地等集中用餐单位未按规定履行食品安全管理责任；

（十三）食品生产企业、餐饮服务提供者未按规定制定、实施生产经营过程控制要求。

餐具、饮具集中消毒服务单位违反本法规定用水，使用洗涤剂、消毒剂，或者出厂的餐具、饮具未按规定检验合格并随附消毒合格证明，或者未按规定在独立包装上标注相关内容的，由县级以上人民政府卫生行政部门依照前款规定给予处罚。

食品相关产品生产者未按规定对生产的食品相关产品进行检验的，由县级以上人民政府食品安全监督管理部门依照第一款规定给予处罚。

食用农产品销售者违反本法第六十五条规定的，由县级以上人民政府食品安全监督管理部门依照第一款规定给予处罚。

第一百二十七条　对食品生产加工小作坊、食品摊贩等的违法行为的处罚，依照省、自治区、直辖市制定的具体管理办法执行。

第一百二十八条　违反本法规定，事故单位在发生食品安全事故后未进行处置、报告的，由有关主管部门按照各自职责分工责令改正，给予警告；隐匿、伪造、毁灭有关证据的，责令停产停业，没收违法所得，并处十万元以上五十万元以下罚款；造成严重后果的，吊销许可证。

第一百二十九条　违反本法规定，有下列情形之一的，由出入境检验检疫机构依照本法第一百二十四条的规定给予处罚：

（一）提供虚假材料，进口不符合我国食品安全国家标准的食品、食品添加剂、食品相关产品；

（二）进口尚无食品安全国家标准的食品，未提交所执行的标准并经国务院卫生行政部门审查，或者进口利用新的食品原料生产的食品或者进口食品添加剂新品种、食品相关产品新品种，未通过安全性评估；

（三）未遵守本法的规定出口食品；

（四）进口商在有关主管部门责令其依照本法规定召回进口的食品后，仍拒不召回。

违反本法规定，进口商未建立并遵守食品、食品添加剂进口和销售记录制度、境外出口商或者生产企业审核制度的，由出入境检验检疫机构依照本法第一百二十六条的规定给予处罚。

第一百三十条　违反本法规定，集中交易市场的开办者、柜台出租者、展销会的举办者允许未依法取得许可的食品经营者进入市场销售食品，或者未履行检查、报告等义务的，由县级以上人民政府食品安全监督管理部门责令改正，没收违法所得，并处五万元以上二十万元以下罚款；造成严重后果的，责令停业，直至由原发证部门吊销许可证；使消费者的合法权益受到损害的，应当与食品经营者承担连带责任。

食用农产品批发市场违反本法第六十四条规定的，依照前款规定承担责任。

第一百三十一条 违反本法规定，网络食品交易第三方平台提供者未对入网食品经营者进行实名登记、审查许可证，或者未履行报告、停止提供网络交易平台服务等义务的，由县级以上人民政府食品安全监督管理部门责令改正，没收违法所得，并处五万元以上二十万元以下罚款；造成严重后果的，责令停业，直至由原发证部门吊销许可证；使消费者的合法权益受到损害的，应当与食品经营者承担连带责任。

消费者通过网络食品交易第三方平台购买食品，其合法权益受到损害的，可以向入网食品经营者或者食品生产者要求赔偿。网络食品交易第三方平台提供者不能提供入网食品经营者的真实名称、地址和有效联系方式的，由网络食品交易第三方平台提供者赔偿。网络食品交易第三方平台提供者赔偿后，有权向入网食品经营者或者食品生产者追偿。网络食品交易第三方平台提供者作出更有利于消费者承诺的，应当履行其承诺。

第一百三十二条 违反本法规定，未按要求进行食品贮存、运输和装卸的，由县级以上人民政府食品安全监督管理等部门按照各自职责分工责令改正，给予警告；拒不改正的，责令停产停业，并处一万元以上五万元以下罚款；情节严重的，吊销许可证。

第一百三十三条 违反本法规定，拒绝、阻挠、干涉有关部门、机构及其工作人员依法开展食品安全监督检查、事故调查处理、风险监测和风险评估的，由有关主管部门按照各自职责分工责令停产停业，并处二千元以上五万元以下罚款；情节严重的，吊销许可证；构成违反治安管理行为的，由公安机关依法给予治安管理处罚。

违反本法规定，对举报人以解除、变更劳动合同或者其他方式打击报复的，应当依照有关法律的规定承担责任。

第一百三十四条 食品生产经营者在一年内累计三次因违反本法规定受到责令停产停业、吊销许可证以外处罚的，由食品安全监督管理部门责令停产停业，直至吊销许可证。

第一百三十五条 被吊销许可证的食品生产经营者及其法定代表人、直接负责的主管人员和其他直接责任人员自处罚决定作出之日起五年内不得申请食品生产经营许可，或者从事食品生产经营管理工作、担任食品生产经营企业食品安全管理人员。

因食品安全犯罪被判处有期徒刑以上刑罚的，终身不得从事食品生产经营管理工作，也不得担任食品生产经营企业食品安全管理人员。

食品生产经营者聘用人员违反前两款规定的，由县级以上人民政府食品安全监督管理部门吊销许可证。

第一百三十六条 食品经营者履行了本法规定的进货查验等义务，有充分证据证明其不知道所采购的食品不符合食品安全标准，并能如实说明其进货来源的，可以免予处罚，但应当依法没收其不符合食品安全标准的食品；造成人身、财产或者其他损害的，依法承担赔偿责任。

第一百三十七条 违反本法规定，承担食品安全风险监测、风险评估工作的技术机构、技术人员提供虚假监测、评估信息的，依法对技术机构直接负责的主管人员和技术人员给予撤职、开除处分；有执业资格的，由授予其资格的主管部门吊销执业证书。

第一百三十八条 违反本法规定，食品检验机构、食品检验人员出具虚假检验报告的，由授予其资质的主管部门或者机构撤销该食品检验机构的检验资质，没收所收取的检验费用，并处检验费用五倍以上十倍以下罚款，检验费用不足一万元的，并处五万元以上十万元以下罚款；依法对食品检验机构直接负责的主管人员和食品检验人员给予撤职或者开除处分；导致发生重大食品安全事故的，对直接负责的主管人员和食品检验人员给予开除处分。

违反本法规定，受到开除处分的食品检验机构人员，自处分决定作出之日起十年内不得从事食品检验工作；因食品安全违法行为受到刑事处罚或者因出具虚假检验报告导致发生重大食品安全事故受到开除处分的食品检验机构人员，终身不得从事食品检验工作。食品检验机构聘用不得从事食品检验工作的人员的，由授予其资质的主管部门或者机构撤销该食品检验机构的检验资质。

食品检验机构出具虚假检验报告，使消费者的合法权益受到损害的，应当与食品生产经营者承担连带责任。

第一百三十九条 违反本法规定，认证机构出具虚假认证结论，由认证认可监督管理部门没收所收取的认证费用，并处认证费用五倍以上十倍以下罚款，认证费用不足一万元的，并处五万元以上十万元以下罚款；情节严重的，责令停业，直至撤销认证机构批准文件，并向社会公布；对直接负责的主管人员和负有直接责任的认证人员，撤销其执业资格。

认证机构出具虚假认证结论，使消费者的合法权益受到损害的，应当与食品生产经营者承担连带责任。

第一百四十条 违反本法规定，在广告中对食品作虚假宣传，欺骗消费者，或者发布未取得批准文件、广告内容与批准文件不一致的保健食品广告的，依照《中华人民共和国广告法》的规定给予处罚。

广告经营者、发布者设计、制作、发布虚假食品广告，使消费者的合法权益受到损害的，应当与食品生产经营者承担连带责任。

社会团体或者其他组织、个人在虚假广告或者其他虚假宣传中向消费者推荐食品，使消费者的合法权益受到损害的，应当与食品生产经营者承担连带责任。

违反本法规定，食品安全监督管理等部门、食品检验机构、食品行业协会以广告或者其他形式向消费者推荐食品，消费者组织以收取费用或者其他牟取利益的方式向消费者推荐食品的，由有关主管部门没收违法所得，依法对直接负责的主管人员和其他直接责任人员给予记大过、降级或者撤职处分；情节严重的，给予开除处分。

对食品作虚假宣传且情节严重的，由省级以上人民政府食品安全监督管理部门决定暂停销售该食品，并向社会公布；仍然销售该食品的，由县级以上人民政府食品安全监督管理部门没收违法所得和违法销售的食品，并处二万元以上五万元以下罚款。

第一百四十一条 违反本法规定，编造、散布虚假食品安全信息，构成违反治安管理行为的，由公安机关依法给予治安管理处罚。

媒体编造、散布虚假食品安全信息的，由有关主管部门依法给予处罚，并对直接负责的主管人员和其他直接责任人员给予处分；使公民、法人或者其他组织的合法权益受到损害的，依法承担消除影响、恢复名誉、赔偿损失、赔礼道歉等民事责任。

第一百四十二条 违反本法规定，县级以上地方人民政府有下列行为之一的，对直接负责的主管人员和其他直接责任人员给予记大过处分；情节较重的，给予降级或者撤职处分；情节严重的，给予开除处分；造成严重后果的，其主要负责人还应当引咎辞职：

（一）对发生在本行政区域内的食品安全事故，未及时组织协调有关部门开展有效处置，造成不良影响或者损失；

（二）对本行政区域内涉及多环节的区域性食品安全问题，未及时组织整治，造成不良影响或者损失；

（三）隐瞒、谎报、缓报食品安全事故；

（四）本行政区域内发生特别重大食品安全事故，或者连续发生重大食品安全事故。

第一百四十三条 违反本法规定，县级以上地方人民政府有下列行为之一的，对直接负责的主管人员和其他直接责任人员给予警告、记过或者记大过处分；造成严重后果的，给予降级或者撤职处分：

（一）未确定有关部门的食品安全监督管理职责，未建立健全食品安全全程监督管理工作机制和信息共享机制，未落实食品安全监督管理责任制；

（二）未制定本行政区域的食品安全事故应急预案，或者发生食品安全事故后未按规定立即成立事故处置指挥机构、启动应急预案。

第一百四十四条 违反本法规定，县级以上人民政府食品安全监督管理、卫生行政、农业行政等部门有下列行为之一的，对直接负责的主管人员和其他直接责任人员给予记大过处分；情节较重的，给予降级或者撤职处分；情节严重的，给予开除处分；造成严重后果的，其主要负责人还应当引咎辞职：

（一）隐瞒、谎报、缓报食品安全事故；

（二）未按规定查处食品安全事故，或者接到食品安全事故报告未及时处理，造成事故扩大或者蔓延；

（三）经食品安全风险评估得出食品、食品添加剂、食品相关产品不安全结论后，未及时采取相应措施，造成食品安全事故或者不良社会影响；

（四）对不符合条件的申请人准予许可，或者超越法定职权准予许可；

（五）不履行食品安全监督管理职责，导致发生食品安全事故。

第一百四十五条 违反本法规定，县级以上人民政府食品安全监督管理、卫生行政、农业行政等部门有下列行为之一，造成不良后果的，对直接负责的主管人员和其他直接责任人员给予警告、记过或者记大过处分；情节较重的，给予降级或者撤职处分；情节严重的，给予开除处分：

（一）在获知有关食品安全信息后，未按规定向上级主管部门和本级人民政府报告，或者未按规定相互通报；

（二）未按规定公布食品安全信息；

（三）不履行法定职责，对查处食品安全违法行为不配合，或者滥用职权、玩忽职守、徇私舞弊。

第一百四十六条 食品安全监督管理等部门在履行食品安全监督管理职责过程中，违法实施检查、强制等执法措施，给生产经营者造成损失的，应当依法予以赔偿，对直接负责的主管人员和其他直接责任人员依法给予处分。

第一百四十七条 违反本法规定，造成人身、财产或者其他损害的，依法承担赔偿责任。生产经营者财产不足以同时承担民事赔偿责任和缴纳罚款、罚金时，先承担民事赔偿责任。

第一百四十八条 消费者因不符合食品安全标准的食品受到损害的，可以向经营者要求赔偿损失，也可以向生产者要求赔偿损失。接到消费者赔偿要求的生产经营者，应当实行首负责任制，先行赔付，不得推诿；属于生产者责任的，经营者赔偿后有权向生产者追偿；属于经营者责任的，生产者赔偿后有权向经营者追偿。

生产不符合食品安全标准的食品或者经营明知是不符合食品安全标准的食品，消费者除要求赔偿损失外，还可以向生产者或者经营者要求支付价款十倍或者损失三倍的赔偿金；增加赔偿的金额不足一千元的，为一千元。但是，食品的标签、说明书存在不影响食品安全且不会对消费者造成误导的瑕疵的除外。

第一百四十九条 违反本法规定，构成犯罪的，依法追究刑事责任。

第十章　附　　则

第一百五十条 本法下列用语的含义：

食品，指各种供人食用或者饮用的成品和原料以及按照传统既是食品又是中药材的物品，但是不包括以治疗为目的的物品。

食品安全，指食品无毒、无害，符合应当有的营养要求，对人体健康不造成任何急性、亚急性或者慢性危害。

预包装食品，指预先定量包装或者制作在包装材料、容器中的食品。

食品添加剂，指为改善食品品质和色、香、味以及为防腐、保鲜和加工工艺的需要而加入食品中的人工合成或者天然物质，包括营养强化剂。

用于食品的包装材料和容器，指包装、盛放食品或者食品添加剂用的纸、竹、木、金属、搪瓷、陶瓷、塑料、橡胶、天然纤维、化学纤维、玻璃等制品和直接接触食品或者食品添加剂的涂料。

用于食品生产经营的工具、设备，指在食品或者食品添加剂生产、销售、使用过程中直接接触食品或者食品添加剂的机械、管道、传送带、容器、用具、餐具等。

用于食品的洗涤剂、消毒剂，指直接用于洗涤或者消毒食品、餐具、饮具以及直接接触食品的工具、设备或者食品包装材料和容器的物质。

食品保质期，指食品在标明的贮存条件下保持品质的期限。

食源性疾病，指食品中致病因素进入人体引起的感染性、中毒性等疾病，包括食物中毒。

食品安全事故，指食源性疾病、食品污染等源于食品，对人体健康有危害或者可能有危害的事故。

第一百五十一条 转基因食品和食盐的食品安全管理，本法未作规定的，适用其他法律、行政法规的规定。

第一百五十二条 铁路、民航运营中食品安全的管理办法由国务院食品安全监督管理部门会同国务院有关部门依照本法制定。

保健食品的具体管理办法由国务院食品安全监督管理部门依照本法制定。

食品相关产品生产活动的具体管理办法由国务院食品安全监督管理部门依照本法制定。

国境口岸食品的监督管理由出入境检验检疫机构依照本法以及有关法律、行政法规的规定实施。

军队专用食品和自供食品的食品安全管理办法由中央军事委员会依照本法制定。

第一百五十三条 国务院根据实际需要，可以对食品安全监督管理体制作出调整。

第一百五十四条 本法自2015年10月1日起施行。

政策文件

中共中央　国务院关于学习运用“千村示范、万村整治”工程经验　有力有效推进乡村全面振兴的意见

（2024年1月1日发布）

推进中国式现代化，必须坚持不懈夯实农业基础，推进乡村全面振兴。习近平总书记在浙江工作时亲自谋划推动“千村示范、万村整治”工程（以下简称“千万工程”），从农村环境整治入手，由点及面、迭代升级，20年持续努力造就了万千美丽乡村，造福了万千农民群众，创造了推进乡村全面振兴的成功经验和实践范例。要学习运用“千万工程”蕴含的发展理念、工作方法和推进机制，把推进乡村全面振兴作为新时代新征程“三农”工作的总抓手，坚持以人民为中心的发展思想，完整、准确、全面贯彻新发展理念，因地制宜、分类施策，循序渐进、久久为功，集中力量抓好办成一批群众可感可及的实事，不断取得实质性进展、阶段性成果。

做好2024年及今后一个时期“三农”工作，要以习近平新时代中国特色社会主义思想为指导，全面贯彻落实党的二十大和二十届二中全会精神，深入贯彻落实习近平总书记关于“三农”工作的重要论述，坚持和加强党对“三农”工作的全面领导，锚定建设农业强国目标，以学习运用“千万工程”经验为引领，以确保国家粮食安全、确保不发生规模性返贫为底线，以提升乡村产业发展水平、提升乡村建设水平、提升乡村治理水平为重点，强化科技和改革双轮驱动，强化农民增收举措，打好乡村全面振兴漂亮仗，绘就宜居宜业和美乡村新画卷，以加快农业农村现代化更好推进中国式现代化建设。

一、确保国家粮食安全

（一）抓好粮食和重要农产品生产。扎实推进新一轮千亿斤粮食产能提升行动。稳定粮食播种面积，把粮食增产的重心放到大面积提高单产上，确保粮食产量保持在1.3万亿斤以上。实施粮食单产提升工程，集成推广良田良种良机良法。巩固大豆扩种成果，支持发展高油高产品种。适当提高小麦最低收购价，合理确定稻谷最低收购价。继续实施耕地地力保护补贴和玉米大豆生产者补贴、稻谷补贴政策。完善农资保供稳价应对机制，鼓励地方探索建立与农资价格上涨幅度挂钩的动态补贴办法。扩大完全成本保险和种植收入保险政策实施范围，实现三大主粮全国覆盖、大豆有序扩面。鼓励地方发展特色农产品保险。推进农业保险精准投保理赔，做到应赔尽赔。完善巨灾保险制度。加大产粮大县支持力度。探索建立粮食产销区省际横向利益补偿机制，深化多渠道产销协作。扩大油菜面积，支持发展油茶等特色油料。加大糖料蔗种苗和机收补贴力度。加强“菜篮子”产品应急保供基地建设，优化生猪产能调控机制，稳定牛羊肉基础生产能力。完善液态奶标准，规范复原乳标识，促进鲜奶消费。支持深远海养殖，开发森林食品。树立大农业观、大食物观，多渠道拓展食物来源，探索构建大食物监测统计体系。

（二）严格落实耕地保护制度。健全耕地数量、质量、生态“三位一体”保护制度体系，落实新一轮国土空间规划明确的耕地和永久基本农田保护任务。改革完善耕地占补平衡制度，坚持“以补定占”，将省域内稳定利用耕地净增加量作为下年度非农建设允许占用耕地规模上限。健全补充耕地质量验收制度，完善后续管护和再评价机制。加强退化耕地治理，加大黑土地保护工程推进力度，实施耕地有机质提升行动。严厉打击非法占用农用地犯罪和耕地非法取土。持续整治“大棚房”。分类稳妥开展违规占用耕地整改复耕，细化明确耕地“非粮化”整改范围，合理安排恢复时序。因地制宜推进撂荒地利用，宜粮则粮、宜经则经，对确无人耕种的支持农村集体经济组织多途径种好用好。

（三）加强农业基础设施建设。坚持质量第一，优先把东北黑土地区、平原地区、具备水利灌溉条件地区的耕地建成高标准农田，适当提高中央和省级投资补助水平，取消各地对产粮大县资金配套要求，强化高标准农田建设全过程监管，确保建一块、成一块。鼓励农村集体经济组织、新型农业经营主体、农户等直接参与高标准农田建设管护。分区分类开展盐碱耕地治理改良，“以种适地”同“以地适种”相结合，支持盐碱地综合利用试点。推进重点水源、灌区、蓄滞洪区建设和现代化改造，实施水库除险加固和中小河流治理、中小型水库建设等工程。加强小型农田水利设施建设和管护。加快推进受灾地区灾后恢复重建。加强气象灾害短期预警和中长期趋势研判，健全农业防灾减灾救灾长效机制。推进设施农业现代化提升行动。

（四）强化农业科技支撑。优化农业科技创新战略布局，支持重大创新平台建设。加快推进种业振兴行动，完善联合研发和应用协作机制，加大种源关键核心技术攻关，加快选育推广生产急需的自主优良品种。开展重大品种研发推广应用一体化试点。推动生物育种产业化扩面提速。大力实施农机装备补短板行动，完善农机购置与应用补贴政策，开辟急需适用农机鉴定“绿色通道”。加强基层农技推广体系条件建设，强化公益性服务功能。

（五）构建现代农业经营体系。聚焦解决“谁来种地”问题，以小农户为基础、新型农业经营主体为重点、社会化服务为支撑，加快打造适应现代农业发展的高素质生产经营队伍。提升家庭农场和农民合作社生产经营水平，增强服务带动小农户能力。加强农业社会化服务平台和标准体系建设，聚焦农业生产关键薄弱环节和小农户，拓展服务领域和模式。支持农村集体经济组织提供生产、劳务等居间服务。

（六）增强粮食和重要农产品调控能力。健全农产品全产业链监测预警机制，强化多品种联动调控、储备调节和应急保障。优化粮食仓储设施布局，提升储备安全水平。深化“一带一路”农业合作。加大农产品走私打击力度。加强粮食和重要农产品消费监测分析。

（七）持续深化食物节约各项行动。弘扬节约光荣风尚，推进全链条节粮减损，健全常态化、长效化工作机制。挖掘粮食机收减损潜力，推广散粮运输和储粮新型装具。完善粮食适度加工标准。大力提倡健康饮食，健全部门监管、行业自律、社会监督相结合的监管体系，坚决制止餐饮浪费行为。

二、确保不发生规模性返贫

（八）落实防止返贫监测帮扶机制。压紧压实防止返贫工作责任，持续巩固提升“三保障”和饮水安全保障成果。对存在因灾返贫风险的农户，符合政策规定的可先行落实帮扶措施。加强农村高额医疗费用负担患者监测预警，按规定及时落实医疗保障和救助政策。加快推动防止返贫监测与低收入人口动态监测信息平台互联互通，加强跨部门信息整合共享。研究推动防止返贫帮扶政策和农村低收入人口常态化帮扶政策衔接并轨。

（九）持续加强产业和就业帮扶。强化帮扶产业分类指导，巩固一批、升级一批、盘活一批、调整一批，推动产业提质增效、可持续发展。中央财政衔接推进乡村振兴补助资金用于产业发展的比例保持总体稳定，强化资金项目绩效管理。加强帮扶项目资产管理，符合条件的纳入农村集体资产统一管理。提升消费帮扶助农增收行动实效。推进防止返贫就业攻坚行动，落实东西部劳务协作帮扶责任，统筹用好就业帮扶车间、公益岗位等渠道，稳定脱贫劳动力就业规模。

（十）加大对重点地区帮扶支持力度。将脱贫县涉农资金统筹整合试点政策优化调整至160个国家乡村振兴重点帮扶县实施，加强整合资金使用监管。国有金融机构加大对国家乡村振兴重点帮扶县金融支持力度。持续开展医疗、教育干部人才“组团式”帮扶和科技特派团选派。高校毕业生“三支一扶”计划向脱贫地区倾斜。支持易地扶贫搬迁安置区可持续发展。易地搬迁至城镇后因人口增长出现住房困难的家庭，符合条件的统筹纳入城镇住房保障范围。推动建立欠发达地区常态化帮扶机制。

三、提升乡村产业发展水平

（十一）促进农村一二三产业融合发展。坚持产业兴农、质量兴农、绿色兴农，加快构建粮经饲统筹、农林牧渔并举、产加销贯通、农文旅融合的现代乡村产业体系，把农业建成现代化大产业。鼓励各地因地制宜大力发展特色产业，支持打造乡土特色品牌。实施乡村文旅深度融合工程，推进乡村旅游集聚区（村）建设，培育生态旅游、森林康养、休闲露营等新业态，推进乡村民宿规范发展、提升品质。优化实施农村产业融合发展项目，培育农业产业化联合体。

（十二）推动农产品加工业优化升级。推进农产品生产和初加工、精深加工协同发展，促进就近就地转化增值。推进农产品加工设施改造提升，支持区域性预冷烘干、储藏保鲜、鲜切包装等初加工设施建设，发展智能化、清洁化精深加工。支持东北地区发展大豆等农产品全产业链加工，打造食品和饲料产业集群。支持粮食和重要农产品主产区建设加工产业园。

（十三）推动农村流通高质量发展。深入推进县域商业体系建设，健全县乡村物流配送体系，促进农村客货邮融合发展，大力发展共同配送。推进农产品批发市场转型升级。优化农产品冷链物流体系建设，加快建设骨干冷链物流基地，布局建设县域产地公共冷链物流设施。实施农村电商高质量发展工程，推进县域电商直播基地建设，发展乡村土特产网络销售。加强农村流通领域市场监管，持续整治农村假冒伪劣产品。

（十四）强化农民增收举措。实施农民增收促进行动，持续壮大乡村富民产业，支持农户发展特色种养、手工作坊、林下经济等家庭经营项目。强化产业发展联农带农，健全新型农业经营主体和涉农企业扶持政策与带动农户增收挂钩机制。促进农村劳动力多渠道就业，健全跨区域信息共享和有组织劳务输出机制，培育壮大劳务品牌。开展农民工服务保障专项行动，加强农民工就业动态监测。加强拖欠农民工工资源头预防和风险预警，完善根治欠薪长效机制。加强农民工职业技能培训，推广订单、定向、定岗培训模式。做好大龄农民工就业扶持。在重点工程项目和农业农村基础设施建设领域积极推广以工代赈，继续扩大劳务报酬规模。鼓励以出租、合作开发、入股经营等方式盘活利用农村资源资产，增加农民财产性收入。

四、提升乡村建设水平

（十五）增强乡村规划引领效能。适应乡村人口变化趋势，优化村庄布局、产业结构、公共服务配置。强化县域国土空间规划对城镇、村庄、产业园区等空间布局的统筹。分类编制村庄规划，可单独编制，也可以乡镇或若干村庄为单元编制，不需要编制的可在县乡级国土空间规划中明确通则式管理规定。加强村庄规划编制实效性、可操作性和执行约束力，强化乡村空间设计和风貌管控。在耕地总量不减少、永久基本农田布局基本稳定的前提下，综合运用增减挂钩和占补平衡政策，稳妥有序开展以乡镇为基本单元的全域土地综合整治，整合盘活农村零散闲置土地，保障乡村基础设施和产业发展用地。

（十六）深入实施农村人居环境整治提升行动。因地制宜推进生活污水垃圾治理和农村改厕，完善农民参与和长效管护机制。健全农村生活垃圾分类收运处置体系，完善农村再生资源回收利用网络。分类梯次推进生活污水治理，加强农村黑臭水体动态排查和源头治理。稳步推进中西部地区户厕改造，探索农户自愿按标准改厕、政府验收合格后补助到户的奖补模式。协同推进农村有机生活垃圾、粪污、农业生产有机废弃物资源化处理利用。

（十七）推进农村基础设施补短板。从各地实际和农民需求出发，抓住普及普惠的事，干一件、成一件。完善农村供水工程体系，有条件的推进城乡供水一体化、集中供水规模化，暂不具备条件的加强小型供水工程规范化建设改造，加强专业化管护，深入实施农村供水水质提升专项行动。推进农村电网巩固提升工程。推动农村分布式新能源发展，加强重点村镇新能源汽车充换电设施规划建设。扎实推进“四好农村路”建设，完善交通管理和安全防护设施，加快实施农村公路桥梁安全“消危”行动。继续实施农村危房改造和农房抗震改造，巩固农村房屋安全隐患排查整治成果。持续实施数字乡村发展行动，发展智慧农业，缩小城乡“数字鸿沟”。实施智慧广电乡村工程。鼓励有条件的省份统筹建设区域性大数据平台，加强农业生产经营、农村社会管理等涉农信息协同共享。

（十八）完善农村公共服务体系。优化公共教育服务供给，加强寄宿制学校建设，办好必要的乡村小规模学校。实施县域普通高中发展提升行动计划。加强乡镇卫生院和村卫生室服务能力建设，稳步提高乡村医生中具备执业（助理）医师资格的人员比例。持续提升农村传染病防控和应急处置能力。逐步提高县域内医保基金在乡村医疗卫生机构使用的比例，加快将村卫生室纳入医保定点管理。健全农村养老服务体系，因地制宜推进区域性养老服务中心建设，鼓励发展农村老年助餐和互助服务。健全城乡居民基本养老保险“多缴多得、长缴多得”激励机制。加强农村生育支持和婴幼儿照护服务，做好流动儿童、留守儿童、妇女、老年人、残疾人等关心关爱服务。实施产粮大县公共服务能力提升行动。

（十九）加强农村生态文明建设。持续打好农业农村污染治理攻坚战，一体化推进乡村生态保护修复。扎实推进化肥农药减量增效，推广种养循环模式。整县推进农业面源污染综合防治。加强耕地土壤重金属污染源排查整治。加强食用农产品产地质量安全控制和产品检测，提升“从农田到餐桌”全过程食品安全监管能力。推进兽用抗菌药使用减量化行动。强化重大动物疫病和重点人畜共患病防控。持续巩固长江十年禁渔成效。加快推进长江中上游坡耕地水土流失治理，扎实推进黄河流域深度节水控水。推进水系连通、水源涵养、水土保持，复苏河湖生态环境，强化地下水超采治理。加强荒漠化综合防治，探索“草光互补”模式。全力打好“三北”工程攻坚战，鼓励通过多种方式组织农民群众参与项目建设。优化草原生态保护补奖政策，健全对超载过牧的约束机制。加强森林草原防灭火。实施古树名木抢救保护行动。

（二十）促进县域城乡融合发展。统筹新型城镇化和乡村全面振兴，提升县城综合承载能力和治理能力，促进县乡村功能衔接互补、资源要素优化配置。优化县域产业结构和空间布局，构建以县城为枢纽、以小城镇为节点的县域经济体系，扩大县域就业容量。统筹县域城乡基础设施规划建设管护，推进城乡学校共同体、紧密型县域医共体建设。实施新一轮农业转移人口市民化行动，鼓励有条件的县（市、区）将城镇常住人口全部纳入住房保障政策范围。

五、提升乡村治理水平

（二十一）推进抓党建促乡村振兴。坚持大抓基层鲜明导向，强化县级党委抓乡促村责任，健全县乡村三级联动争创先进、整顿后进机制。全面提升乡镇领导班子抓乡村振兴能力，开展乡镇党政正职全覆盖培训和农村党员进党校集中轮训。建好建强农村基层党组织，健全村党组织领导的村级组织体系，推行村级议事协商目录制度。加强村干部队伍建设，健全选育管用机制，实施村党组织带头人后备力量培育储备三年行动。优化驻村第一书记和工作队选派管理。进一步整合基层监督执纪力量，推动完善基层监督体系，持续深化乡村振兴领域不正之风和腐败问题专项整治。加强乡镇对县直部门派驻机构及人员的管理职责，加大编制资源向乡镇倾斜力度，县以上机关一般不得从乡镇借调工作人员，推广“街乡吹哨、部门报到”等做法，严格实行上级部门涉基层事务准入制度，健全基层职责清单和事务清单，推动解决“小马拉大车”等基层治理问题。

（二十二）繁荣发展乡村文化。推动农耕文明和现代文明要素有机结合，书写中华民族现代文明的乡村篇。改进创新农村精神文明建设，推动新时代文明实践向村庄、集市等末梢延伸，促进城市优质文化资源下沉，增加有效服务供给。深入开展听党话、感党恩、跟党走宣传教育活动。加强乡村优秀传统文化保护传承和创新发展。强化农业文化遗产、农村非物质文化遗产挖掘整理和保护利用，实施乡村文物保护工程。开展传统村落集中连片保护利用示范。坚持农民唱主角，促进“村BA”、村超、村晚等群众性文体活动健康发展。

（二十三）持续推进农村移风易俗。坚持疏堵结合、标本兼治，创新移风易俗抓手载体，发挥村民自治作用，强化村规民约激励约束功能，持续推进高额彩礼、大操大办、散埋乱葬等突出问题综合治理。鼓励各地利用乡村综合性服务场所，为农民婚丧嫁娶等提供普惠性社会服务，降低农村人情负担。完善婚事新办、丧事简办、孝老爱亲等约束性规范和倡导性标准。推动党员干部带头承诺践诺，发挥示范带动作用。强化正向引导激励，加强家庭家教家风建设，推广清单制、积分制等有效办法。

（二十四）建设平安乡村。坚持和发展新时代“枫桥经验”，完善矛盾纠纷源头预防、排查预警、多元化解机制。健全农村扫黑除恶常态化机制，持续防范和整治“村霸”，依法打击农村宗族黑恶势力及其“保护伞”。持续开展打击整治农村赌博违法犯罪专项行动，加强电信网络诈骗宣传防范。开展农村道路交通、燃气、消防、渔船等重点领域安全隐患治理攻坚。加强农村防灾减灾工程、应急管理信息化和公共消防设施建设，提升防灾避险和自救互救能力。加强法治乡村建设，增强农民法律意识。

六、加强党对“三农”工作的全面领导

（二十五）健全党领导农村工作体制机制。坚持把解决好“三农”问题作为全党工作重中之重，坚持农业农村优先发展，改革完善“三农”工作体制机制，全面落实乡村振兴责任制，压实五级书记抓乡村振兴责任，明确主攻方向，扎实组织推动。加强党委农村工作体系建设，强化统筹推进乡村振兴职责。巩固拓展学习贯彻习近平新时代中国特色社会主义思想主题教育成果。各级党政领导干部要落实“四下基层”制度，深入调查研究，推动解决农民群众反映强烈的问题。优化各类涉农督查检查考核，突出实绩实效，能整合的整合，能简化的简化，减轻基层迎检迎考负担。按规定开展乡村振兴表彰激励。讲好新时代乡村振兴故事。

（二十六）强化农村改革创新。在坚守底线前提下，鼓励各地实践探索和制度创新，强化改革举措集成增效，激发乡村振兴动力活力。启动实施第二轮土地承包到期后再延长30年整省试点。健全土地流转价格形成机制，探索防止流转费用不合理上涨有效办法。稳慎推进农村宅基地制度改革。深化农村集体产权制度改革，促进新型农村集体经济健康发展，严格控制农村集体经营风险。对集体资产由村民委员会、村民小组登记到农村集体经济组织名下实行税收减免。持续深化集体林权制度改革、农业水价综合改革、农垦改革和供销合作社综合改革。

（二十七）完善乡村振兴多元化投入机制。坚持将农业农村作为一般公共预算优先保障领域，创新乡村振兴投融资机制，确保投入与乡村振兴目标任务相适应。落实土地出让收入支农政策。规范用好地方政府专项债券等政策工具，支持乡村振兴重大

工程项目建设。强化对信贷业务以县域为主的金融机构货币政策精准支持，完善大中型银行“三农”金融服务专业化工作机制，强化农村中小金融机构支农支小定位。分省分类推进农村信用社改革化险。创新支持粮食安全、种业振兴等重点领域信贷服务模式。发展农村数字普惠金融，推进农村信用体系建设。发挥全国农业信贷担保体系和政府投资基金等作用。强化财政金融协同联动，在不新增地方政府隐性债务的前提下，开展高标准农田和设施农业建设等涉农领域贷款贴息奖补试点。鼓励社会资本投资农业农村，有效防范和纠正投资经营中的不当行为。加强涉农资金项目监管，严厉查处套取、骗取资金等违法违规行为。

（二十八）壮大乡村人才队伍。实施乡村振兴人才支持计划，加大乡村本土人才培养，有序引导城市各类专业技术人才下乡服务，全面提高农民综合素质。强化农业科技人才和农村高技能人才培养使用，完善评价激励机制和保障措施。加强高等教育新农科建设，加快培养农林水利类紧缺专业人才。发挥普通高校、职业院校、农业广播电视学校等作用，提高农民教育培训实效。推广医疗卫生人员“县管乡用、乡聘村用”，实施教师“县管校聘”改革。推广科技小院模式，鼓励科研院所、高校专家服务农业农村。

国务院办公厅关于践行大食物观构建多元化食物供给体系的意见

（国办发〔2024〕46号，2024年9月15日发布）

各省、自治区、直辖市人民政府，国务院各部委、各直属机构：

树立大农业观、大食物观，农林牧渔并举，构建多元化食物供给体系，是党中央提出的明确要求，是保障粮食和重要农产品稳定安全供给的客观要求和重要举措。为推动把农业建成现代化大产业，巩固提升粮食综合生产能力，全方位、多途径开发食物资源，保障各类食物有效供给，更高质量满足人民群众多元化食物消费和营养健康需求，经国务院同意，现提出以下意见。

一、总体要求

以习近平新时代中国特色社会主义思想为指导，全面贯彻党的二十大和二十届二中、三中全会精神，深入贯彻落实习近平总书记关于“三农”工作的重要论述，锚定建设农业强国目标，树立大农业观、大食物观，推进农业供给侧结构性改革，在保护好生态环境的前提下，从耕地资源向整个国土资源拓展、从传统农作物和畜禽资源向更丰富的生物资源拓展，有效促进食物新品种、新领域、新技术开发，加快构建粮经饲统筹、农林牧渔结合、植物动物微生物并举的多元化食物供给体系，实现各类食物供求平衡，为确保国家粮食安全、建设农业强国提供坚实保障。

——保粮为基，统筹开发。坚持从保障国家粮食安全的大局出发，在确保粮食供给的同时，向森林、草原、江河湖海要食物，向设施农业要食物，向植物动物微生物要热量、要蛋白，拓展食物直接和间接来源，挖掘新型食品资源，保障各类食物有效供给。

——生态优先，绿色开发。践行绿水青山就是金山银山理念，立足资源禀赋，因地制宜开发，做到宜粮则粮、宜经则经、宜牧则牧、宜渔则渔、宜林则林，形成同市场需求相适应、同资源环境承载力相匹配的现代农业生产结构和区域布局，实现生态效益、经济效益、社会效益相统一。

——创新驱动，高效开发。加快构建与食物开发相匹配的科技创新体系，着力突破品种、技术、设施装备等瓶颈制约，培育战略性新兴生物产业，鼓励和支持发展新型食品，用现代农业科技和物质装备拓展农业发展空间，开发丰富多样的食物品种。

——全链打造，深度开发。充分开发农业多种功能，延伸食物产业链、提升价值链、打造供应链，做好“粮头食尾”、“畜头肉尾”、“农头工尾”增值大文章，提升产供储加销全产业链韧性和弹性，推动农业产业做大做强。

——强化监管，安全开发。坚守质量安全底线，健全相关标准，完善食品安全责任体系，加强食品特别是新型食品安全全过程监管，提升食品全链条质量安全保障水平，切实保障“舌尖上的安全”。

——要素聚集，合力开发。统筹各方力量，完善配套政策，加快资金、技术、人才等要素向多元化食物开发领域集聚，形成政府引导、市场主导、社会参与的食物开发格局。

到2027年，大农业观、大食物观普遍树立，食物来源渠道得到有效拓展，森林、草原、江河湖海食物资源开发取得积极进展，设施农业发展水平不断提高，生物产业稳步发展，构建形成粮经饲统筹、农林牧渔结合、植物动物微生物并举的多元化食物供给体系，产业链条延伸拓展，粮食和重要农产品供给保障更加有力。到2035年，食物产业链条健全完善，食物品种更加丰富多样，多元化食物供给体系全面建成，食物产业质量效益明显提升，人民群众多元化食物消费和营养健康需求得到有效满足。

二、全方位、多途径开发食物资源，拓展食物来源渠道

（一）巩固提升产能，夯实粮食和重要农产品供给基础。实施新一轮千亿斤粮食产能提升行动，因地制宜、有力有效加强高标准农田建设，推进粮油等主要作物大面积单产提升，全方位夯实粮食安全根基。深入实施大豆和油料产能提升工程，稳步提高食用植物油自给率。提升棉花和糖料生产能力。优化生猪产能调控机制，稳定牛羊肉基础生产能力，提升奶业竞争力，发展现代渔业。加强南菜北运基地和冷凉地区蔬菜生产基地建设。调优水果生产布局和品种结构，发展现代果园。加强粮食和重要农产品分品种供需平衡分析，引导合理安排生产。

（二）积极发展经济林和林下经济，稳妥开发森林食物资源。因地制宜扩大油茶、油橄榄、仁用杏等木本油料种植面积，实施加快油茶产业发展行动，建设高标准油茶生产基地，改造提升低产林。稳定核桃、板栗、枣类种植面积，建设特色鲜明、集中连片、链条健全的优势产业带。积极发展林果、竹笋及可产饮料调料的经济林。规范发展林下种养，推广林药、林菌、林菜、林下浆果等森林复合经营模式，发展林禽、林畜、林蜂等林下养殖，开发新型森林食品。

（三）大力发展饲草产业，增加草食畜产品供给。加大人工种草力度，建设优良饲草种子田和优质节水高产稳产饲草料地，加快苜蓿等饲草业发展，保障肉牛、肉羊和奶牛等饲草料需求。加强天然草原修复治理，推广免耕补播改良技术，实行草畜平

衡、划区轮牧。合理开发南方草山草坡，探索推广豆科与禾本科饲草混播混收混贮模式，扩种多年生饲草。发展青贮饲料，有序推进秸秆养畜，实现“秸秆变肉”。

（四）加快发展深远海养殖，科学开发江河湖海食物资源。加强深远海养殖关键设施装备研发，发展深水抗风浪网箱，稳妥推进大型桁架类网箱和养殖工船建造，建设海上牧场、“蓝色粮仓”。加快培育深远海养殖当家品种，配套发展加工流通业，全产业链推进深远海养殖发展。制定实施全国养殖水域滩涂规划，稳定基本养殖面积。积极发展大水面生态渔业，科学规范开展增殖放流。有序发展近海养殖和捕捞，稳妥推进远洋渔业新渔场新资源绿色可持续开发。建设中心渔港和一级渔港，发展沿海渔港经济区。

（五）加快发展现代设施农业，拓展食物开发新空间。积极发展日光温室、塑料大棚，集中连片推进老旧设施改造提升，加快发展集约化育苗，发展基质、水培等无土栽培，在大中城市周边布局建设植物工厂。发展集约化畜禽养殖，引导养殖设施机械化、智能化改造，提升畜禽养殖标准化规模化水平。引导畜禽屠宰加工企业有序向养殖主产区转移，健全冷链加工配送体系，促进运活畜禽向运肉转变。改造升级传统养殖池塘，积极发展工厂化循环水等养殖模式。实施智慧农业建设项目，建设智慧农场（牧场、渔场）。在具备水资源条件的地区探索科学利用戈壁、荒漠等发展可持续的现代设施农业。新增农业设施建设用地不得占用永久基本农田，占用一般耕地应按规定落实占补平衡。

（六）培育发展生物农业，开拓新型食品资源。积极发展合成生物技术，稳慎推进新型食物产业化。发展食品发酵工业，加快非粮生物质制糖等技术研发应用。拓展新型饲用蛋白来源，推广应用微生物菌体蛋白。加快藻类食物开发，发展海带、裙带菜等食用海藻。

（七）发展壮大食用菌产业，开发食用菌食品。加强食用菌种质资源挖掘和保护利用，强化食用菌功能育种和定向育种。加大知识产权保护力度，加强菌种繁育技术体系建设。改造提升食用菌生产设施，引导经营主体运用现代化设备和先进技术，推广高层、工厂化等生产模式。引导发展食用菌精深加工，开发即食食品、保健食品、生物制品。开展菌渣及副产品综合利用研究，加快饲料替代、有机肥等产业化应用。

三、大力推进科技创新，提升食物开发质量效益

（八）加强食物开发基础研究。聚焦基础前沿领域，加强原创性研究。研究新型食物资源开发和数字监测技术，尽快突破微生物组学、大数据、材料科学与智能制造、食物营养品质智能评价等前沿技术，推进科技与食物产业发展深度融合。建立膳食营养健康大数据，加强食物营养与健康因子作用机理研究。支持农业科技人才培养计划向食物科技领域倾斜，加强相关学科专业建设。

（九）加快育种创新。深入实施种业振兴行动，构建与食物开发相适应的种业创新体系。健全种质资源收集保存和鉴定利用体系，加强农作物、畜禽、农业微生物、林草、海洋和淡水渔业种质资源库建设。开展木本粮油、设施蔬菜、特色畜禽水产、优质饲草、经济林果、优良菌种等种源攻关，培育高产优质抗逆新品种。加强现代化育种制种基地建设，培育育繁推一体化种业企业。支持木本粮油、设施蔬菜种苗和草种生产基地建设。

（十）构建食物科技创新支撑体系。建设与食物开发相关的科技创新平台基地，打造食品领域战略科技力量。引导企业与科研院所合作，建设食物开发创新平台，研发推广新技术新装备。培育具有核心研发能力和产业带动力的食物开发科技企业。加快攻克木本粮油采收、设施蔬菜育播收运等食物开发关键装备瓶颈，研发推广丘陵山区适用机械、设施种植和畜牧水产养殖装备及林下作物专用机械。

四、推进全产业链建设，提升食物开发价值链

（十一）提升食物加工流通产业水平。引导食品加工企业在果蔬、畜禽和水产品等主产区布局加工产能，强化产地预冷烘干、鲜切包装等初加工设施建设，发展智能化、清洁化精深加工。支持东北地区发展大豆等农产品全产业链加工，打造食品和饲料产业集群。引导乳品企业发展奶酪、乳清等产品加工。鼓励食品加工企业开发低脂食品，利用加工副产物开发稻米油、胚芽油和蛋白饲料等产品。实施农产品仓储保鲜冷链物流设施建设工程，加强产地仓储保鲜设施建设，完善产地冷链物流重要节点布局和服务网络。改造提升农产品产地市场，在大中城市周边布局建设销地冷链集配中心、主食加工基地等。发展“生鲜电商+冷链宅配”、“中央厨房+食材冷链配送”等业态模式。

（十二）推进食物产业集聚发展。聚焦食物资源开发，培育一批优势特色产业集群、现代农业产业园、农业产业强镇，引导生产、包装、物流、销售等上下游产业集群发展，促进农村一二三产业融合发展。支持打造一批具有较强竞争力的食品集团，建立健全联农带农机制。发掘中华传统食品和地方特色食品，科学发展食药同源产业、林药产业。

（十三）提升食物质量安全水平。健全农产品标准化体系，制修订农兽药残留、产地环境、投入品管控、产品加工、储运保鲜等标准。实施农业生产和农产品“三品一标”行动，扩大绿色、有机、名特优新和地理标志农产品生产规模。大力发展生态循环农业，推广农牧结合、种养循环模式。全面落实食用农产品承诺达标合格证制度，普及新型速测技术，推进农产品质量安全追溯体系建设，深化农产品质量安全网格化和全链条管理，扩大食用农产品质量安全风险监测范围。建立健全与食物开发相适应的食品安全监管体系，做好新型食品安全性评估，强化全过程监管。

（十四）引导食物营养健康消费。深入实施国民营养计划，完善营养健康标准体

系，鼓励企业开发营养健康食品。开展食物营养健康消费科普宣传，引导居民减油增豆、增禽增奶，增加蔬果、水产品及全谷物消费。鼓励电商平台开展产销衔接活动，促进绿色优质农产品销售。持续推进粮食节约和反食品浪费工作，从餐桌抓起，从公共食堂入手，促进食物生产、加工、消费各环节节约减损。

五、强化保障措施

强化融资、保险等政策扶持，充分利用现有政策和资金渠道支持食物开发，实施现代设施农业建设贷款贴息试点，鼓励金融机构创新中长期信贷产品支持生物育种、智能设施研发等。鼓励地方推进农业设施、活体畜禽和水产等抵质押融资，发展特色农产品保险。支持符合条件的食品开发企业按规定享受优惠政策，积极开发新型食品。完善用地政策，在安排土地利用年度计划时，优先保障农村一二三产业融合发展合理用地需求。探索构建大食物监测统计体系。

国务院办公厅

2024年9月12日

（本文有删减）

农业农村部关于落实中共中央　国务院关于有力推进乡村全面振兴工作部署的实施意见

（2024年1月10日）

各省、自治区、直辖市农业农村（农牧）、畜牧兽医、农垦、渔业厅（局、委）、乡村振兴局，新疆生产建设兵团农业农村局、乡村振兴局，部机关各司局、派出机构，各直属单位：

为深入贯彻落实《中共中央　国务院关于学习运用“千村示范、万村整治”工程经验有力有效推进乡村全面振兴的意见》精神，扎实做好2024年“三农”工作，现提出以下意见。

推进乡村全面振兴是新时代新征程“三农”工作的总抓手。当前和今后一个时期，要学习运用“千村示范、万村整治”（以下简称“千万工程”）蕴含的发展理念、工作方法和推进机制，全力抓好以粮食安全为重心的农业生产，统筹推进以乡村发展建设治理为重点的乡村振兴，持续夯实农业基础，扎实推动乡村产业、人才、文化、生态、组织振兴，加快建设农业强国，加快农业农村现代化，为更好推进中国式现代化建设提供有力支撑。

2024年是实施“十四五”规划的关键一年。各级农业农村部门要以习近平新时代中国特色社会主义思想为指导，全面贯彻落实党的二十大和二十届二中全会精神，深入贯彻落实习近平总书记关于“三农”工作的重要论述，落实中央经济工作会议、中央农村工作会议部署，坚持稳中求进工作总基调，锚定建设农业强国目标，以学习运用“千万工程”经验为引领，确保守住国家粮食安全和不发生规模性返贫底线，提升乡村产业发展、乡村建设和乡村治理水平，强化科技和改革双轮驱动，强化农民增收举措，着力夯基础、稳产能、防风险、增活力，坚决守住“三农”底线，扎实推进乡村发展、乡村建设、乡村治理重点任务，努力推动“三农”工作持续取得新进展新提升。

一、抓好粮食和重要农产品生产，确保国家粮食安全

（一）全力夺取粮食丰收。扎实推进新一轮千亿斤粮食产能提升行动，把粮食增产的重心放到大面积提高单产上，确保粮食产量保持在1.3万亿斤以上。压实责任稳面

积。严格开展省级党委和政府落实耕地保护和粮食安全责任制考核。将粮食、大豆和油料生产目标任务下达各省份，着力稳口粮、稳玉米、稳大豆，确保粮食播种面积稳定在17.7亿亩以上。统筹要素提单产。深入实施全国粮油等主要作物大面积单产提升行动，分品种制定落实好集成配套推广工作方案，推进良田良种良法良机良制融合。实施绿色高产高效行动，扩大玉米单产提升工程实施规模，启动小麦单产提升行动。开展粮油规模种植主体单产提升行动，提高关键技术到位率和覆盖面。强化扶持稳收益。推动适当提高小麦最低收购价，合理确定稻谷最低收购价。继续实施耕地地力保护补贴和稻谷补贴。加大产粮大县支持力度，探索建立粮食产销区省际横向利益补偿机制，深化多渠道产销协作。完善农资保供稳价应对机制，鼓励地方探索建立与农资价格上涨幅度挂钩的动态补贴办法。

（二）巩固大豆油料扩种成果。纵深推进国家大豆和油料产能提升工程，确保大豆面积稳定在1.5亿亩以上、油料面积稳中有增。多措并施稳大豆。实施好玉米大豆生产者补贴、粮豆轮作等政策。引导东北地区合理轮作减少重迎茬，支持推广种子包衣、接种大豆根瘤菌等技术。用好带状复合种植补贴，确保黄淮海、西南和长江中下游等适宜地区推广面积稳定在2 000万亩。启动实施大豆单产提升工程。支持东北地区发展大豆等农产品全产业链加工。多油并举扩油料。支持利用冬闲田增加油菜面积，合理轮作发展春油菜。实施油菜大面积单产提升三年行动，在油菜主产县整建制集成应用单产提升关键技术。在黄淮海和北方地区轮作倒茬扩种花生，因地制宜发展油葵、芝麻等特色油料生产。积极推进节粮减损，开展“减油增豆”科普宣传，引导逐步降低食用植物油超量消费，提高大豆及其制品消费。

（三）促进畜牧业稳定发展。优化调整生猪产能。完善生猪产能调控实施方案，适度放宽调控绿色区间下限。督促地方稳定用地、环保、贷款等基础性支持政策。推进草食畜牧业转型升级。深入开展肉牛肉羊增量提质行动，稳定牛羊肉基础生产能力。实施奶业生产能力提升整县推进项目，推动完善液态奶标准、规范复原乳标识。扎实推进粮改饲，建设高产稳产饲草料基地。深入实施饲用豆粕减量替代行动。

（四）推进现代渔业发展。发展水产健康养殖。制定全国养殖水域滩涂规划，稳定养殖水面空间。实施水产绿色健康养殖技术推广行动，创建国家级水产健康养殖和生态养殖示范区。积极发展贝藻类养殖。拓展渔业发展空间。积极发展大水面生态渔业，稳步推进稻渔综合种养，发展盐碱地水产养殖。加快推进深远海养殖发展，创建国家级海洋牧场示范区，做优做强远洋渔业产业链供应链。推进渔船和渔港管理体制改革，建设沿海渔港经济区。完善休禁渔期制度，分海区巩固扩大专项捕捞许可范围，规范增殖放流。加强渔业安全隐患排查整治和风险警示。

（五）统筹抓好棉糖胶生产。调优棉花。实施棉花目标价格补贴与质量挂钩政策。稳定黄河流域和长江流域棉区。提升糖料。加大糖料蔗种苗和机收补贴力度，加快补上脱毒健康种苗应用、机械化收获短板，建设糖料蔗高产高糖基地。巩固橡胶。实施天然橡胶资源安全稳定供应保障能力提升行动，探索推广应用智能割胶机械，加快天然橡胶老旧胶园更新改造，建设特种胶园。

（六）提升设施农业水平。制定做好全国“菜篮子”工作指导意见，修订“菜篮子”市长负责制考核办法实施细则，压实“菜篮子”产品保供责任。实施设施农业现代化提升行动，遴选一批全国现代设施农业创新引领区及基地。推进设施种植升级。集中连片推进老旧设施改造提升，在大中城市周边建设一批设施种植标准化园区。在保护生态和深度节水的前提下，支持西北寒旱地区和戈壁地区发展现代设施蔬菜产业。提升设施养殖水平。深入开展畜禽养殖标准化示范创建，因地制宜发展楼房养猪、叠层高效养禽等立体养殖。推进集中连片养殖池塘标准化改造，积极发展工厂化循环水养殖。加快发展智慧农业。建设一批智慧农业引领区，推动规模化农场（牧场、渔场）数字化升级。深入实施智慧农业建设项目，建设国家智慧农业创新中心。健全智慧农业标准体系，推动建立检验检测、应用效果评价和统计监测制度。建设农业农村大数据平台。树立大农业观、大食物观，多渠道拓展食物来源，探索开展大食物监测统计，推介大食物开发典型案例。

（七）强化农业防灾减灾救灾。科学防范气象灾害。加强灾害性天气会商研判，及时发布预警信息，制定防灾减灾技术意见和工作预案，做好物资储备和技术准备，落实防灾减灾、稳产增产等关键措施。加强病虫和疫病防控。实施动植物保护能力提升工程，健全农作物病虫害防控体系，统筹推进联防联控、统防统治和应急防治。持续抓好非洲猪瘟、高致病性禽流感等重大动物疫病常态化防控，推进重点人畜共患病源头防控。加强水生动物疫病防控。深入推进兽用抗菌药使用减量化行动。加强外来物种入侵防控。健全长效机制。推动建立防灾救灾农机储备和调用制度，加强基层农业防灾减灾队伍建设，研究建立区域农业应急救灾中心。

二、持续巩固拓展脱贫攻坚成果，确保不发生规模性返贫

（八）强化防止返贫监测帮扶。优化动态监测。调整防止返贫监测范围，适时开展集中排查，压紧压实防止返贫工作责任，确保应纳尽纳、应扶尽扶。推动防止返贫监测与低收入人口动态监测信息共享，强化筛查预警，提高监测时效。落实帮扶措施。推动部门落实责任，持续巩固提升“三保障”和饮水安全保障成果。对有劳动能力的监测户全面落实开发式帮扶措施，对无劳动能力的监测户做好兜底保障，对存在因灾返贫风险农户符合政策规定的可先行落实帮扶措施。研究推动防止返贫帮扶政策和农村低收入人口常态化帮扶政策衔接并轨。

（九）分类指导帮扶产业发展。制定分类推进脱贫地区帮扶产业高质量发展指导意见，实施脱贫地区帮扶产业提升行动，增强脱贫地区和脱贫群众内生发展动力。巩

固一批。支持市场前景广、链条较完备的帮扶产业，研发新技术新产品，推进产销精准衔接，创响区域公用品牌，促进融合发展。升级一批。支持资源有支撑、发展有基础的帮扶产业，加快补上农业基础设施短板，升级田头保鲜、冷链物流等设施，促进加工增值。盘活一批。推动采取租金减免、就业奖补、金融信贷等措施，支持暂时出现经营困难或发展停滞的帮扶产业纾困。调整一批。及时调整发展难以为继的帮扶产业，妥善解决遗留问题，立足实际规划发展新产业。开展帮扶产业及项目资产运行监测，组织开展帮扶项目资产状况评估，建立健全资产管理机制，符合条件的纳入农村集体资产统一管理。

（十）促进脱贫人口稳岗就业。深入开展防止返贫就业攻坚行动，确保脱贫劳动力务工就业规模稳定在3 000万人以上。拓宽外出就业渠道。推进“雨露计划+”就业促进行动、乡村工匠“双百双千”培育工程，鼓励各地组建区域劳务协作联盟，培育脱贫地区特色劳务品牌。促进就地就近就业。加强就业帮扶车间运行监测，引导具备产业升级条件的帮扶车间发展为中小企业。统筹用好乡村公益性岗位，扩大以工代赈规模。实施国家乡村振兴重点帮扶县和大型易地扶贫搬迁安置区就业帮扶专项行动。

（十一）深化区域协作帮扶。促进区域协调发展。落实国家区域重大战略和区域协调发展战略，分区域制定农业农村发展实施方案，健全协调工作机制。研究建立欠发达地区常态化帮扶机制。加强重点县帮扶。指导160个国家乡村振兴重点帮扶县实施涉农资金统筹整合试点政策，加强整合资金使用监管，推动国有金融机构加大金融支持力度。开展国家乡村振兴重点帮扶县发展成效监测评价。加强对口协作帮扶。持续推进东西部协作，深入实施携手促振兴行动，推进产业合作、劳务协作和消费帮扶。深化中央单位定点帮扶，实施彩票公益金支持革命老区乡村振兴项目，扎实做好农业农村援疆援藏等对口支援工作，协同推进民族地区、边境地区帮扶和乡村发展。加强社会力量帮扶。优化驻村第一书记和工作队选派管理，深入推进“万企兴万村”行动，开展社会组织助力乡村振兴专项活动。

三、强化农业科技和装备支撑，打牢现代农业发展基础

（十二）加强高标准农田建设。制定实施逐步把永久基本农田全部建成高标准农田实施方案，优先把东北黑土地区、平原地区、具备水利灌溉条件地区的耕地建成高标准农田。加大建设力度。提高中央和省级投入水平，创新建设模式和投融资机制，多元筹集建设资金。实施好特别国债高标准农田等建设项目，完成新建和改造提升高标准农田年度任务。开展整区域推进高标准农田建设试点。强化质量监管。建立健全农田建设工程质量监督检验体系，常态化开展工程设施质量抽测。完善农田建设长效管护机制，鼓励农村集体经济组织、新型农业经营主体、农户等直接参与高标准农田建设管护。

（十三）加强耕地质量建设。提升耕地地力。深入实施国家黑土地保护工程，推进东北黑土地保护性耕作行动计划，实施保护性耕作1亿亩。推动实施耕地有机质提升行动，加强退化耕地治理，建设酸化耕地治理重点县，分区分类开展盐碱耕地治理改良，集成推广耕地质量提升措施。开展盐碱地等耕地后备资源综合利用试点，推进“以种适地”同“以地适种”相结合。保护耕地资源。制定补充耕地质量验收办法，推动实现“占优补优”。细化明确耕地“非粮化”整改范围，合理安排恢复时序。因地制宜推进撂荒地利用，宜粮则粮、宜经则经，对确无人耕种的支持农村集体经济组织多途径种好用好。加强受污染耕地安全利用。力争完成第三次全国土壤普查外业调查采样和内业测试化验并形成阶段性成果，推进土壤资源库建设。

（十四）系统推动农业农村科技进步。突出应用导向，统筹推进前端关键核心技术攻关、中端技术模式集成、后端适用技术推广，构建梯次分明、分工协作、适度竞争的农业科技创新体系。强化自主创新。制定农业科技创新战略要点。全面推进农业关键核心技术攻关，培育农业“火花技术”，尽快在底盘技术、核心种源、丘陵山区农机装备等领域取得突破。提升创新条件。调整优化农业领域科技创新平台布局，建设区域引领性种业科技创新中心，打造企业实验室和企科创新联合体。遴选一批创新型国家农业阵型企业。建设第三批国家农业高新技术产业示范区。加快推广应用。建强省级现代农业产业技术体系。加强基层农技推广体系队伍和条件建设，强化农技推广体系与科研院校、科技服务企业贯通合作。持续建设农业科技现代化先行县，打造农业科技强县样板。

（十五）加快推进种业振兴行动。强化种质资源保护利用。筛选挖掘大豆、玉米等优异种质和基因资源。建设国家畜禽和淡水渔业种质资源库。推进育种创新攻关。深入实施农业生物育种重大项目，扎实推进国家育种联合攻关和畜禽遗传改良计划，加快选育推广高油高产大豆、短生育期油菜、耐盐碱作物等生产急需的自主优良品种。开展重大品种研发推广应用一体化试点，提高种业企业自主创新能力。推动生物育种产业化扩面提速。加强育种制种基地建设。深入实施现代种业提升工程和制种大县奖励政策，建设南繁硅谷、黑龙江大豆等国家级种业基地，新遴选一批制种大县、区域性良种繁育基地和畜禽核心育种场。加强品种试验审定管理，推进实施种子认证制度。

（十六）提升农机装备研发应用水平。推进先进农机创制。大力实施农机装备补短板行动，建设“一大一小”农机装备研发制造推广应用先导区。开展农机研发制造推广应用一体化试点，推动建设农机装备研产推用贯通应用基地。推广适用农机。完善农机购置与应用补贴政策，探索实行与作业量挂钩的补贴资金兑付方式，推动优机优补。开辟急需适用农机鉴定“绿色通道”。提升农机服务能力。建设区域农机社会化服务中心，因地制宜推广应用全程机械化生产模式。加强机手作业技能培训，深入推进机收减损。

四、加强农业资源环境保护，推动农业发展绿色转型

（十七）加强水生生物资源养护。坚定不移推进长江十年禁渔。常态化开展部门联动执法监管，严厉打击各类非法捕捞行为。加强以长江流域为重点的渔政执法能力建设，强化智能设施应用。推动提高退捕渔民安置和社会保障水平，将符合条件的退捕渔民及时识别为防止返贫监测对象，实施好“十省百县千户”退捕渔民跟踪调研和就业帮扶“暖心行动”。保护水生生物多样性。加强水生生物资源调查、监测和评估，发布长江水生生物完整性指数，开展珍贵濒危水生野生动物栖息地调查，加大力度深入实施中华鲟、中华白海豚等旗舰物种保护行动计划。加强国家级水产种质资源保护区建设，强化涉渔生态补偿措施落实，推进水生生物栖息生境修复。

（十八）加强农业面源污染防治。推进化肥农药减量增效。实施科学施肥增效行动，选择一批乡村整建制推广施肥新技术新产品新机具。推动农药减量化，推进绿色防控和统防统治融合发展。加快修订禁限用农药名录。加强农业废弃物资源化利用。深入实施畜禽粪污资源化利用整县推进项目，支持养殖场户建设和改造提升粪污处理设施。建设一批秸秆综合利用重点县，推进秸秆科学还田、高效离田。开展地膜联合监管“百日攻坚”行动，严禁非标地膜入市下田，促进地膜科学使用处置。以长江经济带和黄河流域为重点，扩大整建制全要素全链条农业面源污染综合防治试点。推进黄河流域深度节水控水。

（十九）大力发展生态循环农业。制定生态循环农业实施方案，加快构建生态循环农业产业体系。推广绿色技术促进小循环。加强新型农业经营主体技术培训，推广应用绿色高效品种机具，因地制宜发展稻渔综合种养、粮畜菌果等生态种养。推进种养结合促进中循环。实施绿色种养循环农业试点，培育一批粪肥还田社会化服务组织，促进种养适配、生态循环。发展绿色经济促进大循环。建设一批生态循环农业生产基地，推动全产业链绿色低碳发展。加快推进国家农业绿色发展先行区建设，开展省级农业绿色发展水平监测评价。

（二十）增加绿色优质农产品供给。深入实施农业生产和农产品“三品一标”行动，推进品种培优、品质提升、品牌打造和标准化生产，加快绿色、有机、地理标志和名特优新等优质农产品生产基地建设。推进标准化生产。建立覆盖全链条的标准化生产和质量品质分级体系，推进现代农业全产业链标准化。加强质量安全监管。开展豇豆、水产养殖重点品种药物残留突出问题攻坚治理，加强其他合格率偏低品种监管。强化农产品检测，推广应用新型快速检测技术，全面落实食用农产品承诺达标合格证制度，扩大农产品质量安全追溯管理和信用监管覆盖范围。培育精品品牌。完善农业品牌目录制度，实施农业品牌精品培育计划，建设一批区域公用品牌、企业品牌和优质特色产品品牌。办好中国国际农产品交易会等展会。

五、全链推进乡村产业发展，拓宽农民增收致富渠道

（二十一）大力发展乡村特色产业。提升特色种养。支持开展特色种质资源收集普查，筛选一批性状优良的特色品种。建设一批特色农产品标准化生产基地，遴选一批热带作物标准示范园，推动产业提档升级。调优水果生产布局和品种结构，发展现代果园，完善采后处理、加工和冷链物流体系，促进水果产业高质量发展。做精乡土特色产业。加强传统手工艺保护传承，发掘培育篾匠、铁匠、剪纸工等能工巧匠，促进传统工艺特色产业发展，创响“工艺牌”、“文化牌”等乡土品牌。培育乡村特色产业专业村镇，发展一批特色粮油、果菜茶、畜禽、水产品、乡土产业等村镇。

（二十二）高值提升农产品加工业。改进技术装备。支持区域性预冷烘干、储藏保鲜、鲜切包装等初加工设施建设，推广应用新型杀菌、高效分离等精深加工技术。建设一批农产品加工技术科研试验基地，完善国家农产品加工技术研发体系。推进延链增值。绘制粮食和重要农产品“加工树”图谱，引导加工企业开发多元加工产品。以农产品加工业为重点建设一批全产业链典型县。推进农产品加工副产物综合利用，开发稻米油、胚芽油和蛋白饲料等产品。引导各地建设一批农产品加工产业园区。

（二十三）促进农村一二三产业融合发展。打造融合载体。优化实施农业产业融合发展项目，支持建设一批优势特色产业集群、国家现代农业产业园、农业产业强镇。深入推进农业现代化示范区创建，分区分类探索农业现代化发展模式。推动建设一批台湾农民创业园和海峡两岸乡村振兴合作基地，促进海峡两岸农业农村融合发展。促进农文旅融合。实施休闲农业提升行动，建设一批全国休闲农业重点县，遴选推介中国美丽休闲乡村和乡村休闲旅游精品景点线路，开发差异化乡村休闲旅游产品和服务。健全联农带农益农机制。培育农业产业化联合体，将新型农业经营主体和涉农企业扶持政策与带动农户增收挂钩，把产业增值收益更多留给农民。

（二十四）提升农产品流通效率。健全冷链设施网络。实施农产品仓储保鲜冷链物流设施建设工程，支持建设一批田头冷藏保鲜设施，推动建设一批农产品骨干冷链物流基地、产地冷链集配中心。共建一批国家级农产品产地市场，推进交易服务、仓储物流等公益性基础设施建设。发展农产品电子商务。实施“互联网+”农产品出村进城工程，总结推广典型经验。推动建设一批县域农副产品电商直播基地，促进优质农产品上网销售。

六、扎实推进乡村建设和乡村治理，建设宜居宜业和美乡村

（二十五）深入实施农村人居环境整治提升行动。稳步推进农村改厕。指导中西部资源条件适宜且技术模式成熟地区稳步推进户厕改造，积极开展干旱寒冷地区适用技术产品研发与试点，探索农户自愿按标准改厕、政府验收合格后补助到户的奖补模

式。具备条件的推进厕所与生活污水处理设施同步建设、一并管护。协同推进农村生活污水垃圾治理。分类梯次推进农村生活污水治理，开展农村黑臭水体动态排查和源头治理。健全农村生活垃圾分类收运处置体系，在有条件的地方探索推进源头分类减量与资源化利用。整体提升村容村貌。建立健全常态化清洁制度，有序推进村庄清洁行动。开展美丽宜居村庄创建示范。

（二十六）统筹推进农村基础设施和公共服务体系建设。加强建设任务统筹。推动省市县编制乡村建设年度任务清单，规划布局乡村基础设施和公共服务。以县为单位建立乡村建设项目库，合理安排建设优先序。健全全国乡村建设信息监测平台，完善工作推进考评机制和问题发现处置机制。推动农村公共基础设施补短板。开展村庄微改造、小改进、精提升，稳步提升小型公益性基础设施建设水平。协调推进农村水电路等基础设施建设和农村教育、医疗、养老等公共服务体系建设，推动基础设施和公共服务建设向国有农场延伸。开展农村公共服务重要领域监测评价，征集推介农村公共服务典型案例。深入实施“百校联百县兴千村”行动。

（二十七）提升乡村治理水平。创新推广有效治理办法。推广清单制、积分制、“村民说事”等务实管用乡村治理方式，推进数字化赋能乡村治理，丰富拓展制度性治理方式。启动第二批全国乡村治理体系建设试点，鼓励地方探索乡村治理新模式新路径，宣传推介一批全国乡村治理典型。推进农村移风易俗。开展高额彩礼、大操大办等重点领域突出问题综合治理。通报表扬一批移风易俗专项治理工作先进县（市、区）。鼓励各地利用乡村综合性服务场所，为农民婚丧嫁娶等提供便利条件。完善婚事新办、丧事简办、孝老爱亲等约束性规范和倡导性标准。

（二十八）推进乡村文化发展。加强农村精神文明建设。组织“乡村文化艺术展演季”、“新时代乡村阅读季”活动，推出一批“三农”领域优秀文化作品。办好中国农民丰收节。坚持农民唱主角，鼓励支持基层和农民群众自主举办“村BA”、村超、村晚等群众性文体活动。保护传承优秀农耕文化。积极搭建农村文化展示平台，实施农耕文化传承保护工程，开展乡村文化资源摸底调查，启动第八批中国重要农业文化遗产挖掘认定，申报一批全球重要农业文化遗产。鼓励有条件的地方开设农耕文化大讲堂，开展“农业文化遗产里的中国”宣传活动，实施“农遗良品”培育计划。

七、稳妥深化农村改革，激发乡村振兴动力活力

（二十九）稳步推进农村土地制度改革。稳妥推进承包地改革。启动第二轮土地承包到期后再延长30年整省试点，推进农村土地承包合同网签。健全土地流转服务体系，推动建立土地流转合理价格引导机制。探索完善进城落户农民依法自愿有偿退出土地承包经营权的配套措施。稳慎推进农村宅基地制度改革。深化改革试点，持续推进宅基地权利分置和权能完善。推动建立多元化的农民户有所居保障机制，加强基层

宅基地管理服务能力建设，完善闲置农房和闲置宅基地盘活利用政策，建设全国统一的农村宅基地管理信息平台。出台宅基地管理暂行办法。稳步推进农村改革试验区建设，总结推广一批可复制可借鉴的农村改革经验模式。

（三十）加快构建现代农业经营体系。提升新型农业经营主体。开展新型农业经营主体提质强能整建制推进试点，创建一批农民合作社示范社和示范家庭农场，支持家庭农场组建农民合作社，加强对农民合作社办公司观察点跟踪指导和经验推广。深入开展“千员带万社”行动，鼓励农民合作社联合社等各类组织为新型农业经营主体发展全周期提供服务。全面实行家庭农场“一码通”管理服务制度。发展农业社会化服务。加强农业社会化服务主体能力建设，鼓励有条件的服务主体建设区域性农业社会化综合服务中心，拓展服务领域和模式。建立健全农业社会化服务标准体系，细化服务技术规范、作业要求，强化服务效果评估。提升农垦辐射带动能力。深入推进垦区区域集团化改革，分类指导农场企业化改革。实施“农垦社会化服务+地方”行动，支持面向地方开展全产业链服务。开展农垦土地管理与利用情况监测，完善农垦土地管理利用方式。实施欠发达国有农场巩固提升行动。

（三十一）深化农村集体产权制度改革。加强农村集体资产管理。健全监督管理服务体系，完善全国农村集体资产监督管理平台，推动出台对集体资产由村民委员会、村民小组登记到农村集体经济组织名下实行税收减免的政策。指导有条件地区探索开展集体收益分配权有偿退出、继承等。发展新型农村集体经济。推进新型农村集体经济稳健发展，鼓励探索资源发包、物业出租、居间服务、资产参股等多样化发展途径，支持农村集体经济组织提供生产、劳务等服务。严格控制农村集体经营风险。规范流转交易。稳妥有序开展农村产权流转交易规范化试点。落实工商企业等社会资本通过流转取得土地经营权审批工作。推进土地流转台账信息平台建设，探索建立土地流转风险排查处置工作机制。

（三十二）推动高水平农业对外开放。认定第四批农业国际贸易高质量发展基地。加快潍坊、宁夏国家农业开放发展综合试验区建设，推进境内农业对外开放合作试验区和境外农业产业园区建设。支持利用上海合作组织农业技术交流培训示范基地，加强现代农业领域合作。

八、强化支撑保障，推动工作落地见效

（三十三）强化乡村振兴统筹协调。健全推进机制。落实乡村产业振兴、人才振兴、文化振兴、生态振兴、组织振兴以及乡村建设工作指引，细化工作方案，及时跟踪调度，推动工作落实。强化考核督查。扎实开展巩固拓展脱贫攻坚成果同乡村振兴有效衔接考核评估、推进乡村振兴战略实绩考核，强化考核评估结果运用。探索建立日常监测评估和常态化监督检查机制，推动落实乡村振兴责任制。开展示范创建。深

入推进国家乡村振兴示范县创建，探索不同区域全面推进乡村振兴的组织方式、发展模式和实践路径。推动开展乡村振兴表彰。

（三十四）健全多元投资渠道。争取财政支持。推动各地落实土地出让收入支农政策，扩大地方政府专项债支农规模，加大财政对乡村振兴重大工程项目建设支持力度。中央财政衔接推进乡村振兴补助资金用于产业的比例保持总体稳定，强化绩效管理，优化项目管理方式。扩大信贷资金规模。优化农业经营主体信贷直通车服务，完善农业农村基础设施融资项目库对接机制，引导金融机构加大信贷投放。实施现代设施农业、高标准农田建设等贷款贴息试点，强化财政金融协同联动。推动提升全国农担服务效能。做好脱贫人口小额信贷工作。发挥农业保险作用。推动三大主粮完全成本保险和种植收入保险全国覆盖，扩大大豆完全成本保险和种植收入保险试点范围。支持地方拓展优势特色农产品险种。推动农业保险精准投保理赔，做到应赔尽赔。完善“保险+期货”模式。引导社会资本投入。修订社会资本投资农业农村指引，发挥乡村振兴基金作用，引导地方利用好农投公司等平台，有序扩大农业农村投资。

（三十五）壮大乡村人才队伍。加强农业科技人才培养。实施“神农英才”计划等专项，组织开展中华农业英才奖评选，遴选一批高层次农业科技领军人才。健全科技人才激励政策，推动扩大“公费农科生”实施范围。推动建立城市专业技术人才定期服务乡村制度，鼓励科研院所、高等学校专家服务乡村。加强农村实用人才培训。深入实施乡村产业振兴带头人培育“头雁”项目、高素质农民培育计划和“耕耘者振兴计划”，加强农村实用人才带头人培训，开展“全国十佳农民”遴选资助。健全农业农村高技能人才培养机制。深入开展涉农干部乡村振兴培训。

（三十六）加强农业农村法治建设。健全法律规范体系。推进农村集体经济组织法、耕地保护和质量提升法、农业法、渔业法、植物新品种保护条例制修订，完善配套规章制度。深化农业综合行政执法改革。深入实施农业综合行政执法能力提升行动，组织农业综合行政执法示范创建，常态化开展执法练兵，开展“绿剑护粮安”执法行动。加强农资质量、农产品质量安全、动植物检疫、种业知识产权保护等重点领域执法。强化法治宣传。加快培育农村学法用法示范户，建设一批农村法治宣传教育基地，开展形式多样的农村普法主题活动。加快推进行政许可事项办理全程电子化。

农业农村部关于印发《“十四五”全国农产品质量安全提升规划》的通知

（农质发〔2022〕1号）

各省、自治区、直辖市及计划单列市农业农村（农牧）、畜牧兽医、渔业厅（局、委），新疆生产建设兵团农业农村局：

为深入贯彻党中央、国务院关于农产品质量安全的决策部署，全面提升农产品质量安全水平，农业农村部编制了《“十四五”全国农产品质量安全提升规划》，现印发你们，请结合实际，认真组织实施。

农业农村部

2022年2月21日

“十四五”全国农产品质量安全提升规划

确保农产品质量安全，既是食品安全的重要内容和基础保障，也是建设现代农业的重要任务。党的十八大以来，习近平总书记对农产品质量安全作出一系列重要指示，为做好农产品质量安全工作提供了根本遵循。依据《中华人民共和国国民经济和社会发展第十四个五年规划和2035年远景目标纲要》《“十四五”推进农业农村现代化规划》，为全面提升农产品质量安全水平，编制本规划。

一、发展形势

（一）发展基础

“十三五”期间，各级农业农村部门深入贯彻习近平总书记“四个最严”“产出来”“管出来”等重要指示精神，认真落实党中央、国务院决策部署，把农产品质量安全摆在重要位置，大力推进质量兴农、绿色兴农、品牌强农，完善监管机制，加强源头治理、过程管控和风险防控，农产品质量安全总体保持稳中向好态势，国家农产品质量安全例行监测合格率稳定在97%以上，没有发生重大农产品质量安全事件，为保障人民群众“舌尖上的安全”、助力脱贫攻坚和全面建成小康社会作出了积极贡献。

标准化生产全面推进。制修订农药兽药残留限量及配套检测方法食品安全国家标准4 109项，总数达到10 068项，基本覆盖我国常用农药兽药品种和主要食用农产品。制修订农业行业标准1 933项，总数达到5 342项。累计创建果菜茶标准化园、畜禽养殖标准化场、水产健康养殖场近1.8万个，规模种养主体质量控制能力明显提升。绿色、有机和地理标志农产品总数5万个，较“十二五”末增加71.9%。

绿色生产取得积极进展。化肥农药减量增效深入推进，累计禁用高毒农药46种，在蔬菜水果等部分作物上禁用农药20种，严格实施高毒农药定点经营实名购买制度，主要农作物绿色防控面积近10亿亩，水稻、玉米、小麦化肥农药利用率达到40%以上，实现预期目标。发布食品动物中禁止使用的药品及其他化合物清单，促生长类抗菌药物饲料添加剂品种全部退出使用。

监管监测体系不断完善。全国所有省（自治区、直辖市）、88%的地市、全部“菜篮子”产品大县及其乡镇设立了农产品质量安全监管机构，农产品质量安全监管执法人员近15万人。全国农产品质量安全检验检测机构2 297家，检测人员2.41万人。农产品质量安全例行监测计划不断优化，部省两级监测网络基本覆盖了全国主要大中城市和农产品产区、城乡居民主要消费品种。

监管执法深入开展。按照中央部署，会同有关部门组织开展农村假冒伪劣食品整治、“不忘初心、牢记使命”主题教育农产品质量安全专项整治行动。组织各地农业农村部门围绕突出问题持续开展农产品质量安全专项整治，五年共出动执法人员1 859.6万人次，检查生产企业1 058万家（次），查处问题13万起。联合有关部门开展农资打假专项治理行动，严打制售假劣农资违法行为，种子、肥料、农药、兽药、饲料和饲料添加剂等农资质量持续稳定在较高水平。

监管制度机制逐步健全。支持创建国家农产品质量安全省5个，认定国家农产品质量安全县（市）318个。及时总结6省份试点经验，在全国试行承诺达标合格证制度，试行范围内57.3%的新型农业经营主体做到常态化开具承诺达标合格证。出台农产品质量安全追溯与农业农村重大创建认定、农产品优质品牌推选、农产品认证、农业展会等工作挂钩意见，推动国家农产品质量安全追溯管理信息平台全面推广运行，部省追溯平台有效对接。国务院办公厅转发市场监管总局、农业农村部《关于加强农业农村标准化工作的指导意见》。推动无公害农产品认证制度改革。

农产品质量安全还存在一些问题和短板，农产品质量安全水平与农业高质量发展的要求还不匹配，监督能力手段与国家治理能力现代化的要求还不匹配，绿色优质农产品供给能力与人民日益增长的美好生活需要还不匹配。风险隐患依然存在。违法使用禁用药物尚未根除，常规农药兽药残留超标时有发生，重金属和生物毒素污染风险短期内难以消除。监管基础依然薄弱。基层监管缺人员、缺经费、缺手段等问题较为普遍，部分农产品尚未纳入风险监测和监督抽查范围。标准化水平有待提高。农药兽药残留限量及配套检测方法标准仍有不足，现代农业全产业链标准化协同推进机制尚不健全，绿色优质农产品比重还不够高，农产品品质评价及分等分级亟待加强。

（二）发展机遇

“十四五”时期，“三农”工作重心历史性转向全面推进乡村振兴，加快中国特色农业农村现代化进程，农产品质量安全面临新的发展机遇。食品安全党政同责，把农产品质量安全定位提到了新高度。2019年，中共中央、国务院印发《关于深化改革加强食品安全工作的意见》，中共中央办公厅、国务院办公厅印发《地方党政领导干部食品安全责任制规定》，明确提出食品安全党政同责要求。各地党委政府把农产品质量安全作为重大政治任务，摆在更加突出的位置。全面推进乡村振兴，为夯实农产品质量安全工作基础提供了新机遇。习近平总书记指出，乡村振兴是党和国家的大战略，要加大真金白银的投入。随着财政优先保障、金融重点支持、社会积极参与的多元投资格局加快形成，特别是公共财政向“三农”持续倾斜，将为解决农产品质量安全领域的欠账问题创造更好条件。人民群众消费不断升级，为提升农产品质量安全水平提供了新动能。我国人均国内生产总值已经突破1万美元，城乡居民消费加快向绿色、健康、安全方向升级，农产品需求从“吃得饱”向“吃得好”“吃得营养健康”转变，为发展优质农产品提供了广阔空间。科技创新蓬勃发展，为增强农产品质量安全治理能力提供了新支撑。以生物技术、装备技术、信息技术为代表的新一轮科技革命深入发展，物联网、大数据、云计算等信息技术和高通量筛查、多残留速测等检测技术加快应用，为创新农产品质量安全治理模式，推进智慧监管、精准监管提供了更有力的支撑。

二、总体要求

（一）指导思想

以习近平新时代中国特色社会主义思想为指导，深入贯彻党的十九大和十九届历次全会精神，全面落实习近平总书记“四个最严”“产出来”“管出来”等重要指示精神和党中央、国务院决策部署，坚持以人民为中心的发展思想，统筹发展和安全，立足新发展阶段、贯彻新发展理念、构建新发展格局、推动高质量发展，按照保供固安全，振兴畅循环的工作定位，把农产品质量安全作为转变农业发展方式、加快现代农业建设的关键环节，着力提标准、防风险、严监管、优机制、强保障，推进现代农业全产业链标准化，增加绿色优质农产品供给，全面提升农产品质量安全水平，为全面推进乡村振兴、加快农业农村现代化打牢坚实基础。

（二）工作原则

——提高站位，压实责任。准确把握农产品质量安全工作定位，从实施乡村振兴战略的全局谋划推进工作，压紧压实地方属地责任、部门监管责任和生产主体责任，确保人民群众“舌尖上的安全”。

——统筹谋划，抓主抓重。坚持系统观念，统筹发展和安全，落实“既要保数量，也要保多样、保质量”要求，“守底线”“拉高线”同步推，“保安全”“提品质”一起抓。聚焦质量安全难点热点，明主线、抓关键、补短板，确保措施落实落地。

——绿色导向，标准引领。践行绿色发展理念，积极推进投入品减量化、生产清洁化、废弃物资源化、产业模式生态化，加强质量安全源头管控。强化标准引领，推进品种培优、品质提升、品牌打造和标准化生产，着力增加绿色优质农产品供给，持续推进农业生产和农产品“三品一标”。

——预防为主，全程防控。发挥风险监测、风险评估作用，坚持下先手棋、打主动仗，聚焦突出问题和风险隐患，强化全过程防控、全链条监管，坚决防范发生区域性、系统性、链条式问题。

——重心下沉，手段创新。推动各类资源向基层下沉，加强县乡监管体系队伍建设，做深做实网格化管理。创新监管制度机制，推动承诺达标合格证制度、追溯管理和信用监管等手段运用。推进智慧监管，提升监管效能。

（三）发展目标

到2025年，农产品质量安全水平持续稳中向好，农产品质量安全治理能力和绿色优质农产品供给能力稳步提升，基本形成高水平监管、高质量发展的新格局。

1. 质量安全水平提升。国家农产品质量安全例行监测合格率达到98%，禁用药物使用得到有效遏制，常规农药兽药残留超标得到有效管控，确保不发生系统性、区域性农产品质量安全事件。分期分批淘汰现存10种高毒农药。

2. 监测监管能力提升。农药兽药残留风险监测参数达到260项，监测数量达到全国每年2批次/千人。基层监测监管体系保持稳定，日常巡查检查常态化、制度化。风险评估支撑有力，应急处置有效开展。

3. 标准化生产水平提升。农药兽药残留食品安全国家标准总数达到1.5万项，农业高质量发展标准体系基本形成，农业标准化生产覆盖面稳步扩大，标准化国际合作深入拓展。

4. 绿色优质农产品供给能力提升。绿色、有机和地理标志农产品认证登记数量增至7万个，相关原料和生产基地规模不断扩大，品质评价方法标准体系基本建立，农产品“三品一标”认知度和影响力显著提升。

5. 现代化监管手段创新提升。乡镇网格化管理框架基本形成，承诺达标合格证制度基本实现新型农业经营主体全覆盖，以信用为基础的新型监管机制基本建立。

三、提升标准化生产水平

（一）推动构建农业高质量发展标准体系

对标“最严谨的标准”，加快构建以安全、绿色、优质、营养为梯次的农业高质量发展标准体系。聚焦农产品质量安全监管需求，推动农药兽药残留标准提质扩面，完善农药兽药残留及相关膳食数据，强化风险评估与标准制定衔接，加快特色小宗作物、小品种动物限量及检测方法制修订，提升农药兽药残留标准的科学性和覆盖面。聚焦稳产保供和绿色发展，加快健全粮食安全、耕地保护、种业发展、产地环境、农业投入品、循环农业等领域标准。聚焦消费升级和营养健康需求，推动建立农产品品质评价和检测方法标准，鼓励制定高于国家和行业标准要求的优质农产品团体和企业标准。新建完善一批农业农村领域标准化技术委员会。积极参与国际食品法典等国际标准制修订，加强技术性贸易措施官方评议，推动国内国际标准互联互通。

（二）大力推进现代农业全产业链标准化

实施农业标准化提升计划，组织开展现代农业全产业链标准化试点，以产品为主线、全程质量控制为核心，健全完善全产业链标准及标准综合体，编制标准模式图、明白纸和风险防控手册，让生产经营者识标、懂标、用标。推动农垦全产业链标准化生产，推广应用农垦全面质量管理体系。依托农业高质量发展标准化示范项目，打造一批国家现代农业全产业链标准集成应用基地，带动新型农业经营主体按标生产，培育农业龙头企业标准“领跑者”，建立健全标准实施宣贯和跟踪评价机制，推动规模化标准化生产。

专栏1　农业标准化提升

1. 构建农业高质量发展标准体系。制修订国家和行业标准3 000项，制定一批品质评价和检测方法标准。建立并完善农作物种子、耕地质量等农业标准化技术委员会。

2. 推进现代农业全产业链标准化。开展30个农产品现代农业全产业链标准化试点，建设现代农业全产业链标准集成应用基地300个。开展标准培训30万人次以上。

3. 推进标准国际交流。以国际食品法典委员会等为主要平台，建立健全专家队伍，参与制定一批国际标准。

（三）推动农产品品质评价

结合农业生产“三品一标”提升行动，推动建立农产品分等分级评价体系。在绿色食品、地理标志农产品等重点领域先行先试，开展农产品特征品质评价，筛选核心品质指标。加强农产品品质研究，分年度分区域识别验证主要品质成分差异，探析不同主栽品种、不同优势产区、不同生产方式差异性规律和影响机制。建立农产品品质成分数据库及应用平台。充分发挥龙头企业、农垦企业和行业协会作用，促进品质评价成果应用，引导农产品优质优价。

（四）稳步发展绿色有机地理标志农产品

围绕“提质量、控增量、稳总量”目标，强化绿色、有机和地理标志农产品认证登记管理。建立健全标准体系，深入开展生产操作规程“进企入户”行动，督促获证企业严格按标生产，建设一批相关生产和原料基地。持续实施地理标志农产品保护工程，强化特性保持和文化挖掘，命名地理标志农产品核心基地，推动出台地理标志农产品产业发展指导意见，发展乡愁产品产业。打造公益性宣传推介平台，持续加强绿色、有机和地理标志农产品品牌和专业市场培育。继续支持脱贫地区发展绿色、有机和地理标志农产品，减免相关认证费用。加快发展名特优新农产品，推动实施良好农业规范，扩大农产品全程质量控制技术体系试点范围。

四、强化风险监测评估

（一）提高风险监测能力

统筹部省工作资源，建立上下联动、各有侧重、协同高效的风险监测工作格局，做到“大宗产品不放松，特色小宗不落空”。聚焦农药兽药残留、重金属、生物毒素等危害因子，逐步扩品种、增参数、加数量，完善国家农产品质量安全风险监测计划。探索应用高通量筛查、不明风险物广谱筛查等新技术，提高风险监测工作效率。针对风险监测发现的问题，加强溯源调查，强化成因分析，挖掘结果应用潜力。加大能力验证、监督检查、跟踪评价力度，规范检测机构运行，保障监测工作质量。

专栏2　风险监测能力提升

1. 提高部省检测机构仪器装备水平。针对部省检测机构仪器精准度低、配套数量不足、设备老化等问题，对检测需要的关键性仪器设备进行扩展补充，实现检测参数精准度与国际接轨，检测指标范围、时效性与监管工作需求相匹配。

2. 推动市县检测机构提高“双认证”比例。组织开展检测机构帮扶活动，通过完善一对一帮扶机制，推动市县检测机构“双认证”比例由目前的38%提高到60%以上，不断提升农产品质量安全监管能力，服务当地产业发展。

3. 开展基层检测技术提升活动。以市县检测人员为主，每3年组织开展全国农产品质量安全检测技能竞赛，通过对排名靠前的检测人员颁发全国及部省级荣誉称号，引导激励各地加强岗位练兵和技术培训，累计培训检测人员10万人次，不断提升检测人员的抽样能力和上机能力。

（二）提高监督抽查效能

聚焦重点品种和突出问题隐患，推动日常抽检和突击抽检相结合，飞行检查和暗查暗访相结合，监督抽查与综合执法高效联动，提高监督抽查的靶向性。按照“双随机、一公开”要求，完善农产品质量安全监督抽查制度，促进抽检程序规范化、跟进查处及时化，建立不合格样品定期公布机制。

（三）深入开展风险评估

完善国家农产品质量安全风险评估制度，加强风险评估实验室能力建设，打造体系完备、布局合理、定位清晰、技术一流的风险评估技术支撑体系。推动各省份对区域特色农产品开展风险评估。加强对未知风险的危害识别，科学评估危害程度，提出风险防控技术措施，重点对超范围用药、跨领域交叉用药、生物源危害等开展安全性评估，对环境污染、气候变化引发的粮食重金属和毒素等问题开展跟踪性评估，对农业新技术、新模式、新业态可能产生的农产品质量安全风险开展前瞻性评估。持续关注国际风险评估前沿动态，优化风险评估技术模型，加强风险评估成果转化应用，为标准制修订和科学监管提供支撑。

专栏3　风险评估能力提升

1. 完善风险评估技术支撑体系。按照“国家级评估中心—专业性（区域性）评估实验室—基层实验站及观测点”架构，进一步完善农产品质量安全风险评估实验室布局，重点建设1个国家级中心、50家实验室、50个基层实验站点。

2. 提升未知风险因子精准识别能力。加强未知物非靶向全景筛查技术研究，补充未知物精准识别技术设备，开展农产品全链条中未知风险因子和残留代谢产物的识别、鉴定与快速筛查评估。

3. 打造危害因子模拟试验基地及消长变化测试平台。改（扩）建试验基地，完善基础设施，配置相关设备，开展田间降解代谢、动态监测及模拟验证等相关研究。

4. 建立风险评估大数据平台。支持购置风险评估数据管理、数据分析和预警模型构建等设备和软件，提升农产品质量安全数据综合利用能力，实现数据共享、分析预测和挖掘利用。

（四）强化风险交流和科普宣传

充分发挥农产品质量安全专家组、风险评估专家委员会、标准化技术委员会等的作用，引导和鼓励科技人员开展多种形式的常态化科普工作和宣传服务。针对消费者关心的农产品质量安全热点问题，开展科普解读，发布权威信息，回应公众关切。梳理农产品质量安全谣言，协调相关部门对网络谣言加强综合治理，对不实信息及时澄清，教育引导公众“不信谣、不传谣”。组织监管部门、科研院校、行业协会、新闻媒体、社会公众等参与风险交流，开展农产品质量安全知识进校园、进企业、进社区、进农村活动，营造农产品质量安全良好氛围。

五、实施全链条监管

（一）加强投入品监管

严把种子、农药、兽药、饲料和饲料添加剂审批关，将投入品对农产品质量安全的影响作为审批的重要依据。依法从严控制限制农药定点经营网点数量。完善农资购销台账制度，推进种子、农药、兽药的包装、标签二维码标识和电子追溯制度，提升农资监管信息化水平。加强部门协同联动，对网络销售农资加强监管。深入开展农资打假专项治理，加大巡查检查、监督抽查、暗查暗访力度，严防假劣农资流入农业生产领域。加强农资打假宣传教育，持续开展放心农资下乡进村宣传活动，促进优质农资产销对接。

（二）净化产地环境

建立农产品产地环境监测制度，密切关注重金属等问题，实施耕地土壤环境质量分类管理。持续推进化肥、农药和兽用抗菌药减量化行动，集成应用病虫害绿色防控技术，开展畜禽粪污资源化利用，减少农业投入品过量使用对产地环境的污染。

（三）强化生产过程监管

对标“最严格的监管”，实施乡镇农产品质量安全网格化管理，构建“区域定格、网格定人、人员定责”网格化管理模式。建立健全农业生产经营主体动态管理名录，推广应用信息化手段，依据风险和信用等级实施分级管理、分类指导。落实乡镇农产品质量安全监管公共服务机构日常巡查工作规范，推进日常巡查检查规范化、常态化。针对用药高峰期、农产品集中上市期等关键节点，加大巡查检查频次。坚持巡查检查与指导服务并举、压实主体责任与提升生产者素质并重，推动“产出来”“管出来”水平同步提升。

（四）推进承诺达标上市

加快推行承诺达标合格证制度，制定出台管理办法，推动形成生产者自觉开具、市场主动查验、社会共同监督的新格局。支持各地将承诺达标合格证与参加展示展销、品牌推选、项目申报等相挂钩，推动新型农业经营主体应开尽开。鼓励产地直销农产品带证销售。强化对带证产品的监督管理，督促生产者落实自控自检要求，对承诺合格而抽检不合格的生产主体依法处置，纳入重点监管名录。建立健全开证主体信用记录，推动承诺达标合格证制度与市场准入有效衔接。

（五）深化突出问题治理

聚焦突出问题隐患，按照发现问题无死角、解决问题零容忍的要求，实施“治违禁 控药残 促提升”行动。落实“最严厉的处罚”要求，严厉打击禁限用药物违法使用行为，加大监督抽查、飞行检查、暗查暗访力度，加强农产品质量安全领域行政执法与刑事司法衔接，强化检打联动，做到有案必移，严惩重处违法犯罪分子。严格管控常规农药兽药残留超标问题，加强安全用药宣传培训，支持加快常规农药残留速测技术发展和推广应用。加强与市场监管等有关部门的协调配合和工作衔接，推动形成监管合力，共同加强暂养池、运输车辆等农产品收贮运薄弱环节监管。

（六）提升应急处置能力

坚持从源头防范化解农产品质量安全风险隐患，强化风险早期识别和预报预警，把问题解决在萌芽之时、成灾之前。全天候开展农产品质量安全舆情监测，加强对重点舆情跟踪研判。修订农产品质量安全突发事件应急预案，明确各行业、各单位责任和措施，组织各地完善本级应急预案，构建上下协同、反应迅速、信息畅通、处置有力的应急机制。积极争取支持投入，加强农产品质量安全应急装备技术支撑，持续开展人员培训和应急演练，提高突发事件应急处置能力。

六、创新监管制度机制

（一）创建国家农产品质量安全县

持续开展国家农产品质量安全县创建，因地制宜探索创新有效监管模式，推进农药实名购买制度，销售农药时实名登记购买人、农药名称、施用作物和用途等。“十四五”末认定数量达到500个。强化宣传和产品推介，提升国家农产品质量安全县影响力和社会知名度。总结推广典型经验，加强示范创建交流，充分发挥辐射带动效应。强化动态核查和跟踪评价，实行定期考核、动态管理，严格退出机制。鼓励有条件的省份整省创建。

（二）推进信用监管

加快出台农产品质量安全信用管理试行办法，制定信用体系建设基本规范和信用评价等标准。健全完善农产品生产经营主体信用档案，加快信用信息归集共享，广泛开展信用动态评价。强化试点应用，推动试点地区依据主体信用等级开展差异化、精准化监管。创新信用场景应用，探索“信用+合格证”“信用+产品认证”“信用+保险信贷”等模式。对严重失信主体，落实联合惩戒措施，严格限制其参与展示展销、品牌推选、项目申报等。

（三）推进智慧监管

积极推进物联网、人工智能、5G、云计算、大数据、区块链等新一代信息技术在农产品质量安全领域的应用，推动机器换人、机器助人，构建可视、可查、可控的智慧监管新模式。推动“阳光农安”试点，引导生产经营主体采用高清视频和AI识别技术自动记录农事行为，推动生产记录便捷化、电子化，开展远程服务。推进智慧巡查，开发应用便携式移动监管设备，减轻基层监管人员负担，实现巡查检查日常化。推动智慧抽检，全过程自动记录检测行为，实现抽样实时定位、检测信息自动传输，保障检测公正性。建设国家农产品质量安全综合监管平台，强化农产品质量安全大数据应用，推进主体名录、农资使用、质量控制、检验检测、执法处置等信息“一张网”管理。

专栏4　“阳光农安”试点

聚焦国家农产品质量安全县，打造1 000个“阳光农安”智慧监管试点，在生产主体集成智慧管控系统，与监管部门信息化平台对接，实现三个方面功能。

1. 智能识别分析预警农事行为。利用人工智能数据模型，结合采集的有关农药兽药管理信息，对抓取的试点基地生产者农事行为进行自动识别分析，对违规行为发出预警信息，实现智能化生产管控。

2. 农产品质量安全远程诊断咨询服务。开展种养业病虫害远程诊断和科学防控咨询，采取信息化手段，对农产品生产病虫害信息进行采集、诊断及预警预报，实现网上看病、远程治疗、电子病历管理、区域病害监控、及时预警，为生产主体提供落实安全间隔期休药期、科学用药等技术咨询服务。

3. 农业投入品信息采集管理。运用农业执法系统、兽药二维码追溯系统和农药批发零售经营管理系统有关信息，实现农业投入品经营单位登记、产品登记、进销存台账监管、监测预警和监督执法等功能互联互通，打通农药门店与生产基地之间的信息断档。

（四）推进追溯管理

完善产地农产品追溯体系，推进农产品追溯信息贯通产前、产中、产后各环节，并向市场流通和消费端延伸。发挥政府引导、市场驱动、企业主体作用，推动重点品种、重点领域、重点地区农产品追溯先行先试。优化国家农产品质量安全追溯管理信息平台功能，推广信息化追溯技术，总结典型追溯模式，培育选树追溯标杆企业。加强部门协作，推动追溯标准统一、业务协同和数据共享，构建全程追溯机制。

（五）构建农产品“三品一标”新机制

推动出台指导意见，按照新阶段农产品“三品一标”的新内涵新要求，明确通过发展绿色、有机和地理标志农产品，推行承诺达标合格证制度，探索构建农产品质量安全治理新机制。以规范绿色、有机和地理标志农产品认证管理为重点，引导第三方认证机构积极参与农产品质量安全管控措施落实，强化对获证主体的“他律”。通过扩大承诺达标合格证制度覆盖面，提高社会认可度，引导农业生产经营主体强化“自律”。打造一批农产品“三品一标”引领质量提升的发展典型，推动形成农业生产和农产品两个“三品一标”协同发展的新格局。

专栏5　农产品“三品一标”提升行动

1. 提升绿色有机地理标志农产品供给能力。再认证登记绿色、有机和地理标志农产品2万个，产品质量抽检合格率达到99%。建设绿色食品原料标准化生产基地800个，有机农产品基地50个和绿色食品（有机农业）一二三产融合发展园区50个，推进现代农业全产业链标准化。

2. 持续实施地理标志农产品保护工程。支持1 000个地理标志农产品发展。命名地理标志农产品核心基地1 000个，发布一批地理标志农产品产业影响力报告，开展特征品质评价，打造一批乡村特色产业发展样板，推动地理标志农产品生产标准化、产品特色化、身份标识化、全程数字化。

3. 提升承诺达标合格证实施水平。开展新型农业经营主体自控自检大培训，每年每个开证主体至少培训1次，落实农产品质量安全管控要求。鼓励各地因地制宜开展与电商平台和快递企业的合作，推动农产品带证销售。

4. 提升农产品“三品一标”认知度和影响力。推进主体承诺达标、质量认证、监测监管、信用管理、追溯管理、品质评价等协同实施，打造100个农产品“三品一标”引领质量提升的发展典型。

（六）推动社会共治

支持各类新闻媒体开展舆论监督，加强宣传引导。完善公众参与机制，畅通投诉举报渠道，鼓励各地建立农产品及农业投入品质量安全问题举报奖励制度。充分发挥行业协会等第三方社会组织的优势，引导农业生产经营主体加强自律、提升能力，鼓励各地通过购买服务等方式支持行业协会参与法规政策宣贯、信用体系建设、工作绩效评价、问题隐患排查等工作。探索推进农产品质量安全责任保险，在事前风险预防、事中风险控制等方面发挥积极作用。

七、强化支撑保障

（一）健全法律制度

加快推动《中华人民共和国农产品质量安全法》修订，适时出台相关配套管理办法，进一步明确农产品质量安全保障各方责任，健全源头治理、风险防范、全程控制、科学高效的管理制度，进一步加大对违法违规行为的惩处力度。出台农产品质量安全领域行政执法与刑事司法衔接工作办法，进一步提升检打联动效率，加大联合惩戒力度。开展《中华人民共和国农产品质量安全法》宣贯培训，引导广大生产者、经营者、监管者尽快熟悉法律新规定、新要求，做到知法守法用法。

（二）强化体系队伍

健全乡镇农产品质量安全监管公共服务体系，壮大乡镇监管员、村级协管员、企业内控员和社会监督员队伍。制定出台基层农产品质量安全教育培训大纲，建立常态化培训机制。充实基层农业综合行政执法力量，发挥农业综合行政执法队伍作用，强化农产品质量安全执法。稳定检验检测体系队伍，健全以部级检测机构为龙头，省级检测机构为骨干，市县检测机构为基础的农产品检验检测体系。强化基层标准化专业人才队伍建设，鼓励社会团体和企业加大对标准化技能型人才培养使用。瞄准国际前沿和监管实践需要，打造一支专业过硬、对接国际、布局合理的风险评估技术队伍。

（三）强化投入保障

各级农业农村部门要积极争取建设投资、财政补助、运行投入等经费，围绕风险评估、风险监测、监管执法、标准化生产等重点领域，实施农产品质量安全保障工程。健全各级财政保障制度，加大对执法监督、风险评估、风险监测、监督抽查、投入品管理、标准制修订、农产品质量追溯、地理标志农产品保护、国家农产品质量安全县创建等工作的支持力度。推动建立绿色食品、有机农产品、地理标志农产品、农产品质量追溯等财政奖补政策。发挥政策导向作用，引导社会资金参与农产品质量安全管理和服务，探索建立多元化投入保障机制。

（四）强化科技支撑

围绕农产品质量安全监管的迫切需求和技术瓶颈，启动科技协同攻关，研制一批农产品质量安全检测标准物质，开发一批农药兽药和生物毒素、环境污染物、重金属等危害因子的高效快速识别关键技术，遴选推广一批常规农药兽药快速检测设备。在国家现代农业产业技术体系中，健全农产品质量安全与营养品质评价研究岗位设置。新增一批农产品质量安全学科群重点实验室。鼓励高校设立农产品质量安全学科，强化农产品质量安全科研人才培养，支持科研机构、企业、社会组织等积极参与农产品质量安全科技创新。

八、加强组织实施

（一）强化组织领导

各级农业农村部门要根据本规划的发展目标和主要任务，将农产品质量安全工作作为保障公众健康、推动农业高质量发展、全面推进乡村振兴、加快农业农村现代化的重要内容，纳入农业农村发展总体规划部署推进。要结合本地区、本行业的实际，细化目标、明确任务，制定切实可行的实施方案和落实措施，确保规划任务有序完成。

（二）强化责任落实

按照党政同责要求，用好食品安全工作评议考核、“菜篮子”市长负责制考核、质量工作考核等手段，严格落实地方属地责任、部门监管责任和生产主体责任，通过签订责任状、致函、约谈、通报等形式，健全责任追究机制，逐级压实责任，坚决惩治监管不作为，落实“最严肃的问责”。加强县乡农产品质量安全体系队伍建设，保证事有人抓、活有人干、责有人负。强化农产品质量安全宣传培训，督促各类生产经营主体诚信守法。

（三）强化实施评估

各地要将农产品质量安全工作纳入对地方政府的绩效考核范围，对投入保障、能力建设、标准化生产、监测监管、执法办案、宣传培训等重点要求和任务落实情况给予重点评估，建立健全规划实施的激励约束机制。农业农村部定期组织对规划实施情况的督促指导和跟踪评价。

上海市推进农业高质量发展行动方案（2021—2025年）的通知

（沪府〔2020〕84号）

各区人民政府，市政府各委、办、局：

现将《上海市推进农业高质量发展行动方案（2021—2025年）》印发给你们，请认真按照执行。

上海市人民政府

2020年12月25日

上海市推进农业高质量发展行动方案

（2021—2025年）为贯彻落实党中央、国务院关于实施质量兴农战略的决策部署，全面提升都市农业质量效益和竞争力，推进我市农业高质量发展，根据乡村振兴“三园”工程建设总体要求，制定本方案。

一、明确总体目标

围绕推进农业绿色发展，贯彻落实“人民城市人民建，人民城市为人民”重要理念，努力实现“五高”（高品质生产、高科技装备、高水平经营、高值化利用、高效益产出）。以农业“三区”为重点，通过实施五大行动，构筑五大保障机制，聚焦打造一批绿色田园先行片区，不断优化农业资源要素配置、产业结构、空间布局和管理方式，提高农业综合效益和竞争力，推进农业高质量发展。到2025年，基本建立农业高质量发展制度框架体系。

——农业产业结构不断优化。地农产品产量基本稳定，品种结构进一步优化，高效特色农业占比达到85%以上。

——绿色农产品比重显著提升。扩大绿色生产基地建设规模，地产绿色优质农产品占比达到70%。地产农产品品牌覆盖率显著提升，打造3～5个具有市场影响力的区域公用品牌。

——科技装备处于国内领先。进一步提升农机装备质量水平，设施菜田绿叶菜生产机械化水平达到60%。农业科技进步贡献率达到80%。农业信息化覆盖率达到80%。

——生态循环发展深入推进。大力推广绿色高效生产方式，化肥农药使用强度显著下降，耕地质量不断提升，农业废弃物综合利用率达到99%。

——经营管理水平明显提高。新型经营主体、社会化服务组织、农业高新技术企业不断壮大，农业产业化组织带动率达到60%。

二、实施五大行动

（一）绿色循环发展行动

1. 推行绿色生产方式。绿色生产基地覆盖率达到60%，绿色农产品认证率达到30%以上。开展化肥农药减量增效行动，推进10万亩蔬菜绿色防控集成示范基地和2万亩蔬菜水肥一体化项目建设。建设12家美丽生态牧场。建设100家国家级水产健康养殖示范场，水产绿色健康养殖比重达到80%。

2. 推进生态循环农业发展。集中打造2个生态循环农业示范区、10个示范镇、100个示范基地。加强农药包装废弃物和农业薄膜回收处置，基本实现全量回收。畜禽养殖废弃物和粮油作物秸秆资源化利用实现全覆盖。市域内80%规划保留规模化水产养殖场完成尾水处理设施建设。

（二）科技装备提升行动

1. 建设农业智能化生产基地。以区、镇为单位建设一批基于数字化管理的农机社会化服务组织，打造10万亩粮食生产无人农场，建设2万亩高标准蔬菜绿色生产基地，打造一批智能化菜（果）园。大力发展食用菌、蔬菜种苗、花卉园艺等工厂化生产，全面提升都市农业设施装备水平。

2. 夯实数字农业发展基础。深化数字农业建设，2022年前基本建立涉农数据标准和整合利用机制，建立人、土地、资金等主题应用库。推进农业生产管理信息系统建设，蔬菜、水稻及特色果品生产管理信息实行“一网”管理。推进畜产品、水产品质量溯源监管系统建设，提升全产业链数字化管理水平。

3. 提升现代种业创新能力。建立农业种质资源保护体系，实施现代农业种质创新与示范工程，加大地方特色种质资源保护与开发力度。加快推进上海南繁科研育种、集约化育苗、种畜禽等基地建设，支持基础好的种业企业开展商业化育种，培育2～3家育繁推一体化企业，鼓励种业企业开展国际战略合作。

（三）经营主体培育行动

1. 培育农业龙头企业。聚焦重点产业集群和重大投资项目，重点打造100家年销售额1亿元以上具有核心竞争力和带动能力的农业龙头企业。培育50家现代农业高新技术企业。推动农业龙头企业与农民专业合作社、家庭农场合作，支持30家农业产业化联合体做优做大做强。

2. 提升农业新型经营主体。加强家庭农场和农民专业合作社规范化建设，组织300家家庭农场、700家农民合作社开展示范创建，重点培养100家市级以上示范家庭农场和200家市级以上示范合作社。在金山、崇明区推进农民专业合作社质量提升行动。

3. 发展区域性农业服务组织。打造5个区域性集约化育苗中心。布局一批规模适度的农产品预冷、贮藏保鲜等初加工冷链设施。聚焦蔬菜生产保护区建设和农业绿色生产基地，发展“全程机械化+综合农事”服务，服务覆盖率达85%。支持农村综合帮扶资金用于集体经济组织发展现代农业。

4. 培育高素质农民。强化政策激励，引导有志青年投身现代农业。全市累计培育农业经理人500名，大专学历以上文化程度占比达到70%，累计培育新型职业农民2.5万名，形成一支有文化、懂技术、善经营、会管理的高素质农民队伍。

（四）特色品牌建设行动

1. 打造优质食味稻米品牌。调优水稻品种和茬口布局，筛选和推广一批品优味佳的食味稻米品种。完善稻米品质评价以及生产、加工、保鲜贮藏标准体系。推广应用电子信息追溯标识，集中打造优质食味稻米区域公用品牌。到2025年，上市销售的地产稻米品牌化比例达到50%。

2. 提升特色产业品牌优势。聚焦蔬菜、瓜果、生猪、水产等优势特色产业，做精做优一批特色农产品区域品牌和企业品牌，积极推动地产特色农产品品牌列入中国农业品牌目录。开展农产品评优推介活动，提高地产优质农产品品牌影响力。

3. 做强休闲农业文化品牌。加强农事节庆文化活动建设，进一步挖掘和培育乡村农耕文化，各涉农区重点培育和提升1～2个休闲农业文化品牌。

（五）产业融合增效行动

1. 建设产业融合发展平台。结合乡村振兴示范村和美丽乡村示范村建设，集聚优势资源和产业特色，推进“绿色田园”“美丽家园”和休闲农业、乡村文创、农村电商等新产业、新业态的融合发展，打造一批产业特色镇（村）、产业融合发展示范园。

2. 拓展农业多种功能。延伸拓展传统农业的功能边界，促进农业与文化、旅游、教育、康养等产业融合，提升休闲农业和乡村旅游水平，重点打造10条休闲农业和乡村旅游精品线路。

三、打造先行片区

（一）浦东生鲜蔬菜产业片区。聚焦浦东新区北部蔬菜生产保护镇建设，打造蔬菜产销联合体。集成应用智能装备、自动控制、物联网系统等智能化设施装备技术，建设一批以绿叶菜为重点的智能化生产基地，形成基地直供商超的新型营销模式。

（二）浦东品牌瓜果产业片区。以老港、新场等传统种植区作为核心节点，厚植“南汇8424”西瓜和“南汇水蜜桃”等产业优势，打造区域特色品牌。引导专业组织与农民建立健全利益共享机制，形成销售、经营、生产一体化的产业联合体。

（三）金山特色果蔬产业片区。以吕巷水果公园和金石公路万亩特色果园为核心，培育“金山味道”区域公用品牌。做大做强廊下中央厨房产业集聚区建设，引进和培育一批食用菌工厂化生产企业，打造集总部、科研、科普、展示于一体的“蘑菇小镇”。

（四）金山农旅融合产业片区。依托320国道农文旅走廊辐射圈的交通优势，以绿色有机水稻、蔬菜为重点，辅以高品质水果和水产品，结合枫泾镇及周边休闲农业旅游资源，打造配套乐高乐园发展的高品质农产品供应基地和农业休闲观光区。

（五）崇明现代畜禽养殖产业片区。聚焦新村乡垦区1.2万亩农地，以300万羽蛋鸡养殖产业为支撑，结合周边水稻种植、花果产业构建生态基底，打造崇明种养循环现代农业产业园。通过生态循环、智慧农场、农旅交融的模式，实现产业融合发展。

（六）崇明高端设施农业产业片区。以崇明现代农业园区和港沿地区为核心，集成应用绿色生产技术，重点建设一批集花卉、蔬菜，生猪、奶牛、特色水产养殖为一体的智能化、工厂化生产基地。建设绿色农产品加工示范基地，打造农产品中央厨房。

（七）嘉定数字化无人农场产业片区。围绕外冈镇1.7万亩粮田和2.5万头生猪养殖场，推进无人农场建设，实现区域内水稻全程无人化作业，畜禽粪污、秸秆资源实现循环利用，大力提升区域范围内绿色优质稻米产业化率。

（八）松江优质食味稻米产业片区。利用浦南黄浦江水源保护区的生态优势，积极发展稻米产业化联合体，做精做优“松江大米”区域公用品牌。以小昆山万亩粮田为基础，推动农业高新技术的融合应用。建设五厍花卉特色农产品优势区。

（九）奉贤东方桃源综合产业片区。以“奉贤黄桃”国家地理标志产品为重点，优化升级黄桃产业。结合乡村振兴示范村建设以及蔬菜等农产品生产基地，打造一批集休闲观光、农事体验、乡旅文创为一体的规模型田园综合体。

（十）青浦绿色生态立体农业片区。以练塘镇万亩粮田和青浦现代农业园区为核心，打造水稻、水生作物、特种水产“三水”融合的立体种养模式，积极发展无土栽培和植物工厂，做好“美环境”“种风景”大文章，提升农业综合效益。发展林下经济。

（十一）宝山乡村康养产业片区。罗泾镇北部五村联动，以塘湾村母婴康养产业为龙头，海星村千亩蟹塘、花红村绿色米食基地、新陆村绿色蔬菜基地和洋桥村果蔬乡肴基地为支撑，做强母婴康养和绿色农产品上下游产业链，打造大健康乡村新产业。

（十二）闵行都市田园农业片区。依托浦江郊野公园、召稼楼古镇、首批乡村振兴示范村革新村，结合市航育科普教育基地及特色农产品生产基地，串点成线，在浦江镇中东部地区为广大市民近距离打造休闲+科普的“第三生活空间”。

（十三）光明现代种养循环产业片区。建设爱森海湾生态养殖基地，探索环保配套集中、集约化程度高的养殖模式。建设现代化蔬菜种植示范园，实现全程机械化生产模式。强化智能装备集成，绿色生态循环，为都市现代种养业发展提供示范。

四、健全保障机制

（一）工作推进机制。各涉农区要围绕行动方案，制定五年目标和年度任务清单，细化各项建设内容，明确时间节点，落实责任单位和责任人，锁定目标、锁定内容、挂图作战。市乡村振兴办对工作推进进度实施目标管理。

（二）财政金融保障机制。各涉农区要进一步加大均衡性转移支付资金支持绿色农业发展的力度。各类财政支持政策优先向先行片区倾斜，积极推动产业基金、担保、贴息、以奖代补等支持方式，带动金融和社会资金投入农业发展领域。优化农业保险财政支持政策，加强农业保险与相关财政补贴政策的统筹衔接。

（三）规划用地支撑机制。开展先行片区专项规划编制，建立片区专项规划与郊野单元村庄规划成果更新的联动机制，做好与各级国土空间规划的衔接。先行片区优先开展全域土地整治工程。新编乡镇级国土空间规划预留不少于10%的建设用地指标，重点保障先行片区用地需求。落实建设用地周转指标制度，盘活的建设用地指标按照不低于5%的比例，向先行片区倾斜。加强设施农业用地配套，充分保障片区设施农业用地需求。鼓励盘活利用片区内闲置集体建设用地和闲置用房发展新产业、新业态。

（四）人才培养机制。围绕种源、数字、装备农业等重点领域，加大高层次创新人才引进力度。将农业农村人才开发经费纳入政府年度预算。鼓励高校和科研机构科技人员在先行区创办科技型企业或从事科技成果转化活动。鼓励高等学校毕业生、专业人才和高技能人才到先行区创新创业、就业发展，在住房保障、创业发展、职称评定、高层次人才子女入学等方面给予政策倾斜。

（五）监测评估机制。研究制定农业高质量发展监测评价办法，定期开展监测评估，形成牵引农业高质量发展的鲜明导向。在共性指标基础上，针对各区不同资源禀赋、区位条件等因素设置个性化指标，引导优势做优、特色更特。

农业农村部办公厅关于印发《农业品牌精品培育计划（2022—2025年）》的通知

（农办市〔2022〕8号）

各省、自治区、直辖市农业农村（农牧）厅（局、委），新疆生产建设兵团农业农村局：

为深入贯彻中央农村工作会议、中央一号文件精神，加快农业品牌打造，夯实基础支撑，加强营销推广，提升服务能力，促进消费升级，全面提升农业品牌竞争力影响力带动力，我部决定实施农业品牌精品培育计划，为全面推进乡村振兴、加快农业农村现代化发展提供支撑。现将《农业品牌精品培育计划（2022—2025年）》印发你们，请结合实际，认真组织实施，并于每年12月底前报送工作总结和重点培育的农业品牌发展情况至农业农村部市场与信息化司。

农业农村部办公厅

2022年6月10日

农业品牌精品培育计划（2022—2025年）

农业品牌是农业农村现代化的重要标志。近年来，各级农业农村部门深入贯彻党中央、国务院决策部署，加快实施品牌强农战略，品牌意识明显增强，品牌数量快速增长，品牌效益显著提升，但我国农业品牌多而不精、大而不强问题依然存在，品牌竞争力影响力带动力仍有待提升。为贯彻落实中央一号文件精神，加快农业品牌打造，充分发挥农业品牌对全面推进乡村振兴、加快农业农村现代化发展的重要作用，我部决定启动实施农业品牌精品培育计划。

一、总体要求

（一）指导思想

以习近平新时代中国特色社会主义思想为指导，全面贯彻党的十九大和十九届历次全会精神，立足新发展阶段、贯彻新发展理念、构建新发展格局、推动高质量发展，把农业品牌打造作为推进农业供给侧结构性改革的重要抓手，以提升品牌核心竞争力为目标，夯实基础支撑，加强营销推广，提升服务能力，促进消费升级，为全面推进乡村振兴、加快农业农村现代化发展提供支撑。

（二）基本原则

坚持抓主抓重，提质提效。树立大食物观，落实“既要保数量，也要保多样、保质量”的要求，在保障粮食安全和重要农产品有效供给基础上，立足特色资源，瞄准市场需求，发展优势产业，提升产品质量，做强农业品牌，提升农业质量效益和竞争力。

坚持重点培育，引领发展。优先培育具有产业领先优势、市场空间大、文化底蕴深厚的农业品牌，建立健全品牌建设促进机制、标准规范和服务体系，加大正向激励，引领带动全国农业品牌创新发展。

坚持消费促进，创新推动。适应消费升级需求，把品牌打造作为畅循环、促消费、稳增长的重要举措，立足延链补链强链，推动营销与数字技术结合，创新营销模式，发展消费新业态，促进消费提质扩容。

坚持市场主导，政府引导。充分发挥市场在资源配置中的决定性作用，创新驱动，激发活力，增强动力，持续提升农业品牌竞争力。政府部门加强引导、规范、服务和保护，不断优化农业品牌发展环境。

（三）主要目标

通过实施农业品牌精品培育计划，农业品牌建设促进机制和支持体系更加健全，优秀品牌脱颖而出，品牌溢价效应明显，农业品牌竞争力影响力带动力显著提升。到2025年，聚焦粮油、果蔬、茶叶、畜牧、水产等品类，塑强一批品质过硬、特色鲜明、带动力强、知名度美誉度消费忠诚度高的农产品区域公用品牌，培育推介一批产品优、信誉好、产业带动作用明显、具有核心竞争力的企业品牌和优质特色农产品品牌，不断满足人民日益增长的美好生活需要。

二、夯实品牌培育基础

（四）持续提升供给质量。加快实施农业生产“三品一标”提升行动，以高质量供给筑牢品牌根基。结合粮食生产功能区、重要农产品生产保护区、特色农产品优势区和现代农业产业园等建设，打造精品区域公用品牌。加快绿色食品、有机农产品、地理标志农产品发展，推行农产品全程质量控制，推进食用农产品承诺达标合格证制度和标准化生产，打造绿色优质农产品品牌。支持脱贫地区实施特色种养业提升行动，打造知名特色农产品品牌。加快优良品种选育，推动品质分级评价，推进关键核心技术攻关，提升加工工艺和设备，加强冷链物流基础设施建设，全面提升品牌农产品品种创新能力、精深加工能力和流通供应能力。

（五）培育壮大品牌主体。采取政策引导、项目带动、环境优化等措施，支持新型农业经营主体创建产品和服务品牌，强化品牌意识，加强质量管理，推动技术创新应用，促进技术迭代和质量升级。引导品牌主体以消费者为中心，筑牢产业链、完善供应链、提升价值链、做强创新链，提升产品价值和服务效益。指导品牌主体提升品牌规划、运营服务、营销推广、监管保护等能力，打造具有自主知识产权和品牌效应的品牌。鼓励农垦系统培育壮大中国农垦品牌。

（六）加快品牌标准制定。加快农业品牌标准化建设，引领品牌主体运用先进理念和科学方法开展品牌创建。推动农业品牌国家标准和行业标准研究制定，建立完善农产品区域公用品牌建设评价标准和管理规范。鼓励制定农业品牌地方标准，服务区域产业发展。引导社会团体和行业组织制定相关团体标准。支持企业制定发布具有创新性、先进性和国际性的相关企业标准。做好标准宣贯和实施，提升农业品牌建设的标准化和国际化水平。

三、提升品牌营销能力

（七）推动营销业态创新。创新营销场景，鼓励设立品牌消费体验馆、新品发布中心、创意设计坊、电商直播基地、产地品牌创新工场等，打造沉浸式、体验式、互动式营销场景。加强数字化营销，用好网络购物节、平台促销活动、云展会等营销形式，实现消费者触达和销量双提升。引导品牌主体统筹布局线上线下渠道，根据产品品质和价格分等分级，有针对性地与供应链平台、新零售平台、电商平台、大型农批市场等开展合作，推动品牌农产品从“跑量销售”到“优质优价”。

（八）提高品牌推介能力。支持品牌主体参加国内外知名展会，组织开展线上线下品牌展示推介活动。依托中国农民丰收节、中国国际农产品交易会组织精品品牌发布和推广活动。鼓励依托采摘节、文化节等农业节庆活动推介农业品牌。加大品牌海外推广，在重要节点国家和地区开展巡展推介。加强与国际组织、驻华使领馆、国际研究机构、国际商协会等交流，积极对接RCEP，推动农业品牌国际合作。

（九）增强品牌传播能力。加强与主流新闻媒体合作，策划品牌推广活动，组织开展专题报道，讲好农业品牌故事，提高农业品牌传播声量。鼓励网络新媒体开展农业品牌推广，采用图文、话题互动、视频、直播等形式多渠道、跨圈层传播。鼓励利用新型户外媒体开展品牌宣传。推动与海外媒体合作，建立品牌农产品传播矩阵，提升中国农业品牌国际影响力。借助中国品牌日，组织开展品牌宣传、品牌交流、品牌推广等活动。

（十）强化品牌文化赋能。推动农业品牌与文化融合，深度挖掘传统农耕文化精髓，推进农业非物质文化遗产、历史文化、红色文化、饮食文化、节庆文化、乡风民俗等元素融入农业品牌，提升农业品牌文化内涵。鼓励线上线下融合，建设品牌博物馆、品牌档案馆等，展示品牌历史和文化，宣传品牌价值。鼓励农业品牌与艺术创意结合，开展跨界融合，推动农产品包装、设计和营销升级。鼓励举办品牌文创活动，开发文创产品，活跃农业品牌创新创意氛围。

四、提高管理服务水平

（十一）健全支撑服务体系。建立健全品牌专家队伍，充分发挥科研院所、专业机构、行业协会、新闻媒体等作用，支持开展基础研究、营销推广、人才培养、监管服务等工作。开展农业品牌市场消费研究，建立科学规范、具有公信力的农业品牌跟踪评价机制。搭建农业品牌公共服务平台，做好信息服务、业务交流、品牌展示和消费索引，打造农业品牌综合服务窗口。

（十二）加大出口服务指导。持续跟踪全球农产品贸易发展和营销推广动向，研究和评估相关国家农业品牌政策设计和执行效果。指导品牌主体开展国际商标注册和产品认证。做好RCEP涉农政策对接，协助品牌主体用好用足成员国降税、区域原产地累积规则等政策红利。开展农业品牌海外消费调查，指导做好国别政策、国际贸易规则等解读，促进品牌农产品国际贸易。

（十三）推动数字化建设。引导品牌主体运用数字技术，优化管理服务，完善业务流程，推进品牌管理、市场监测、展销推广全流程数字化。做好与质量认定、安全追溯、诚信管理等平台对接，推动信息互联共享，掌握品牌发展动态，促进协同监管和信用约束，为品牌健康发展提供支撑。

五、营造品牌消费环境

（十四）提振品牌消费信心。做好品牌宣传推广，强化诚信意识，传递健康消费理念。发布品牌消费索引，激发消费意愿，培育消费热点，扩大品牌农产品消费。支持品牌主体围绕市场消费趋势提升品质、创新设计、改进服务、扩宽渠道，打造新产品，培育新卖点，激发消费潜力，满足和创造消费需求，提振消费信心。

（十五）鼓励扩大品牌消费。加快线上线下消费有机结合，支持打造精品品牌市场专区、商超专柜、电商专馆、自媒体直播间等，促进产品消费。办好中国农民丰收节金秋消费季、品牌热销等活动，促进品牌农产品消费。鼓励各地因地制宜举办嘉年华、美食荟、小吃节、品鉴会等形式多样的农产品消费促进活动。抓住传统节日、节庆假日和网络消费热点时机，策划品牌消费活动，创新消费场景，以节促品，以节兴市。

（十六）加大品牌消费联动。发挥大中城市辐射带动作用，鼓励开展跨区域、跨行业、跨部门合作，推出灵活通用的优惠政策，引导周边产供销企业深化合作，推进品牌农产品优进优供，热卖热销。推动城乡联动，促进农旅融合，鼓励依托特色资源和乡土文化，打造特色乡村品牌，推广优质特色产品。

六、保障措施

（十七）强化组织领导。各级农业农村部门要把农业品牌精品培育作为全面推进乡村振兴、加快农业农村现代化的重要措施，贯彻落实农业生产“三品一标”提升行动的重要抓手，加强统筹协调，完善工作机制，细化政策措施，加大扶持力度，引领带动农业品牌创新发展。抓好精品品牌培育工作，规范推选程序，提升服务能力。

（十八）强化政策支持。培优精品品牌，加大支持和服务力度，项目资金可结合实际向品牌主体倾斜。鼓励各地建立品牌激励机制，对品牌建设成果突出的组织和单位实施激励。创新金融产品，提升金融服务，引导金融机构优化信贷条件，扩大信贷规模，探索创设“品牌贷”等金融产品，支持农业品牌精品培育。

（十九）加大项目带动。围绕特色农产品优势区、国家现代农业产业园、优势特色产业集群等建设，培育壮大主导产业，打造精品区域公用品牌，带动企业品牌和产品品牌协同发展。农业生产“三品一标”重点县、现代农业全产业链标准化试点基地、农业国际贸易高质量发展基地、农产品冷链集配中心等要把品牌打造作为重点内容，积极扶持引导。

（二十）加强品牌保护。建立完善农业品牌保护协作机制，加强跨部门跨区域执法合作，严厉打击冒牌套牌等侵权假冒和不正当竞争行为。积极发挥行业协会作用，强化行业自律，推动行业诚信体系建设。加强区域公用品牌授权、管理和监督机制建设，推动区域公用品牌规范有序发展。

（二十一）做好总结宣传。及时总结典型经验和做法，研究精品品牌成长案例，组织开展互动交流，不断完善培育机制。加大典型宣传，综合运用广播电视、报纸、杂志、网络、新媒体等平台，持续宣传报道，为农业品牌精品培育营造积极氛围。

农业农村部办公厅关于开展2024年农业品牌精品培育工作的通知

（农办市〔2024〕2号）

各省、自治区、直辖市农业农村（农牧）、畜牧兽医、渔业厅（局、委），新疆生产建设兵团农业农村局：

根据《农业农村部办公厅关于印发〈农业品牌精品培育计划（2022—2025年）〉的通知》（农办市〔2022〕8号）部署安排，制定2024年农业品牌精品培育工作安排。

一、工作目标

2024年，在前两年重点培育品类基础上，综合产业规模、品牌基础、市场消费和国内外影响力等因素，重点培育32个品类的区域公用品牌，包括粮油（大豆、木薯、燕麦、绿豆、红小豆、油菜籽）、果品（柿子、菠萝、香蕉、枣、山楂、龙眼）、蔬菜（黄瓜、芥菜、芦笋、芹菜、胡萝卜、冬瓜）、畜禽（肉牛、肉羊、鸡、鸭、鹅、牦牛、驴、鹿）、水产（鱼，侧重于鲤鱼、罗非鱼；甲壳，侧重于蟹；贝，侧重于牡蛎；藻）、中药材（天麻、枸杞），及其他在国内外市场具有较强竞争优势的品类。

二、培育条件

本通知培育的农业品牌，聚焦农产品区域公用品牌，具体是指在一个具有特定自然生态环境、历史人文因素的明确生产区域内，由相关组织所有，由若干农业生产经营主体共同使用的农产品品牌。品牌名称由“产地名+产品名”构成，产地为县级或地市级。

（一）基本条件。区域公用品牌持有主体在中国境内登记机关依法登记，具有独立法人（社团、事业）资格；取得合法有效的商标注册；已获得地理标志相关认定/登记或全国名特优新农产品登录；已纳入省级农业品牌目录或省级农业品牌重点培育范围；已实施农业品牌授权管理，品牌授权使用主体经营状况和信用记录良好，无违法违规记录，且至少包括1家省级及以上农业产业化龙头企业或国家级农民合作社。

（二）品牌发展优势明显。品牌定位清晰，目标市场明确，具有明显的区域资源优势、历史人文特征和产业特色。区域环境资源独特，种养历史悠久，具有一定的产业规模，组织化程度高，实施信息化追溯，注重生态保护，具有较强的发展优势和市场潜力。

（三）品牌竞争力较强。品种优良，竞争优势明显，具有自主知识产权。品质突出，区域公用品牌授权使用主体通过绿色食品、有机农产品、良好农业规范（GAP）等认证比例较高。实施标准化生产，加强质量管理，注重科技创新，强化品质保障。文化底蕴深厚，具备传承弘扬中华优秀农耕文化的独特内涵，具有独特的品牌核心价值和品牌故事，积极开展品牌文化交流和推广。

（四）品牌发展力突出。政策扶持体系健全，建立有效的激励机制，为品牌高质量发展提供政策保障。品牌管理规范，具有品牌管理机构和运营团队，制定严格的授权管理制度。加强品牌保护，实施积极的保护策略，注重品牌监测、评价和服务。

（五）品牌影响力较大。品牌具有较好的认知度、知名度和美誉度。具有品牌宣传识别体系，具有较强的品牌传播能力和渠道运行能力。市场优势明显，品牌接触点便捷多样，在同类产品中拥有较高的市场占有率。品牌及其主体获得省部级及以上政府部门、国际权威机构颁发的相关荣誉或称号，获得国内外消费者积极认可。

（六）品牌带动力明显。品牌对产业发展具有较强带动力，有力促进产业提质增效和农民增收。品牌主体注重履行社会责任，对区域经济发展具有较强支撑力。

三、培育措施

（一）加强政策支持。各地要立足区域发展实际，统筹产业发展和市场消费需求，明确品牌发展定位，建立健全精品培育扶持和促进机制，确立阶段性工作目标、任务与举措，着力在资金、政策、服务等方面提供支持，促进精品培育品牌发展壮大。

（二）加大营销推介。利用展会节庆平台，组织开展专题展示展销活动。持续组织开展农业品牌精品培育全媒体公益宣展活动，充分组织传统媒体、新媒体等平台，赴品牌产地开展联合采访和宣传推广，突出品牌特色，讲好品牌故事，树立品牌形象，提高品牌传播声量。

（三）推动渠道对接。组织举办农产品产销对接系列活动，指导有关单位举办形式多样的渠道对接活动，支持品牌主体与大型优质供应链企业、电商等开展精准对接合作，推动精品培育品牌渠道升级，促进品牌农产品销售。

（四）加大海外推广。持续开展中国农业品牌全球行，组织品牌主体参加与品牌定位相符的境外知名展会，对标主要目标市场，开展展销供需对接活动。利用现有宣传资源平台，讲好中国农业品牌故事，加大海外宣传力度，扩大精品培育品牌国际知名度和认可度。推动品牌主体获取出口认证认可（GAP、HACCP等），提升国际市场接受度和信任度。

（五）加强金融扶持。用好农业经营主体信贷直通车和农业农村基础设施融资项目库两个服务平台，推动与金融机构开展合作，构建金融支持农业品牌精品培育的有效模式和长效机制。鼓励政策性、开发性、商业性等各类金融机构创新融资模式，创设专属产品，优化信贷条件，为品牌核心授权使用主体提供精准高效的信贷支持。鼓励有关金融机构发挥网点、人员和平台优势，提供招商引资、供需对接等撮合服务，助力精品品牌打造。

四、组织实施

（一）组织推荐。省级农业农村部门负责组织初审和推荐工作，综合考虑产业发展布局、品牌特色优势和竞争力、市场消费趋势、文化底蕴内涵和国内外影响力等要素，建立健全科学的推荐机制，可适当向脱贫地区倾斜，新疆、西藏等地条件可适当放宽。培育推荐工作要坚持高标准，严格把关，规范程序，特别要对各地申报内容的真实性和规范性进行审查。其中，每个省（自治区、直辖市）每个品类最多推荐1个区域公用品牌，每个区域公用品牌推介1～3个核心授权使用主体，每个使用主体推介1～2个核心产品。

（二）统筹实施。农业农村部市场与信息化司统筹负责农业品牌精品培育工作。农业农村部农产品质量安全中心负责具体组织实施，农业农村部信息中心负责技术支持。省级农业农村部门应聚焦我部农业品牌精品培育计划和省级农业品牌目录开展农业品牌建设，不再重复性开展省级精品培育工作，推动形成上下联动、梯次培育的农业品牌目录体系。

（三）动态管理。纳入今年农业品牌精品培育计划的品牌，有效期为4年。品牌持有主体须提交年度建设进展情况。我部将组织抽查复核及评价，有效期内如发现虚假申报或存在违法违规等行为，一经查实，立即撤销。

（四）规范开展。农业品牌精品培育工作坚持公益性原则，禁止以此项工作名义谋取利益，不得向品牌主体收取费用，严守财经纪律，严防廉政风险。

（五）有关要求。申报主体登录中国农业品牌公共服务平台（http://aboc.agri.cn），在线填报并上传相关附件材料，在线打印生成申报书。经省级农业农村部门审核并盖章后，于2024年6月30日前邮寄至农业农村部农产品质量安全中心。

附件：1. 农业品牌精品培育计划区域公用品牌申报书

2. 农业品牌精品培育计划区域公用品牌核心授权使用主体和产品推荐表

农业农村部办公厅

2024年5月28日

附件1

农业品牌精品培育计划
区域公用品牌
申　报　书

品牌名称：________________

省　　份：________________

申报单位：________________

填报日期：________________

农业农村部市场与信息化司　制

填表说明

1. 单位名称：填写单位名称全称。

2. 品牌名称：填写要求为“产地名+产品名”。

3. 产品类别：32个品类每个品类限申报1个；如选择其他品类需写明品类名称，限申报1个。

4. 商标注册情况：取得合法有效的商标注册，商标名称要与申报品牌名称一致。

5. 附件要求：单张照片不超过3 MB、品牌logo不超过10 MB、文件（仅限PDF格式）不超过20 MB、视频（仅限MP4格式）不超过50 MB。每个填报项附件数量不超过5个。在填写数据项时，请注意计量单位并保留至小数点后三位数。

<table>
<tr><td colspan="6">申报书

（*为必填项，申报主体在符合条件的□内打√，并填写或上传相关证明材料）</td></tr>
<tr><td colspan="2" rowspan="5">*申报单位
基本信息</td><td>单位名称</td><td></td><td>法定代表人</td><td></td></tr>
<tr><td>主要负责人</td><td></td><td>手机号</td><td></td></tr>
<tr><td>联系人</td><td></td><td>手机号</td><td></td></tr>
<tr><td>固定电话</td><td></td><td>电子邮箱</td><td></td></tr>
<tr><td>通信地址</td><td></td><td></td><td></td></tr>
<tr><td colspan="2">*品牌名称</td><td colspan="4"></td></tr>
<tr><td colspan="2">*行业类别</td><td colspan="4">□种植业　□畜牧业　□渔业</td></tr>
<tr><td colspan="2">*产品类别</td><td colspan="4">□粮油（□大豆 □木薯 □燕麦 □绿豆 □红小豆 □油菜籽）
□果品（□柿子 □菠萝 □香蕉 □枣 □山楂 □龙眼）
□蔬菜（□黄瓜 □芥菜 □芦笋 □芹菜 □胡萝卜 □冬瓜）
□畜禽（□肉牛 □肉羊 □鸡 □鸭 □鹅 □牦牛 □驴 □鹿 ）
□水产（□鱼 □甲壳 □贝 □藻）
□中药材（□天麻 □枸杞）
□其他</td></tr>
<tr><td rowspan="4">*基本
要素</td><td>商标注册情况</td><td colspan="4">□注册商标（附件）
持有人：________________
证书编号：______________
是否在有效期内：□是　□否
注册时间：______________</td></tr>
<tr><td>区域特色认证
（至少1项）</td><td colspan="4">地理标志相关认定/登记情况：
证书编号或公告号：________（附件）
是否在有效期内：□是　□否

名特优新农产品登录情况：
证书编号：________（附件）
是否在有效期内：□是　□否
推荐的生产经营主体：共____家</td></tr>
<tr><td>纳入省级农业品牌培育情况（两者选其一）</td><td colspan="4">□纳入省级农业品牌目录
□有，入选年份：________（附件）　□无
□纳入省级农业品牌重点培育范围（未建立省级品牌目录的填写）
具体情况：____________（附件）</td></tr>
<tr><td>品牌管理</td><td colspan="4">须实施品牌授权管理，制定品牌授权管理办法
文件名称：________________（附件）</td></tr>
</table>

<table>
<tr><td>*基本要素</td><td>品牌主体</td><td>须包括省级及以上农业产业化龙头企业或国家级农民合作社（至少1项）获得认定的主体名称：________（附件）</td></tr>
<tr><td rowspan="3">*区域优势</td><td>产地范围</td><td>（精确到省、市、县三级）</td></tr>
<tr><td>产地环境资源优势</td><td>（重点描述形成产品品质特征的独特环境资源优势，如土壤、水利、气候、区位地理等，100字以内）</td></tr>
<tr><td>种植养殖历史</td><td>（重点描述产品可追溯到的历史年代、种植养殖时间及相关历史，100字以内）</td></tr>
<tr><td rowspan="3">*产业优势</td><td>产业规模</td><td>2023年，生产规模____（万亩/万头/万只/万羽），同比增加（□减少）____%；
总产量____（万吨/万头/万只/万羽），同比增加（□减少）____%，在全国同品类产品占比____%，在本省同品类产品占比____%；
总产值______（万元），同比增加（□减少）____%；
年销售额________（万元），同比增加（□减少）____%；
产品出口额____（万元），同比增加（□减少）____%；
全产业链产值____（万元），同比增加（□减少）____%</td></tr>
<tr><td>国家级产业园区建设情况</td><td>□有，请列举________（附件）
□无</td></tr>
<tr><td>产业可持续发展</td><td>品牌所在区域纳入省级及以上生态保护、绿色发展等示范区、先行区等
□有，________（附件）
□无</td></tr>
<tr><td rowspan="3">品牌竞争力</td><td>品种竞争力</td><td>品种情况
□通过新品种审定、登记数量______个（附件）
□拥有有效植物新品种权数量______个（附件）</td></tr>
<tr><td rowspan="2">品质竞争力</td><td>*质量认证（至少有1项）
□授权使用主体有____家通过绿色食品认证并在有效期内，占全部授权使用主体比例____%（附件不超过5个认证证书）
□授权使用主体有____家通过有机农产品认证并在有效期内，占全部授权使用主体比例____%（附件不超过5个认证证书）
□授权使用主体有____家通过良好农业规范（GAP）认证并在有效期内，占全部授权使用主体比例____%（附件不超过5个认证证书）</td></tr>
<tr><td>*按标生产
品牌产品标准化生产占比____%（附件）</td></tr>
</table>

<table>
<tr><td rowspan="7">品牌竞争力</td><td rowspan="5">品质竞争力</td><td>质量管理
推行食用农产品承诺达标合格证制度
□有，____（附件）□无
实现农产品质量安全可追溯
□有，____（附件）□无
与国家农产品质量安全追溯管理信息平台对接
□有，____（附件）□无
品牌产品农兽药残留符合标准
□有，____（检测报告等附件）□无</td></tr>
<tr><td>品质保障
品牌授权使用主体具备冷链物流基础设施情况
□有，产地冷链物流基础设施建设情况：____个主体，____个设施（附件）□无
品牌授权使用主体参与农产品产地市场体系建设情况
□有，____（附件）□无</td></tr>
<tr><td>产品外在特征描述
（重点描述产品外在感官特征，包括但不限于形状、大小、颜色、气味、口味、软硬度等，100字以内）</td></tr>
<tr><td>产品内在营养品质特征描述
（可采用产品营养品质指标检测数据等进行描述，100字以内）</td></tr>
<tr><td>提供产品特性特点图片、检测报告
（附件，图片须能同时体现品牌名称和产品特性，也可包括手绘或文创图片，3～5张；检测报告须反映产品内在营养品质特征情况）</td></tr>
<tr><td>科技创新</td><td>创新成果得到相关部门认定
□有（□国家级 □省级）（附件） □无
与高校或科研单位合作建立产学研一体化平台
□有，列举____________（附件）□无</td></tr>
<tr><td>文化赋能</td><td>*品牌故事
（包括但不限于品牌创建历程、历史渊源、品牌文化、品牌核心人物等要素，2 000字以内）</td></tr>
</table>

品牌竞争力	文化赋能	品牌文化推广 品牌来自重要农业文化遗产所在地 □有，名称________（附件）□无 建立品牌博物馆、展览馆、档案馆、体验馆等 □有，数量____个，具体名称________（附件）□无
		品牌文化交流 制作书籍、影视等文化产品 □有，产品名称（不超过3个）____（附件）□无 举办或参与省部级以上论坛、研讨等品牌文化交流活动 □有，活动名称（不超过3个）____（附件）□无
品牌发展力	*政策扶持	政府部门近3年安排品牌专项资金情况（单位：万元） 2022年：____2023年：____2024年：____ 政府部门建立品牌激励机制 □有，列举________（附件） □无 政府部门制定品牌保护政策、工作机制（明确负责人） □有，列举________（附件） □无 政府部门提供信息服务、人才培养、技术服务等情况 □有，具体内容________（附件） □无
	品牌管理	品牌持有主体建立品牌管理运营机构 □有，机构名称：________（附件）□无 品牌运营情况 □自我运营 □聘请专业机构运营，机构名称：________ 品牌持有主体制定品牌管理制度规范 □有，____________（附件）□无
		*品牌授权情况 授权使用主体总数____个，其中： 国家级农业产业化龙头企业____家（附件） 省级农业产业化龙头企业____家（附件） 国家级农民合作社____家（附件） 省级家庭农场____家（附件）
		品牌自我保护措施 □有，____________（附件）□无 品牌危机处理机制 □有，____________（附件）□无
	服务水平	开展顾客满意度调查 □有，____________（附件）□无 建立售后服务管理制度，包括客户服务监督机制、客户投诉处理机制等 □有，____________（附件）□无

品牌影响力	品牌认知度	*品牌识别 □品牌标识（logo）________（附件） 品牌标识解读：____ □品牌标语________ 品牌标语解读：____________ □品牌视频 视频名称：________（附件，不超过50 MB）
		媒体宣传推广（填写媒体名称、报道题目，5条以内） 国家级主流媒体宣传 □有，列举________（附件）□无 国际主流媒体宣传 □有，列举________（附件）□无 省级主流媒体宣传 □有，列举________（附件）□无 自媒体平台宣传 □有，列举________（附件）□无
		产销地环境宣传 户外广告 □有，列举________（附件）□无 城市移动户外传媒 □有，列举________（附件）□无 □其他，列举________（附件）
		产品独特包装及文创用品 □有，列举________（附件）□无
	品牌知名度	*品牌接触点 线下主要销售渠道销售额____万元，占比____%，其中： □批发市场销售额____万元，占比____% □连锁商超销售额____万元，占比____% □专卖店销售额____万元，占比____% □其他（列举____） 线上主要销售渠道销售额____万元，占比____%，其中： □自建官方平台销售额____万元，占比____%，官方平台名称________ □电商平台销售额____万元，占比____%，列举官方旗舰店名称________ □短视频与直播平台销售额____万元，占比____%，列举官方旗舰店名称________ □其他（列举____）

<table>
<tr><td rowspan="2">品牌影响力</td><td>品牌知名度</td><td>品牌营销推广
举办或参与省部级及以上展会节庆活动（不超过3个）
□有，列举（注明规模）________（附件）□无
举办大型品牌专场推介活动（不超过3个）
□有，列举（注明规模）________（附件）□无
开展品牌海外推广活动
□有，列举（注明规模）________（附件）□无</td></tr>
<tr><td>品牌美誉度</td><td>获得省部级及以上政府部门颁发的荣誉或称号（5项以内）
□有，列举________（附件）□无
获得国际权威机构颁发的荣誉或称号（5项以内）
□有，列举________（附件）□无
2023年大型电商等平台同品类销售排行（仅列举排名最高的1个平台）
平台名称________
销售额________万元
同品类排行名次________</td></tr>
<tr><td rowspan="3">品牌带动力</td><td rowspan="2">推动产业发展</td><td>2023年区域公用品牌带动当地农业总产值同比增加____万元，带动农民人均年收入同比增加____万元</td></tr>
<tr><td>品牌溢价率
区域公用品牌产品市场终端平均价格________元/公斤
当地无品牌产品市场终端平均价格________元/公斤
品牌溢价率①为________%</td></tr>
<tr><td>履行社会责任</td><td>□品牌助农：品牌带动____个农户实现增收，其中，____个脱贫户
□品牌公益：参与社会公益、慈善活动________（附件）
□其他________________（附件）</td></tr>
<tr><td>其他重要补充材料说明</td><td></td><td></td></tr>
</table>

① 品牌溢价率=（区域公用品牌产品市场终端平均价格—当地无品牌产品市场终端平均价格）/当地无品牌产品市场终端平均价格×100%。

承　诺　书

我方确保申报材料真实有效，不侵犯任何单位或个人权益。

申报单位（盖章）
年　　月　　日

推　荐　书

经我单位审核，________________________（单位）提交的____（品牌名称）申报材料属实，同意推荐其参加2024年农业品牌精品培育。

推荐理由[①]：

推荐单位（盖章）
年　　月　　日

---

① 推荐理由请省级农业农村部门重点描述推荐品牌在同品类中的优势，包括但不限于种植养殖历史、产业规模、品质、特色、文化、市场消费等，要能体现品牌独特性差异性成长性，不超过200字。

附件2

农业品牌精品培育计划
区域公用品牌核心授权使用主体和产品
推荐表

区域公用品牌名称：

核心授权使用主体名称（1～3家）	主体情况	主体资质	发展概况	区域公用品牌使用主体授权证明（附件）	负责人及电话	联系人及电话	核心产品名称（1～2个）	产品简介	产品质量认证（附件）	产品价格（价格区间，单位：元/公斤）	产品图片	备注
	1. 企业成立时间：____年____月 2. 注册资本：______（万元） 3. 简介	1. 省级及以上农业产业化龙头企业或国家级农民合作社（附件） 2. 其他（附件）	1. 2023年总资产____（万元），同比增加（□减少）____% 2. 2023年总负债____（万元），同比增加（□减少）____% 3. 2023年净利润____（万元），同比增加（□减少）____%									

承 诺 书

我方确保推荐的________（区域公用品牌名称）核心授权使用主体和产品相关资质符合要求，推荐材料真实有效。

推荐单位（盖章）

年 月 日

确 认 书

我单位同意推荐________（区域公用品牌名称）核心授权使用主体和产品，经审核，主体信誉良好，相关资质符合要求，产品质量过硬。

特予证明。

审核单位（盖章）

年 月 日

农业农村部关于实施农产品“三品一标”四大行动的通知

（农质发〔2022〕8号）

各省、自治区、直辖市农业农村（农牧）、畜牧兽医、渔业厅（局、委），新疆生产建设兵团农业农村局：

发展绿色、有机、地理标志和达标合格农产品（以下称农产品“三品一标”）是供给适配需求的必然要求，是提高农产品质量品质的有效途径，是提高农业竞争力的重要载体，是提升农安治理能力的创新举措。为推动农产品“三品一标”高质量发展，我部决定实施农产品“三品一标”四大行动（以下称“四大行动”）。有关要求通知如下。

一、准确把握内涵定位，明确行动目标任务

“三品一标”农产品是20世纪90年代以来农业农村部门推动、得到社会广泛认可的安全优质农产品。进入新发展阶段，农产品“三品一标”的内涵外延进一步拓展。守底线方面，将达标合格上市要求，从自愿认证的无公害农产品拓展到所有农产品。拉高线方面，将优质农产品范围从绿色、有机和地理标志农产品，拓展到其他具有高品质特性的农产品。两个“拓展”将更好支撑守底线拉高线一起抓、保安全提品质同步推，加快推动高质量发展和高水平监管。各级农业农村部门要围绕农产品“三品一标”新内涵新定位进一步统一思想、凝聚共识，以实施四大行动为抓手，充分发挥农产品“三品一标”在产品端的带动作用，通过产管并举、产销联动，不断提高农产品质量品质，全产业链拓展增值增效空间，让农产品既要产得出、产得优，也要卖得出、卖得好，将农产品“三品一标”打造成高品质、有口碑的农业“金字招牌”。

二、加强统筹推进，细化行动职责分工

为加强组织领导，农业农村部成立农产品“三品一标”领导小组（见附件1）负责总体统筹协调。农业农村部农产品质量安全监管司牵头组织实施，中国绿色食品发展中心、农业农村部农产品质量安全中心、农业农村部农产品质量标准研究中心、农业农村部食物与营养发展研究所、农业农村部规划设计研究院、全国农业展览馆等部级任务牵头单位按照四大行动实施方案分工，分别制定专项任务实施方案，细化职责分工，抓好任务落实。各省级农业农村部门要强化组织领导，可成立相应协调指导组，

加强与部级任务牵头单位的衔接，结合实际制定并组织落实好本省份实施方案。构建各级农业农村部门统筹协调，绿色食品、农产品质量安全、科研推广等单位积极配合，各类主体主动参与，上下联动、多方协作、分工明确的工作机制。

三、加强支撑保障，确保行动取得实效

各级农业农村部门要利用有关涉农资金，加大对四大行动重点任务的支持力度，将四大行动和国家现代农业产业园、农业现代化示范区、国家农业绿色发展先行区、特色农产品优势区、优势特色产业集群、国家农产品质量安全县、地理标志农产品保护工程、国家数字农业创新应用基地建设工程等项目和农业品牌推选等统筹实施。各地要加强产学研结合，建立专家指导组，依托优势单位搭建相关科技创新、成果转化、标准制修订等技术平台，加快相关技术、标准、装备的研制，强化技术支撑服务。及时总结四大行动成效和经验做法，凝练和推广一批可复制、可推广的典型案例，深入开展技术培训、交流研讨、现场观摩等活动，扩大辐射带动范围，不断提升行动实施成效。

四、加强制度建设，构建长效发展机制

各省级农业农村部门要贯彻落实新修订的《中华人民共和国农产品质量安全法》有关规定，以实施四大行动为契机，建立健全农产品"三品一标"发展相关制度和机制。加快建立优质农产品生产基地目录制度，突出全程质量控制和特征品质，发展以绿色、有机和地理标志农产品为重点的优质农产品。完善地理标志农产品保护和管理机制。全面推进承诺达标合格证，加强与网格化管理、风险监测、质量追溯、信用监管和质量认证衔接；建立绿色、有机和地理标志农产品监督评估机制，按照"谁认证、谁监管"原则，强化证后监测监管，发现问题及时向社会公开，纳入农安信用管理，构建国律自律他律相结合的农安治理机制。抓好示范引领和督促整治，完善农业生产标准化推进机制，推动农业生产和农产品两个"三品一标"协同发展。

请各部级任务牵头单位于10月30日前将任务专项实施方案来报送农业农村部农产品质量安全监管司。请各省级农业农村部门于11月15日前将省级四大行动方案、联络员名单及联系方式报送农业农村部农产品质量安全监管司。

附件：1. 农业农村部农产品"三品一标"领导小组职责及成员单位
2. 优质农产品生产基地建设行动实施方案
3. 农产品品质提升行动实施方案
4. 优质农产品消费促进行动实施方案
5. 达标合格农产品亮证行动实施方案

农业农村部

2022年9月27日

附件1

农业农村部农产品“三品一标”领导小组职责及成员单位

为加强组织领导，农业农村部决定成立农产品“三品一标”领导小组（以下简称“领导小组”），主要职责及成员单位如下：

一、主要职责

贯彻中央一号文件有关部署，落实农业农村部党组有关要求，指导和统筹推动农产品“三品一标”工作，组织开展有关重大问题调研，提出政策建议。组织推动有关会议、规划、行动、方案、政策落实。争取相关政策、资金投入，协调解决有关事项。

二、成员单位

领导小组组长：分管部领导。

成员单位：农业农村部发展规划司、计划财务司、乡村产业发展司、市场与信息化司、科技教育司、农产品质量安全监管司、种植业管理司、畜牧兽医局、渔业渔政管理局，农业农村部农产品质量安全中心，中国绿色食品发展中心。成员由成员单位有关负责同志担任。

领导小组办公室设在农业农村部农产品质量安全监管司，承担领导小组日常工作。

附件2

优质农产品生产基地建设行动实施方案

增加绿色优质农产品供给是农业高质量发展的主攻方向，是城乡居民消费升级的必然要求。为深入贯彻中央一号文件精神，落实部党组统筹推动农业生产和农产品两个“三品一标”的部署要求，实施优质农产品生产基地建设行动，制定本方案。

一、总体思路

以习近平新时代中国特色社会主义思想为指导，深入贯彻“四个最严”“产出来”“管出来”“既要保数量，也要保多样、保质量”要求，按照保供固安全、振兴畅循环的工作定位，以提升绿色优质农产品占比为目标，坚持绿色导向和标准引领，以绿色、有机、地理标志、全程质量控制农产品为重点，聚力优化生产布局、培育生产主体、严格认证管理、提升设施水平，扶持发展一批优质农产品生产基地和重点市、县，做优做强生产供给体系，为增加绿色优质农产品供给、推进农业高质量发展提供有力支撑。

二、工作原则

——标准引领，质量第一。健全优质农产品生产相关产地环境、投入品使用、过程控制、质量分级、基地建设等标准，推进现代农业全产业链标准化。强化全链条监管，严守安全“底线”，提升品质“高线”。

——优化供给，分类推进。对标城乡居民对高品质农产品需求，立足各地市场定位和资源禀赋，优化布局，突出优势，强化特色，分类推进优质农产品生产基地建设，着力提升绿色优质农产品供给能力。

——生态优先，绿色发展。严把优质农产品生产的源头关。净化产地环境，推行绿色生产方式，促进投入品减量化、生产清洁化、废弃物资源化和产业模式生态化，将生态优势转化为高质量发展的产业优势。

——政府引导，市场主导。充分发挥政府在产业规划、政策支持、资金投入、监督管理等方面的引导作用，强化部地协同和示范带动。建立健全以市场为导向的优质优价机制，增强农民、企业和社会力量参与基地建设的积极性。

三、工作目标

在全国范围引导建设50个优质农产品生产重点市、500个优质农产品生产重点县、5 000个优质农产品生产基地，形成以基地为核心的优质农产品生产供给体系。到“十四五”末，绿色有机地理标志农产品总数达到7万个，绿色优质农产品产量占全部农产品的比重提升到20%。

四、实施重点

（一）强化优质农产品生产基地布局和建设。聚焦稳产保供和消费升级，推动各地以绿色有机地理标志农产品为重点，布局建设一批产地清洁、生产绿色、全程贯标、品质优良的优质农产品生产基地。重点打造4类基地：突出精品定位，打造绿色食品生产和原料基地；突出生态环保，打造有机农产品基地；突出特征品质，打造地理标志农产品核心基地；突出全程控制，打造绿色优质农产品生产基地。支持在优势区域，主要依托国家农产品质量安全县、绿色食品原料标准化生产基地等平台，打造优质农产品生产重点市、县。

（二）建立健全绿色优质农产品标准体系。围绕主导品种，按照“有标贯标、缺标补标、低标提标”的原则，加快产地环境、品种种质、生产技术、投入品管控、加工储运、包装标识、分等分级、品牌营销等方面标准的修订，建立健全现代农业全产业链标准体系。构建农产品品质核心指标体系，制定质量分级标准，开展优质农产品品质评价。分类制定优质农产品生产基地建设标准，推动基地按标建设。

（三）集成推广可持续的绿色生产模式。加强产地环境保护，严防工业“三废”、不符合标准的畜禽粪污和投入品废弃物等污染基地环境。加强产学研合作，推行种养结合、农牧循环等绿色模式，支持应用绿色生资，推广减肥减药、有机肥替代化肥、畜禽粪污资源化利用等绿色生产技术。依托优质农产品科技成果转化试验站，开展定位监测及绿色发展效益评估。持续推动青海绿色有机农畜产品输出地和江西绿色有机农产品基地试点省建设，打造整省域推动绿色优质农产品发展模式。

（四）严格实施按标生产和生产档案制度。推动生产操作规程“进企入户”，制定与生产模式相配套的标准综合体和生产操作规程，编制简明易懂的生产模式图、操作明白纸和风险管控手册，推动标准落地。鼓励生产基地设立标牌，标明基地的种养品种、范围规模、技术措施、责任主体等内容。指导基地建立农事操作和生产资料档案，严格落实生产记录、种植养殖用药记录等制度，加强生产过程统一管理。

（五）强化全链条质量安全监管。强化生产者主体责任，建立基地内检员队伍，落实自控自检要求，规范开具承诺达标合格证。建立健全信用档案，推动质量安全情况公示公开。加强质量追溯管理，推动建立信息化质量控制体系，探索智慧监管模式。加强基地的日常巡查和监督抽查。严格认证管理，加强绿色有机地理标志农产品的风险监测和证后监管。加强经销商、消费者的质量安全社会化监督。

（六）提升基地辐射示范带动能力。引导龙头企业、家庭农场、农民合作社等农业经营主体参与基地建设，培育壮大生产主体。支持依托基地，打造绿色有机地理标志农产品精品品牌，建立优质优价机制。支持基地开展专业化全程化生产技术服务，鼓励发展“公司+基地+农户”、订单农业等模式，通过统一品种、统一技术、统一管理，促进产业与标准、技术、品牌、服务深度融合，带动区域产业升级和农民增收。

五、实施方式

建立优质农产品生产基地和重点市、县目录制度，经按标建设、省级验收、部级复核后纳入目录管理。通过强化政策驱动、政府推动、市场拉动、示范带动等手段推动建设。

（一）制定方案。农业农村部农产品质量安全监管司牵头组织制定基地建设行动实施方案，发布优质农产品生产基地和重点市、县目录。省级农业农村部门制定本区域基地建设方案，报农产品质量安全监管司备案。

（二）按标建设。农业农村部农产品质量安全监管司会同中国绿色食品发展中心、农业农村部农产品质量安全中心等有关单位，分类制定相关基地建设标准及重点市、县标准。省级农业农村部门按照基地建设标准组织有关市县开展建设，并做好验收。

（三）复核公布。农业农村部农产品质量安全监管司会同相关单位，对各省份验收合格的生产基地和重点市、县进行复核，复核通过的纳入目录管理，按程序向社会公布。

（四）动态管理。省级农业农村部门开展本区域优质农产品生产基地和重点市、县的监督指导、日常管理。农业农村部农产品质量安全监管司会同有关单位不定期组织督促指导，对于发生重大农产品质量安全事件、不符合相关要求或存在违规违法行为的，从目录中删除。

六、保障措施

（一）加强组织领导。发挥农业农村部农产品“三品一标”领导小组作用，加强统筹协调，强化指导服务，推动措施落实。省级农业农村部门应成立相应的推进工作组和专家咨询组，细化实施方案，强化任务落实。基地所在地市县农业农村部门要整合有关资源，抓好具体实施。中国绿色食品发展中心、农业农村部农产品质量安全中心等单位要发挥体系作用，做好相关组织和技术指导。

（二）加强政策扶持。鼓励各地在国家现代农业产业园、农业现代化示范区、国家农业绿色发展先行区、特色农产品优势区、优势特色产业集群、国家数字农业创新应用基地建设工程、智慧农业技术创新工程等项目和农业品牌培育等工作中，统筹对基地建设给予支持。地理标志农产品保护工程向重点市、县和优质农产品生产基地倾斜。优先支持符合条件的基地产品申请绿色、有机等农产品认证。

（三）加强技术支撑。专家咨询组加强对优质农产品生产基地和重点市、县建设的技术指导。各省级农业农村部门加强技术指导和培训，各优质农产品生产基地和重点市、县要与有关科研院所建立合作机制，建立技术专家组，示范先进技术装备，推广绿色生产模式，提升产品质量品质。研究制定绿色优质农产品占比、农业标准化生产普及率等高质量发展指标，将基地作为重要测算依据。

（四）加强产销对接。持续加大基地产品的宣传推介、产销对接和市场培育。运用广播电视、报纸、网站、新媒体等各类媒体媒介，广泛宣传报道。利用中国国际农产品交易会等平台渠道，扩大展示推介。各地及时总结建设成果，宣传经验做法，为行动实施营造良好氛围。

附件3

农产品品质提升行动实施方案

农产品品质提升是推动农产品优质化、特色化、品牌化的关键举措，是推动农业高质量发展、满足城乡居民消费升级需求的重要抓手。为深入贯彻中央一号文件精神，落实部党组统筹推动农业生产和农产品两个“三品一标”部署要求，实施农产品品质提升行动，制定本方案。

一、总体思路

以习近平新时代中国特色社会主义思想为指导，按照保供固安全、振兴畅循环的工作定位，对标人民群众对高品质生活需求，以提升农产品品质和特色为目标，坚持标准引领和创新驱动，围绕优良品种、绿色技术、标准体系、品质评价、分等分级等关键环节，聚集资源要素，强化科技支撑，突出集成示范，实施效益评估，不断创新技术模式和发展机制，建立完善农产品品质保障体系，为增加绿色优质农产品有效供给、促进农业高质量发展提供有力支撑。

二、工作原则

——坚持标准引领。以安全、绿色、优质、营养为梯次，建立健全绿色优质农产品的质量标准体系，加快农产品品质指标及有关标准研制，推动绿色有机地理标志农产品实施现代农业全产业链标准化，打造高标准引领品质提升示范典型。

——坚持绿色导向。始终将绿色生态作为高品质农产品底色。践行绿色发展理念，创新绿色发展模式，推行绿色生产方式，实现投入品减量化、生产清洁化、废弃物资源化、产业模式生态化。

——坚持守正创新。坚持绿色有机地理标志农产品发展理念不动摇。在注重保护传统特色品种和耕作方式的基础上，集成创新先进绿色生产技术，推动农业生产专业化、标准化、集约化，使其焕发新生机。

——坚持系统提升。围绕全产业链条，以优良品种、产地环境、生产模式、品质评价、包装标识等为重点，全面提升农产品优质化、特色化水平。加强绿色、有机农产品认证管理，培育发展地理标志农产品，强化农产品质量监管。

三、工作目标

围绕农产品品质提升，推出“五个一百”建设，培优100个区域特色品种，集成推广100项绿色生产技术，构建100项农产品特征品质指标体系，制修订100项区域性生产操作规程和质量等级标准，布局建设100个优质农产品科技成果转化试验站。到“十四五”末，通过技术集成和模式创新，构建一套标准化引领品质提升的技术模式和推进机制，让品质提升可量化、可评估、可感知。

四、实施重点

（一）培优区域特色品种。以地理标志农产品保护工程为主要依托，坚持种质保护与品种培优相结合，挖掘传统品种优良基因，开展地区特色品种提纯复壮，加强适用于减肥减药、生态循环等绿色生产方式种质种苗的选育培育，培优推广一批区域优良品种。建设一批特色品种繁育基地，提升特色农产品苗种的供给能力。

（二）集成推广绿色生产技术。引导生产基地与大专院校、科研院所合作，强化多学科融合和产学研协同创新，集成研发推广一批产地清洁、品种培优、节水灌溉、减肥减药、废弃物循环利用、农产品收储运和加工等绿色生产技术模式。支持绿色有机地理标志农产品生产基地全面推行种养结合、农牧循环等绿色清洁新模式。

（三）编制区域性生产操作规程。支持各地结合农业高质量发展需要，聚焦粮油、果蔬、畜禽、水产等主导产业，因地制宜制定区域性生产操作规程，组织编印科普手册、明白纸、操作卡、挂图和风险防控手册。推动操作规程“进企入户”，加强对企业、农民专业合作社、家庭农场和农户的标准化生产培训，提升按标生产意识和水平。

（四）构建特征品质指标体系。选取典型品种，突出特色风味、口感和营养品质，通过比对分析国内外相关产品指标参数和先进标准，结合现代检验检测手段，挖掘农产品特征品质指标，构建与国际接轨、符合高质量发展要求的农产品品质指标体系。组织开展绿色有机地理标志农产品特征品质评价和指标监测，建立地理标志农产品品质数据库。

（五）开展品质提升集成示范。聚焦地方主导产业和特色农产品，发挥科研院校、农技推广、企业的科技研发、生产实践、技术集成、示范推广的优势，以优质农产品基地为主要载体，围绕品质提升，加强优良品种、生产技术、操作规程、品质评价等集成示范。在重点地区，布局建设一批优质农产品科技成果转化试验站，加强技术性能评价和生态效益评估。

五、实施方式

围绕“五个一百”重点任务，采取“边试验、边集成、边示范、边推广”的模式，总结凝练农产品品质提升技术模式和推进机制，遴选发布和示范推广一批有影响力的技术成果和典型模式。

（一）制定方案。农业农村部农产品质量安全监管司会同有关司局总体协调，组织任务牵头单位制定有关工作方案和技术方案，适时启动部署。

（二）实施推进。任务牵头单位联合地方农业农村部门组织实施。培优区域特色品种，由中国绿色食品发展中心牵头协调，各有关市县依托地理标志农产品保护工程具体实施；构建特征品质指标体系，由农业农村部农产品质量标准研究中心、农业农村部食物与营养发展研究所牵头；制修订区域性操作规程和质量分级标准，由中国绿色食品发展中心、农业农村部农产品质量安全中心、农业农村部农产品质量标准研究中心、农业农村部食物与营养发展研究所牵头，集成推广绿色生产技术，由农业农村部农产品质量标准研究中心、农业农村部农产品质量安全中心、农业农村部规划设计研究院牵头；布局优质农产品科技成果转化试验站；由中国绿色食品发展中心牵头，农业农村部规划设计研究院等单位参与。

（三）评估发布。按照“省级推荐、专家评审、部级发布”原则，任务牵头单位和省级农业农村部门结合实际做好相关评估验证和成果推荐。农业农村部农产品质量安全监管司会同有关单位组织专家评审，并以适当形式发布有关成果。

（四）示范推广。任务牵头单位联合省级农业农村部门开展相关工作并加强推广运用，引导当地企业、基地和农户应用新品种、新技术，提升服务水平，并做好总结报送。

六、保障措施

（一）加强组织领导。发挥农业农村部农产品“三品一标”领导小组作用，加强统筹协调，构建上下联动、多方协同的工作格局。任务牵头单位要明确目标任务、具体措施、技术路线和进度安排，组织实施推进。省级农业农村部门应细化实施方案，强化任务落实。

（二）加强政策扶持。地方农业农村部门要依托地理标志农产品保护工程等有关项目资金，支持开展“五个一百”的研究、评审、推广和示范应用等工作。强化信息共享，支持引导金融机构创新金融产品，扩大信贷规模，支持农产品品质提升。

（三）加强应用推广。各地各级农业农村部门要组织有关技术单位、企业、农民专业合作社等参与试验研究和示范推广，加快推进新品种、新技术的推广运用。支持科研机构开展创新研究，加快选育突破性品种，创新绿色生产技术装备。

附件4

优质农产品消费促进行动实施方案

促进优质农产品消费是实现农产品优质优价、增强发展内生动力的重要举措，是不断满足人民群众对高品质生活需求的必然要求。为深入贯彻中央一号文件精神，认真落实部党组统筹推动农业生产和农产品两个“三品一标”的部署要求，实施优质农产品消费促进行动，制定本方案。

一、总体思路

坚持以习近平新时代中国特色社会主义思想为指导，全面落实“四个最严”“产出来”“管出来”“既要保数量，也要保多样、保质量”等重要要求，按照保供固安全、振兴畅循环的工作定位，以提高优质农产品市场占有率为目标，以绿色有机地理标志农产品为重点，加强品牌培育，打造宣传平台，举办标志性活动，建强营销渠道，全产业链拓展增值增效空间，让农产品“三品一标”既要产得出、产得优，也要卖得出、卖得好，成为高品质、有口碑的“金字招牌”。

二、工作原则

——质量第一，品牌提升。对标国际先进标准，严守质量生命线，把优质农产品打造成为政府信任、企业信服、公众信赖的优秀品牌。

——创新方式，产销联动。充分调动和发挥地方资源和媒体资源优势，结合各地区实际，因地制宜，开拓创新，上下联动，共同推动，营造绿色优质农产品发展的良好氛围。

——政府引导，市场主导。充分发挥政府在规划引导、政策支持、资金投入、监督管理等方面的推动作用。发挥市场在资源配置中的决定性作用，通过优质优价市场机制，激发广大企业和农户发展绿色优质农产品的内生动力。

三、工作目标

“十四五”期间，围绕全面叫响农产品“三品一标”，持续培育一批绿色优质农产品品牌，持续打造一批公益宣传平台，持续开展一批标志性宣贯活动，不断增强市场对优质农产品的认知度和美誉度。推动“十百千万”工程，在全国范围推动、引导、鼓励、支持市场主体设立10大电商专馆、100家市场专区、1 000家商超专柜，培养1万名推广专员。建立健全优质优价机制。

四、实施重点

（一）加快培育绿色优质农产品品牌。按照《农业品牌精品培育计划》有关要求，支持农业产业化龙头企业、食品骨干企业、出口企业和农民专业合作社示范社，加快技术迭代和质量升级，打造以绿色有机地理标志农产品为核心的绿色优质农产品品牌。支持脱贫地区加快绿色、有机农产品认证，设立绿色通道，提供技术指导，支持打造一批特色农产品品牌。

（二）打造“三展一训”宣传平台。持续打造中国绿色食品博览会、有机食品博览会、中国国际农产品交易会地标专展、农产品“三品一标”培训的“三展一训”公益宣传平台。推进国家地理标志农产品展示体验馆建设。鼓励地方举办优质农产品区域性专业展会，推动建立多层次、专业化公益宣传平台。

（三）多形式开展产销对接活动。持续开展绿色食品宣传月、地标农品中国行、名特优新农产品推介等活动。引导支持农批、商超、电商、餐饮、集采等采购商单位对接绿色优质农产品，广泛邀请政产学研企参加行业性活动。运用“三微一端”等新媒体进一步强化产销对接。开展市场信息交流服务，促进厂商合作。

（四）建强专业化推广渠道。实施“十百千万”工程，加强与大型知名电商平台合作，设立绿色有机地理标志农产品电商专馆，支持优质农产品生产基地和有关营销企业建设电商平台。引导批发市场、大型商超等设立优质农产品销售专区、专柜，健全营销网点和渠道。加强优质农产品推广队伍培训和管理，有针对性地培养一批绿色有机地理标志农产品推广专员。

五、实施方式

按照“政府搭建平台、平台整合资源、资源推动发展”思路，建立政府引导与市场主导相结合的优质农产品消费促进机制。

（一）启动部署。农业农村部农产品质量安全监管司会同市场与信息化司，组织中国绿色食品发展中心等单位适时启动部署。

（二）组织实施。按照实施方案，中国绿色食品发展中心等单位依托中国绿色食品博览会、有机食品博览会、中国国际农产品交易会地标专展等宣传推介平台，加强优质农产品品牌宣传、产销对接和营销服务，指导省级农业农村部门实施“十百千万”工程。省级农业农村部门结合本省实际，明确目标任务、具体措施、进度安排、支撑保障，推动任务落实落地。

（三）总结凝练。部省协同打造一批有影响力的部级、省级产销对接平台。省级农业农村部门负责对本省组织的宣传推介活动和“十百千万”工程进展情况进行调度，每年年底将有关情况报农业农村部农产品质量安全监管司。

六、保障措施

（一）加强组织领导。发挥农业农村部农产品“三品一标”领导小组作用，加强统筹协调，强化指导服务，推动措施落实。省级农业农村部门应成立相应的推进工作组，细化实施方案，统筹项目资金，强化任务落实。

（二）创新工作机制。鼓励各地依托地理标志农产品保护工程，建立激励机制，推动“十百千万”工程。鼓励各地抓住传统节日、节庆假日和网络消费热点时机，因地制宜组织各类农产品消费促进活动。加强产品质量追溯管理和信用管理，创新农安治理新机制。

（三）强化总结宣传。及时总结经验做法、典型模式、发展成果和工作成效，形成工作简报、实施动态等信息材料。研究典型案例，组织互动交流，凝练工作机制。充分利用各种媒体，持续宣传报道，为优质农产品消费营造良好氛围。

附件5

达标合格农产品亮证行动实施方案

食用农产品承诺达标合格证制度是落实农产品生产经营者主体责任、提升农产品质量安全治理能力的有效途径，是农产品质量安全管理领域中一项管长远的制度创新，已经上升为法定制度。为深入贯彻新修订的农产品质量安全法和2022年中央一号文件精神，落实部党组统筹推动农业生产和农产品两个“三品一标”部署要求，实施达标合格农产品亮证行动，特制定本方案。

一、思路目标

以习近平新时代中国特色社会主义思想为指导，全面落实习近平总书记“四个最严”“产出来”“管出来”等重要指示精神和党中央、国务院决策部署，按照保供固安全、振兴畅循环的工作定位和农产品“三品一标”总体部署，以全面推行承诺达标合格证制度、提高社会认知度为目标，通过全员联动、全程推动、携手拉动展示互动等举措，引导食用农产品生产经营者树牢“不合格、不上市”理念，让承诺达标合格证真正成为生产经营主体的质量安全信用证、达标农产品的质量安全身份证。

二、重点任务

（一）推动基层网格“全员联动”。充分发挥基层农技推广机构作用，加强科学用药宣传培训，指导生产者严格落实农药安全间隔期、兽药休药期等安全生产要求和质量安全管控技术性指导意见，推进标准化生产。组织县级检测机构和乡镇农产品质量安全监管公共服务机构为生产者提供便捷的快速检测服务，推广常规农药快速检测方法应用，支持有条件的地方设立村级农产品质量安全服务站点，为周边生产者提供自助快检、自助开证等服务。鼓励农产品生产企业、农民专业合作社共享农产品快检设备，带动周边农户加强自控自检。

（二）健全从产到销“全程推动”。督促农产品生产企业、农民专业合作社规范化开具承诺达标合格证，确保应开尽开，指导其在种植养殖基地主动公示质量安全承诺书，张贴禁限用药物清单和质量安全管理制度。指导从事农产品收购的单位或个人在收购农产品时收取并保存承诺达标合格证，对收购农产品进行混装或者分装后销售的，按规定开具承诺达标合格证。会同相关部门推动辖区内农产品批发市场建立健全承诺达标合格证查验等制度，提升销售者主动亮证积极性。

（三）创新线上线下“携手拉动”。推行承诺达标合格证电子化、信息化管理，将承诺达标合格证开具管理信息联通省级或地方农产品质量安全监管平台，逐步实现线上开证、线上查询、线上亮证等。加快适应农产品线上销售新业态的要求，主动与生鲜电商平台、直播平台等沟通协作，将承诺达标合格证在门户网站、APP、小程序、直播平台等农产品营销宣传页上醒目亮证。充分利用云开具、云交易、云展览等方式，推动实现带证农产品全流程、全场景线上推介，结合线下生产销售网络，做好与学校食堂、大型商超、集团采购对接，拓宽农产品销售渠道，提升品牌影响力，提振消费信心。

（四）组织社会力量“展示互动”。积极创新达标合格农产品亮证活动形式，组织各类媒体开展亮证宣传报道。举办宣传周、主题日等“亮证”展示活动，组织消费者进基地、进市场，切实了解承诺达标合格证的作用，营造全社会关注承诺达标合格证的良好氛围。拓展承诺达标合格证“亮证”应用场景，扫描合格证二维码可查询生产记录、追溯、信用等级以及产品认证等信息，进一步体现达标内涵，凸显承诺要义，探索承诺达标合格证附带品牌宣传、产地直销、社会监督评价等功能。展示各类主体“亮证”成果，宣传推介一批样式新颖、信息详实、口碑人气俱佳的典型事例。

三、组织实施

（一）制定实施方案。各省级农业农村部门要高度重视，结合贯彻落实新修订的农产品质量安全法，细化制定亮证行动实施方案，明确目标任务、具体措施、进度安排、支撑保障等内容，将实施“亮证”行动作为推广普及承诺达标合格证制度的一项重要举措，尽快在全省（自治区、直辖市）范围内部署启动。将“亮证”与参加展示展销，参评各类品牌、奖项和项目支持等相挂钩。

（二）开展系列活动。各省级农业农村部门统筹协调，指导辖区内各级农业农村部门与市场监管、教育等相关部门，电商、物流、市场等平台及各类媒体加强合作，组织开展达标合格农产品进超市、进社区、进机关、进学校等一系列内容丰富、形式多样、喜闻乐见的现场活动。鼓励各地强化交流互动，联合推动承诺达标合格证跨区域“亮证”。农业农村部农产品质量安全监管司将加强对各地“亮证”活动的调度和指导，适时组织开展全国性现场活动。

（三）强化宣传推广。各级农业农村部门要持续扩大“亮证”覆盖范围，提升“亮证”行动影响力，总结典型经验、宣传亮点做法，形成工作简报和总结材料，推广可复制、可操作的承诺达标合格证应用创新模式。充分利用各类媒体，加大对样板做法和工作成效的宣传力度，为全面推进承诺达标合格证制度营造良好氛围。

（四）凝练长效机制。各省级农业农村部门要全面总结“亮证”行动中的有效做法，联合有关部门、协会、市场主体等，共同建立健全乡镇农产品质量安全监管公共服务机构快检服务、农产品入市收取查看承诺达标合格证、网络销售产地直销农产品“亮证”等长效机制。

关于印发《上海市农产品“三品一标”四大行动实施方案》的通知

（沪农委〔2023〕20号）

各区农业农村委，各有关单位：

发展绿色、有机、地理标志和达标合格农产品（简称农产品“三品一标”）是提高优质农产品供给的有效途径，是提高农业标准化水平的重要载体。为贯彻落实《农业农村部关于实施农产品“三品一标”四大行动的通知》（农质发〔2022〕8号）文件要求，助推本市农业高质量发展，我委制定了本市农产品“三品一标”四大行动实施方案，现予印发。请结合实际认真抓好落实。

特此通知。

附件：1. 上海市农产品“三品一标”领导小组成员单位及职责分工

2. 上海市优质农产品生产基地建设行动实施方案

3. 上海市农产品品质提升行动实施方案

4. 上海市优质农产品消费促进行动实施方案

5. 上海市达标合格农产品亮证行动实施方案

上海市农业农村委员会

2023年2月3日

附件1

上海市农产品“三品一标”领导小组成员单位及职责分工

为加强组织领导，有力推动农产品“三品一标”四大行动，现成立上海市农产品“三品一标”领导小组：

成员：市农业农村委农产品质量安全监督管理处、发展规划处、计划财务处、农村合作经济指导处、产业发展处、市场与信息化处、科技教育处、种业管理处、种植业管理处、蔬菜办、畜牧兽医处、渔业处、执法总队、市农产品质量安全中心、市农业技术推广服务中心、市动物疫病预防控制中心、市水产研究所、市农业展览馆、市农业科学院农产品质量标准与检测技术研究所等成员单位负责人。

领导小组办公室设在市农业农村委农产品质量安全监督管理处，承担领导小组日常工作。

为贯彻落实《农业农村部关于实施农产品“三品一标”四大行动的通知》要求，指导和统筹推动农产品“三品一标”。组织推动有关会议、规划、行动、方案、政策落实，协调解决有关事项。各项重点任务、成员单位主要职责分工如下：

1. 优质农产品生产基地建设行动

建立优质农产品生产基地目录制度、强化优质农产品生产基地布局和建设、分类制定绿色优质农产品生产基地标准、强化基地质量安全监管、提升基地辐射示范带动能力。

牵头单位：市农业农村委农产品质量安全监督管理处

承担单位：市农产品质量安全中心

参与单位：其他相关成员单位

2. 农产品品质提升行动

培优区域特色品种、构建特征品质指标体系、编制区域性生产操作规程和质量分级标准、集成推广绿色生产技术、建设优质农产品科技成果转化试验站、开展农产品营养品质宣传科普。

牵头单位：市农业农村委农产品质量安全监督管理处

承担单位：市农产品质量安全中心、市农业科学院农产品质量标准与检测技术研究所

参与单位：其他相关成员单位

3. 优质农产品消费促进行动

加快培育绿色优质农产品品牌、持续打造“三展一训”宣传平台、开展多形式产销对接活动、建强专业化推广渠道。

牵头单位：市农业农村委农产品质量安全监督管理处、市场与信息化处、产业发展处

承担单位：市农产品质量安全中心、市农业展览馆

参与单位：其他相关成员单位

4. 达标合格农产品亮证行动

强化亮证服务能力、依法推进全程亮证、推行承诺达标合格证信息化管理、推动农产品销售多场景亮证、开展达标合格农产品亮证活动、宣传展示典型案例。

牵头单位：市农业农村委农产品质量安全监督管理处

承担单位：市农业农村委执法总队、市农产品质量安全中心

参与单位：其他相关成员单位

附件2

上海市优质农产品生产基地建设行动实施方案

优质农产品生产基地建设行动是农产品“三品一标”四大行动之一，是增加绿色优质农产品有效供给的重要载体。为深入贯彻落实《农业农村部关于实施农产品“三品一标”四大行动的通知》（农质发〔2022〕8号）文件要求，实施好本市优质农产品生产基地建设行动，制定本方案。

一、总体思路

以习近平新时代中国特色社会主义思想为指导，深入贯彻“四个最严”“产出来”“管出来”“既要保数量、也要保多样、保质量”要求，按照保供固安全、振兴畅循环的工作定位，以提升绿色优质农产品占比为目标，以绿色、有机、地理标志、全程质量控制农产品为重点，聚力优化生产布局、培育生产主体、严格认证管理、提升设施水平，扶持发展一批优质农产品生产基地、优质农产品基地生产重点区，做优做强生产供给体系，为增加绿色优质农产品供给、推进农业高质量发展提供有力支撑。

二、工作原则

（一）标准引领，质量第一。大力实施标准化行动计划，以品种模式为主线，建立健全涵盖产地环境、投入品使用、过程控制、质量分级、基地建设等环节的现代农业全产业链标准，强化全链条监管，严守安全“底线”，提升品质“高线”。

（二）优化供给，分类推进。围绕市场需求，立足实现地产农产品绿色化、优质化的目标，以组织化和专业化程度较高的基地为重点，分区域分品种打造一批有竞争力的优质农产品生产基地，着力提升全市绿色优质农产品供给能力。

（三）生态优先，绿色发展。严把优质农产品生产的源头关。净化产地环境，推行绿色生产方式，促进投入品减量化、生产清洁化、废弃物资源化和产业模式生态化，将生态优势转化为高质量发展的产业优势。

（四）政府引导，市场主导。充分发挥政府在产业规划、政策支持、资金投入、监督管理等方面的引导作用，通过项目配套、奖补等方式，强化市区协同和示范带动。建立健全以市场为导向的优质优价机制，增强农民、企业和社会力量参与基地建设的积极性。

三、工作目标

在全市范围引导建设优质农产品生产重点区、生产基地，形成以基地为核心的优质农产品生产供给体系。到“十四五”末，建设1个国家级优质农产品生产重点区、5个国家级优质农产品生产基地，绿色有机地理标志农产品总数达到1 800个，全市绿色优质农产品产量占地产农产品总产量的比重达30%以上。同时，持续推进上海市农产品绿色生产基地建设，建设5个市级优质农产品生产重点区、30个市级优质农产品生产基地，全面推行绿色生产方式，逐步形成覆盖全产业、全区域和全主体的都市农业绿色生产格局。

四、实施重点

（一）示范打造优质农产品生产重点区。依托国家农产品质量安全县、现代农业产业园、绿色田园先行片区、地理标志农产品保护工程、绿色食品原料标准化生产基地等平台，突出地方管理优势、资源优势、产业优势、品牌影响力，开展优质农产品生产重点市、区创建，努力形成以提高绿色优质农产品供给为主攻方向的标准化生产长效机制。

（二）布局建设优质农产品生产基地。聚焦稳产保供和市场需求，以绿色有机地理标志农产品为重点，各区布局建设一批集产地清洁、生产绿色、全程贯标、品质优良的优质农产品生产基地，因地制宜、突出特色。重点打造4类基地：突出精品定位，打造绿色食品生产和原料基地；突出生态环保，打造有机农产品基地；突出特征品质，打造地理标志农产品核心基地；突出全程控制，打造绿色优质农产品生产基地。按照“成熟一个、发展一个”的思路，大力培育市级优质农产品生产基地，逐步迈进国家级优质农产品生产基地梯队。

（三）建立健全绿色优质农产品标准体系。围绕本市粮食、蔬菜、果品、畜产品、水产品等产业，聚焦主导品种，建立健全涵盖产地环境、品种种质、生产技术、投入品管控、加工储运、包装标识、分等分级、品牌营销等环节的现代农业全产业链标准体系，推进全产业链标准化生产。

（四）集成推广可持续绿色生产模式。围绕主要种养品种，集成推广一批高产高效、资源节约、生态环保的绿色生产技术模式，从农业生产过程中投入品规范使用、病虫草害绿色防控技术应用、疫病防治和病死畜禽无害化处理等方面实施全过程质量控制管理，标准化生产率达到100%。

（五）严格实施按标生产和生产档案制度。推动生产操作规程“进企入户”，制定完善生产操作规程，制定与生产模式相配套的标准综合体，编制简明易懂的明白纸。严格落实生产记录、种植养殖用药记录等制度，依标生产、依规管理，实现基地生产可查询、过程可追溯。推动基地设立标识牌，标明种养品种、范围规模、技术措施、责任主体等内容。

（六）强化全链条质量安全监管。强化生产者主体责任，建立基地内检员队伍，建立农产品生产记录，落实自控自检和信息追溯管理要求，规范开具承诺达标合格证。健全农产品生产主体信用档案，推动质量安全情况公示公开。加强质量追溯管理，推动建立信息化质量控制体系，探索智慧监管模式。加强基地的日常巡查和监督抽查。严格认证管理，加强绿色有机地理标志农产品的风险监测和证后监管。加强经销商、消费者的质量安全社会化监督。

（七）提升基地辐射示范带动能力。引导龙头企业、家庭农场、农民合作社等农业经营主体参与基地建设，培育壮大生产主体。支持依托基地，打造绿色有机地理标志农产品精品品牌，建立优质优价机制。支持基地开展专业化全程化生产技术服务，鼓励发展“公司+基地+农户”、订单农业等模式，通过统一品种、统一技术、统一管理，促进产业与标准、技术、品牌、服务深度融合，带动区域产业升级和农民增收。

五、实施方式

实行优质农产品生产基地和重点区目录制度，经按标建设、市级验收、部级复核后纳入目录管理。通过强化政策驱动、政府推动、市场拉动、示范带动等手段推动建设。

（一）按标建设。按照农业农村部制定的建设标准，市农业农村委组织开展国家级重点区、基地建设，并实施验收。各区组织开展市级重点区、基地建设，并在市农业农村委的指导下实施验收。

（二）复核公布。市农业农村委将验收合格的国家级生产基地和重点区上报农业农村部复核，复核通过的纳入目录管理，按程序向社会公布。各区将验收合格的市级生产基地、重点区上报市农业农村复核并公布。

（三）动态管理。市农业农村委组织对国家级优质农产品生产基地和重点区进行监督指导，各区对本区域内市级优质农产品生产基地进行监督指导及日常管理，对发生重大农产品质量安全事件、不符合相关要求或存在违规违法行为的，从目录中删除。

六、保障措施

（一）加强组织领导。市农业农村委“三品一标”领导小组负责全市优质农产品生产基地建设行动的统一管理。各区应成立相应的领导小组，组建工作专班，整合资源，抓好落实。

（二）加强政策扶持。充分发挥优质农产品生产基地建设与国家现代农业产业园、农业现代化示范区、现代农业产业园、绿色田园先行片区、特色农产品优势区、优势特色产业集群和农业品牌培育等农业新建（在建）项目融合发展的作用，争取基地建设扶持资金。地理标志农产品保护工程向重点区和优质农产品生产基地倾斜。优先支持符合条件的基地产品申请绿色、有机等农产品认证。

（三）加强技术支撑。组建市区两级专家组，加强对优质农产品生产基地和重点区建设的技术指导及培训，示范先进技术装备，推广绿色生产模式，加大技术培训力度，提升产品质量品质。

（四）加强产销对接。加大基地产品宣传推介、产销对接和市场培育。运用广播电视、网站、新媒体等各类媒体媒介，广泛宣传报道。利用“鱼米之乡”、“上农APP”绿色专栏、评优品鉴活动等平台渠道，扩大展示推介。各区要及时总结建设成果，宣传经验做法，为行动实施营造良好氛围。

附件3

上海市农产品品质提升行动实施方案

农产品品质提升是推动农产品优质化、特色化、品牌化的关键举措，是推动农业高质量发展的重要抓手。为深入贯彻落实《农业农村部关于实施农产品“三品一标”四大行动的通知》（农质发〔2022〕8号）文件要求，实施好本市农产品品质提升行动，制定本方案。

一、指导思想

以习近平新时代中国特色社会主义思想为指导，全面贯彻党的二十大精神和“人民城市人民建，人民城市为人民”重要理念，按照保供固安全、振兴畅循环的工作定位，对标人民群众对美好生活的向往，以提升农产品品质和特色为目标，坚持标准引领和创新驱动，围绕优良品种、绿色技术、标准体系、品质评价、分等分级等关键环节，聚集资源要素，强化科技支撑，完善农产品品质保障体系，为增加绿色优质农产品的有效供给、促进农业高质量发展提供有力支撑。

二、工作原则

（一）坚持标准引领。以安全、绿色、优质、营养为梯次，建立健全绿色优质农产品的质量标准体系，推动绿色有机地理标志农产品实施现代农业全产业链标准化，打造高标准引领品质提升示范典型。

（二）坚持绿色导向。始终将绿色生态作为高品质农产品底色。践行绿色发展理念，创新绿色发展模式，推行绿色生产方式，实现投入品减量化、生产清洁化、废弃物资源化、产业模式生态化。

（三）坚持守正创新。坚持绿色有机地理标志农产品发展理念不动摇。在注重保护传统特色品种和耕作方式的基础上，集成创新先进绿色生产技术，推动农业生产专业化、标准化、集约化，使其焕发新生机。

（四）坚持系统提升。围绕全产业链条，以优良品种、产地环境、生产模式、品质评价、包装标识等为重点，全面提升农产品优质化、特色化水平。加强绿色、有机农产品认证管理，培育发展地理标志农产品，强化农产品质量监管。

三、工作目标

围绕“稳发展优供给，强品牌增效益”的总目标，积极参与农业农村部推出的“五个一百”建设，提升特色品种供给能力，聚焦粮食、蔬果、畜禽、水产等优势特色产业，做精做优5个特色品种；提升优质农产品生产标准化水平，集成推广5项绿色生产技术，制修订5项生产操作规程和质量等级标准；提升地产农产品质量安全品质内涵，深挖农产品核心品质指标，构建5项农产品特征品质指标体系；提升优质农产品科技成果转化能力，布局建设1个优质农产品科技成果转化试验站；建设1个农产品营养品质科普活动站。到“十四五”末，构建一套标准化引领品质提升的技术模式和推进机制，让品质提升可量化、可评估、可感知。

四、实施重点

（一）培优区域特色品种。以地理标志农产品保护工程、名特优新农产品为主要依托，聚焦粮食、蔬果、畜禽、水产等优势特色产业，坚持种质保护与品种培优相结合，挖掘传统品种优良基因，恢复发展一批传统特色品种。以生产需求为导向，加强适用于减肥减药、生态循环等绿色生产方式种质种苗的选育培育，培优推广一批区域优良品种。建设一批特色品种繁育基地，提升特色农产品苗种的供给能力。

（二）集成推广绿色生产技术。引导生产基地与科研院所、标准化技术机构和农技推广部门合作，集成推广一批产地清洁、品种培优、节水灌溉、减肥减药、废弃物循环利用、农产品收储运和加工等绿色生产技术。鼓励绿色食品、有机农产品、地理标志农产品生产基地因地制宜推行种养结合、生态循环等绿色清洁新模式。

（三）编制区域性生产操作规程。支持各区结合农业高质量发展需要，聚焦粮食、蔬果、畜禽、水产等优势特色产业，因地制宜制定生产操作规程，组织编印科普手册、明白纸、操作卡、挂图和风险防控手册。推动操作规程“进企入户”，加强对企业、农民专业合作社、家庭农场和农户的标准化生产培训，提升按标生产意识和水平。

（四）构建特征品质指标体系。以地理标志农产品、名特优新农产品为典型，对比国内外相关产品指标参数和先进标准，围绕特色风味、口感和营养品质，识别其特征性品质指标，构建符合高质量发展要求的农产品品质指标体系。组织开展绿色、有机和地理标志农产品特征品质评价和指标监测，建立地理标志农产品品质数据库。

（五）开展品质提升集成示范。聚焦种植业和特色农产品，以优质农产品基地为主要载体，加强绿色、有机和地理标志农产品认证管理，围绕品质提升，加强优良品种、生产技术、操作规程、品质评价等集成示范，建设一批全产业链标准化示范基地、优质农产品科技成果转化试验站和农产品营养品质科普活动站，加强技术性能评价和科普宣传。

五、实施方式

（一）实施推进。任务牵头单位联合各区及相关技术支撑单位细化工作方案，明确工作措施和进度要求，组织实施培优区域特色品种、构建特征品质指标体系、制修订区域性操作规程和质量分级标准、集成推广绿色生产技术、布局优质农产品科技成果转化试验站和农产品营养品质科普活动站等工作。

（二）成果推荐。按照“市级推荐、专家评审、部级发布”原则，根据农业农村部部署，结合实际做好相关评估验证和成果推荐。

（三）示范推广。各区、各单位要加强推广应用和示范推进，加强农产品品质提升相关成果的推广运用，引导企业、基地和农户应用新品种、新技术，提升服务水平，并做好总结报送。

六、保障措施

（一）强化组织领导。加强统筹协调，构建“上下联动，多方协同，齐抓共推”的工作格局。任务牵头单位要明确目标任务、具体措施、技术路线和进度安排，与各类示范创建、专项行动、重大课题研究等相结合，确保各项举措落到实处、取得实效。

（二）强化政策支持。积极发挥财政资金引导作用，加大均衡性转移支付资金支持绿色农业发展的力度。聚焦绿色食品、有机农产品、地理标志农产品和名特优新农产品，加快引导社会资金投入绿色优质农产品产业，营造多元投入的政策发展环境。

（三）强化宣传引导。及时总结农产品品质提升行动经验做法、发展成果和工作成效，选树典型案例，组织互动交流。充分利用各种媒体，加大宣传报道力度，为优质农产品发展营造良好氛围。

（四）强化应用推广。组织有关技术单位、企业、农民专业合作社等参与试验研究和示范推广，采取“边试验、边集成、边示范、边推广”的模式，加快推进新品种、新技术的推广运用，总结凝练农产品品质提升技术模式和推进机制，示范推广一批有影响力的技术成果和典型模式。

附件4

上海市优质农产品消费促进行动实施方案

促进优质农产品消费是实现农产品优质优价、增强发展内生动力的重要举措，是不断满足人民群众对高品质生活需求的必然要求。为深入贯彻落实《农业农村部关于实施农产品“三品一标”四大行动的通知》（农质发〔2022〕8号）文件要求，实施好本市优质农产品消费促进行动，制定本方案。

一、总体思路

坚持以习近平新时代中国特色社会主义思想为指导，全面落实“四个最严”“产出来”“管出来”“既要保数量，也要保多样、保质量”等重要要求，按照保供固安全、振兴畅循环的工作定位，以绿色有机地理标志农产品为重点，以提高优质农产品市场占有率为目标，围绕市场消费需求，加强品牌培育，打造宣传平台，举办标志性活动，建强营销渠道，全产业链拓展增值增效空间，让农产品“三品一标”既要产得出、产得优，也要卖得出、卖得好，成为高品质、有口碑的“金字招牌”。

二、工作原则

（一）质量第一，品牌提升。严格产品生产标准，严守质量生命线，把优质农产品打造成为政府信任、企业信服、公众信赖的优秀品牌。

（二）创新方式，产销联动。充分调动和发挥地方资源和媒体资源优势，结合各区实际，因地制宜，开拓创新，上下联动，共同推动，营造绿色优质农产品发展的良好氛围。

（三）政府引导，市场主导。充分发挥政府在规划引导、政策支持、资金投入、监督管理等方面的推动作用。发挥市场在资源配置中的决定性作用，通过优质优价市场机制，激发广大企业、农民专业合作社和农户发展绿色优质农产品的内生动力。

三、工作目标

“十四五”期间，围绕全面叫响农产品“三品一标”，持续培育一批绿色优质农产品品牌，持续打造一批公益宣传平台，持续开展一批标志性宣贯活动，不断增强市场对优质农产品的认知度和美誉度。推动“十百千万”工程，在全市范围推动、引导、鼓励、支持市场主体设立4家市场专区、45家商超专柜，培养405名推广专员，建立健全优质优价机制。

四、实施重点

（一）加快培育绿色优质农产品品牌。按照《农业品牌精品培育计划》有关要求，支持培育区域公用品牌和优秀企业品牌，支持农业产业化龙头企业、绿色有机地理标志企业、农民专业合作社和出口企业开展品牌建设，持续开展地产优质农产品品鉴评优和宣传推介活动，及时编制和发布品鉴评优获奖农产品清单，提升地产农产品认同度和知名度；打造以绿色食品、有机农产品、地理标志农产品为核心的绿色优质农产品品牌。

（二）持续打造“三展一训”宣传平台。支持本市优秀企业及品牌充分利用中国绿色食品博览会、有机食品博览会、中国国际农产品交易会地标专展、农产品“三品一标”培训的“三展一训”公益宣传平台，提升品牌影响力。持续在“鱼米之乡”“上农APP”“上海三农”等新媒体推介宣传本市绿色有机地理标志优秀品牌，举办本市优质农产品专业展会，推动建立多层次、专业化公益宣传平台。开展地产农产品品牌测评和农业品牌培训班，增强农业从业者品牌意识。

（三）多形式开展产销对接活动。积极参加农业农村部组织的“绿色食品宣传月”“名特优新农产品推介”等专项活动。加快建设市、区两级农产品产销对接平台，引导支持农批、商超、电商、餐饮等采购商单位对接绿色优质农产品。依托上海农业展览馆、上海西郊国际农产品展示直销中心、“鱼米之乡”等平台，开设专区、专馆和开展线上、线下专场展销活动。支持产加销一体化农业经营主体建立优质农产品集采集配中心。

（四）建强专业化推广渠道。依托“十百千万”工程，鼓励批发市场、大型商超等设立优质农产品销售专区、专柜，拓展销售网点和渠道。充分利用新媒体平台，鼓励生产基地通过网络平台、电视购物、直播带货等形式拓展地产农产品销售渠道。组织开展系列地产优质农产品进公园、进社区、进商超、进展会、进企业等活动，提高市民对地产农产品的共享度、感受度。加强优质农产品推广队伍培训和管理，有针对性地培养一批绿色有机地理标志农产品推广专员。

五、实施方式

（一）启动部署。按照“政府搭建平台、平台整合资源、资源推动发展”思路，建立政府引导与市场主导相结合的优质农产品消费促进机制。按照农业农村部关于优质农产品消费促进行动的统一安排部署，组织各区农业农村委和相关单位适时启动部署。

（二）组织实施。按照实施方案，依托中国绿色食品博览会、有机食品博览会、中国国际农产品交易会地标专展等宣传推介平台，加强优质农产品品牌宣传、产销对接和营销服务。在农业农村部指导下实施“十百千万”工程，明确各区目标任务、具体措施、进度安排、支撑保障，推动任务落实落地。

（三）总结凝练。及时跟进各区宣传推介活动和“十百千万”工程进展情况，加强对全市优质农产品排摸和产销对接情况调度。总结经验做法，选树典型案例，组织互动交流，落实农业农村部工作信息报送制度。

六、保障措施

（一）强化组织领导。充分发挥市级农产品“三品一标”领导小组作用，加强统筹协调，强化指导服务，推动措施落实。各区应成立相应的工作专班，细化实施方案，整合资源，认真落实任务。

（二）强化资源整合。鼓励与国家农产品质量安全县创建、地理标志农产品保护工程等项目有机结合，与产销对接工作协同推进。加强与商务、供销、市场等部门沟通协作，着力形成农产品产销对接工作合力，畅通推广销售渠道，充分抓住传统节日、节庆假日和网络消费热点时机，因地制宜组织开展优质农产品消费促进活动。

（三）强化总结宣传。落实优质农产品消费促进行动工作信息报送制度，及时总结经验做法、发展成果和工作成效。选树典型案例，组织互动交流，凝练工作机制。充分利用各种媒体，持续宣传报道，为优质农产品消费营造良好氛围。

附件5

上海市达标合格农产品亮证行动实施方案

食用农产品承诺达标合格证制度是落实农产品生产经营者主体责任、提升农产品质量安全治理能力的有效途径，是农产品质量安全管理领域中一项管长远的制度创新，已经上升为法定制度。为深入贯彻《中华人民共和国农产品质量安全法》和《农业农村部关于实施农产品“三品一标”四大行动的通知》（农质发〔2022〕8号）文件要求，实施好本市达标合格农产品亮证行动，制定本方案。

一、思想目标

以习近平新时代中国特色社会主义思想为指导，全面落实习近平总书记“四个最严”“产出来”“管出来”等重要指示精神和党中央、国务院决策部署，按照保供固安全、振兴畅循环的工作定位和农产品“三品一标”总体部署，以全面推行承诺达标合格证制度、提高社会认知度为目标，通过全员联动、全程推动、携手拉动、展示互动等举措，引导食用农产品生产经营者树牢“不合格、不上市”理念，让承诺达标合格证真正成为生产经营主体的质量安全信用证、达标农产品的质量安全身份证。

二、重点任务

（一）强化亮证服务能力，推动基层网格“全员联动”。充分发挥基层农技推广机构作用，加强科学用药宣传培训，指导生产者严格落实农药安全间隔期、兽药休药期等安全生产要求和质量安全管控技术性指导意见，推进标准化生产。设立镇级食用农产品承诺达标合格证服务站点，探索集宣传培训、档案核验、快速检测和开证打印于一体的服务模式。鼓励农产品生产企业、合作社共享农产品快检设备，带动周边农户加强自控自检。

（二）依法推进全程亮证，健全从产到销“全程推动”。督促农产品生产企业、农民专业合作社规范化开具承诺达标合格证，确保应开尽开，指导其在种植养殖基地主动公示质量安全承诺书，张贴禁限用药物清单和质量安全管理制度。指导从事农产品收购的单位或个人在收购农产品时收取并保存承诺达标合格证，对收购的农产品进行混装或者分装后销售的，按规定开具承诺达标合格证。会同市场监管部门推动辖区内农产品批发市场建立健全承诺达标合格证查验等制度，提升销售者主动亮证积极性。

（三）推行开证信息化管理，创新线上线下“携手拉动”。依托神农口袋农事操作系统，实现承诺达标合格证、绿色食品标志和申农码“三码合一”，推进农产品带证上市。加快适应农产品线上销售新业态的要求，主动与生鲜电商平台沟通协作，将承诺达标合格证在门户网站、APP、小程序等农产品营销宣传页上醒目亮证。充分利用云开具、云交易、云展览等方式，推动实现带证农产品全流程、全场景线上推介，结合线下生产销售网络，做好与学校食堂、大型商超、集团采购对接，拓宽农产品销售渠道，提升品牌影响力，提振消费信心。

（四）推动农产品销售多场景亮证，组织社会力量“展示互动”。积极创新达标合格农产品亮证活动形式，组织各类媒体开展亮证宣传报道。举办宣传周、主题日等“亮证”展示活动，组织消费者进基地、进市场，切实了解承诺达标合格证的作用，营造全社会关注承诺达标合格证的良好氛围。拓展承诺达标合格证“亮证”应用场景，在长三角一体化示范区开展试点工作，持续推进承诺达标农产品合格证与食品安全信息追溯衔接工作，推动长三角追溯一体化，扫码实现信息可查询、来源可追踪。展示各类主体“亮证”成果，宣传推介一批样式新颖、信息详实、口碑人气俱佳的典型事例。

三、实施范围

（一）实施主体。已实施食用农产品合格证制度的食用农产品生产企业、农民专业合作社、家庭农场。鼓励种植养殖户参与试行。

（二）实施品类。已实施食用农产品合格证制度的品类，包括蔬菜、水果、食用菌、家禽、禽蛋、淡水养殖水产品等食用农产品，重点推进韭菜、芹菜、豇豆、鸡蛋、乌鸡、肉牛、肉羊、大口黑鲈、乌鳢、鳊鱼、大黄鱼等11种食用农产品。

四、组织实施

（一）加强领导，强化培训。各区要高度重视，加强组织领导，细化工作方案，明确区、镇工作推进责任部门，积极发挥财政资金引导作用。组织开展《中华人民共和国农产品质量安全法》普法宣传活动和“亮证”行动工作业务培训，掌握“亮证行动”工作各项要点。结合日常巡查，对生产主体加强指导，充分发挥食用农产品生产主体的示范带动作用。

（二）密切协作，完善机制。各区要加强与市场监管、教育等部门协作，促进与电商、物流、市场等平台及各类媒体的合作，组织开展达标合格农产品进超市、进社区、进机关、进学校等系列活动。鼓励各区强化交流互动，联合推动承诺达标合格证跨区域“亮证”。建立健全镇级农产品质量安全监管站快检服务、农产品入市收取查看承诺达标合格证等长效机制。全面总结“亮证”行动实施成效，加大对典型经验做法和工作成效的宣传力度，营造良好的社会共治氛围。

（三）政策引导，落实奖惩。各区要将“亮证”行动落实情况与农业农村重大创建认定、农业品牌推选、农产品认证、农业展会等“四挂钩”，充分调动食用农产品生产主体的积极性。建立健全农产品质量安全信用体系，将“亮证”行动落实情况纳入生产者信用档案，对于不开具或违规开具承诺达标合格证的，实行联合惩戒。各区要强化对承诺达标合格证制度实施的监督执法，及时查处违法行为，定期开展“亮证”行动督查工作，确保“亮证”行动取得实效。

第二篇

名特优新篇

引 言

培育名特优新农产品，擦亮上海“土特产”金字招牌。发展名特优新农产品是贯彻落实习近平总书记关于“三农”工作重要论述、实施乡村振兴战略和做好“土特产”文章、推动农业高质量发展的重要举措。近年来，上海市一直致力于把名特优新管理工作作为做好“土特产”文章的重要抓手，充分发掘本市优质特色农产品资源，引导开展全国名特优新农产品登录申报，强化品牌宣传与推广，把名特优新农产品打造成重要农产品区域公用品牌，扩大品牌影响力，实现品牌强农和农业提质增效。

第一章　政策引导

第一节　全国名特优新农产品政策引导

一、国家层面政策引导

党的二十大对乡村振兴工作部署，指出要全面推进乡村振兴，加快建设农业强国，扎实推动乡村产业、人才、文化、生态、组织振兴。发展乡村特色产业，拓宽农民增收致富渠道。巩固拓展脱贫攻坚成果，增强脱贫地区和脱贫群众内生发展动力。

2022年12月，中央农村工作会议在北京召开。习近平总书记出席中央农村工作会议并发表重要讲话，对全面推进乡村振兴、加快建设农业强国作出战略部署，产业振兴是乡村振兴的重中之重，要依托农业农村特色资源，向开发农业多种功能、挖掘乡村多元价值要效益，向一二三产业融合发展要效益，加快建设农业强国，推进农业农村现代化，做好“土特产”文章，以“土特产”助力推动乡村振兴。

2024年国务院办公厅《关于践行大食物观构建多元化食物供给体系的意见》中指出，提升食物质量安全水平，实施农业生产和农产品“三品一标”行动，扩大绿色、有机、名特优新和地理标志农产品生产规模。

土特产定义内涵

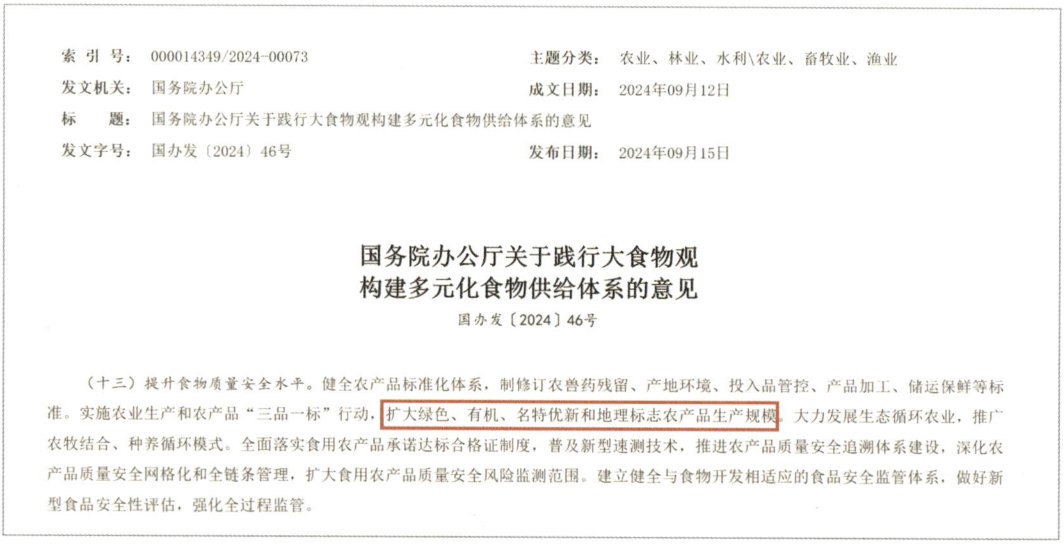

索 引 号：	000014349/2024-00073	主题分类：	农业、林业、水利\农业、畜牧业、渔业
发文机关：	国务院办公厅	成文日期：	2024年09月12日
标　　题：	国务院办公厅关于践行大食物观构建多元化食物供给体系的意见		
发文字号：	国办发〔2024〕46号	发布日期：	2024年09月15日

国务院办公厅关于践行大食物观
构建多元化食物供给体系的意见
国办发〔2024〕46号

（十三）提升食物质量安全水平。健全农产品标准化体系，制修订农兽药残留、产地环境、投入品管控、产品加工、储运保鲜等标准。实施农业生产和农产品“三品一标”行动，扩大绿色、有机、名特优新和地理标志农产品生产规模。大力发展生态循环农业，推广农牧结合、种养循环模式。全面落实食用农产品承诺达标合格证制度，普及新型速测技术，推进农产品质量安全追溯体系建设，深化农产品质量安全网格化和全链条管理，扩大食用农产品质量安全风险监测范围。建立健全与食物开发相适应的食品安全监管体系，做好新型食品安全性评估，强化全过程监管。

2024年国务院办公厅《关于践行大食物观　构建多元化食物供给体系的意见》

2024年农业农村部一号文件《农业农村部关于落实中共中央国务院关于学习运用“千村示范、万村整治”工程经验有力有效推进乡村全面振兴工作部署的实施意见》中指出，增加绿色优质农产品供给，深入实施农业生产和农产品“三品一标”行动，推进品种培优、品质提升、品牌打造和标准化生产，加快绿色、有机、地理标志和名特优新等优质农产品生产基地建设。

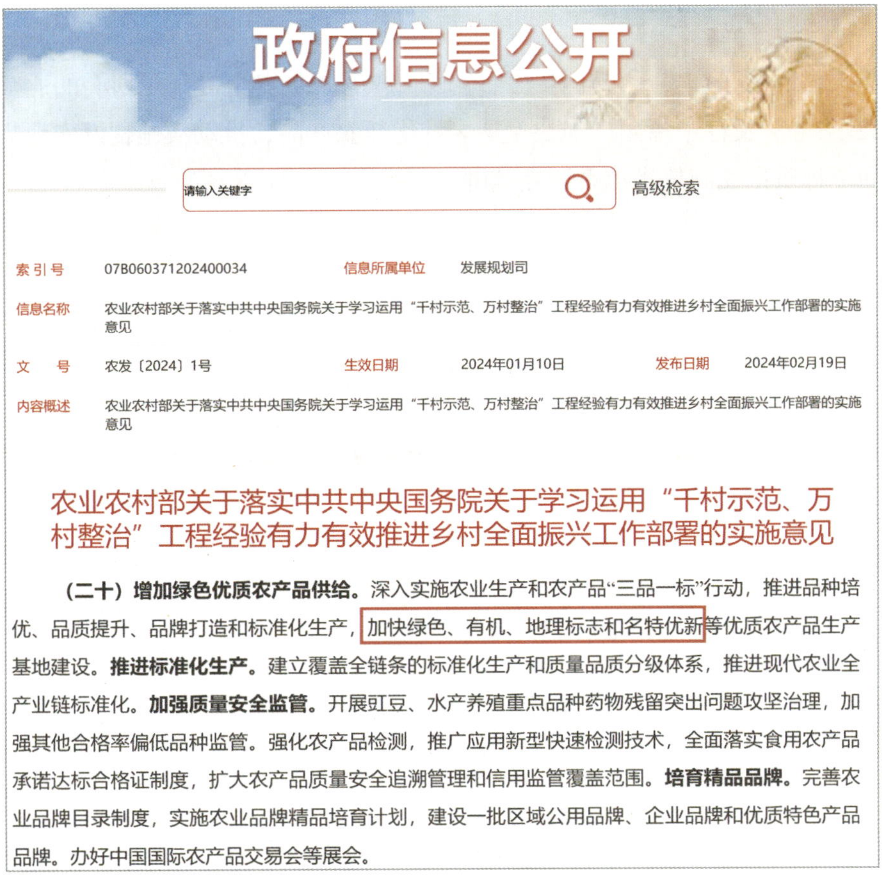

政府信息公开

请输入关键字　高级检索

索引号	07B060371202400034	信息所属单位	发展规划司		
信息名称	农业农村部关于落实中共中央国务院关于学习运用“千村示范、万村整治”工程经验有力有效推进乡村全面振兴工作部署的实施意见				
文　号	农发〔2024〕1号	生效日期	2024年01月10日	发布日期	2024年02月19日
内容概述	农业农村部关于落实中共中央国务院关于学习运用“千村示范、万村整治”工程经验有力有效推进乡村全面振兴工作部署的实施意见				

农业农村部关于落实中共中央国务院关于学习运用“千村示范、万村整治”工程经验有力有效推进乡村全面振兴工作部署的实施意见

（二十）增加绿色优质农产品供给。深入实施农业生产和农产品“三品一标”行动，推进品种培优、品质提升、品牌打造和标准化生产，加快绿色、有机、地理标志和名特优新等优质农产品生产基地建设。**推进标准化生产。**建立覆盖全链条的标准化生产和质量品质分级体系，推进现代农业全产业链标准化。**加强质量安全监管。**开展豇豆、水产养殖重点品种药物残留突出问题攻坚治理，加强其他合格率偏低品种监管。强化农产品检测，推广应用新型快速检测技术，全面落实食用农产品承诺达标合格证制度，扩大农产品质量安全追溯管理和信用监管覆盖范围。**培育精品品牌。**完善农业品牌目录制度，实施农业品牌精品培育计划，建设一批区域公用品牌、企业品牌和优质特色产品品牌。办好中国国际农产品交易会等展会。

2024年农业农村部一号文件

《中华人民共和国农产品质量安全法》修订后自2023年1月1日起施行。其第九条指出，国家引导、推广农产品标准化生产，鼓励和支持生产绿色优质农产品，禁止生产、销售不符合国家规定的农产品质量安全标准的农产品。第三十二条指出，国家鼓励和支持农产品生产经营者选用优质特色农产品品种，采用绿色生产技术和全程质量控制技术，生产绿色优质农产品，实施分等分级，提高农产品品质，打造农产品品牌。其中，绿色优质农产品主要包括绿色食品、有机农产品、地理标志农产品、全程质量控制农产品、良好农业规范和名特优新农产品，以及各省级相关部门组织认定或按标准建设的绿色优质农产品基地的有关产品等。

> 第九条　国家引导、推广农产品标准化生产，鼓励和支持生产绿色优质农产品，禁止生产、销售不符合国家规定的农产品质量安全标准的农产品。
>
> 第三十二条　国家鼓励和支持农产品生产经营者选用优质特色农产品品种，采用绿色生产技术和全程质量控制技术，生产绿色优质农产品，实施分等分级，提高农产品品质，打造农产品品牌。

《中华人民共和国农产品质量安全法》相关条款

二、部级层面政策引导

农业农村部关于印发《“十四五”全国农产品质量安全提升规划》的通知（农质发〔2022〕1号）文件中指出，加快发展名特优新农产品，推动实施良好农业规范，扩大农产品全程质量控制技术体系试点范围。

标　　题：	农业农村部关于印发《“十四五”全国农产品质量安全提升规划》的通知	发文机关：	农业农村部
发文字号：	农质发〔2022〕1号	来　　源：	农业农村部网站
主题分类：	农业、林业、水利\农业、畜牧业、渔业	公文种类：	通知
成文日期：	2022年02月21日		

农业农村部关于印发《“十四五”全国农产品质量安全提升规划》的通知

农质发〔2022〕1号

各省、自治区、直辖市及计划单列市农业农村（农牧）、畜牧兽医、渔业厅（局、委），新疆生产建设兵团农业农村局：

为深入贯彻党中央、国务院关于农产品质量安全的决策部署，全面提升农产品质量安全水平，农业农村部编制了《“十四五”全国农产品质量安全提升规划》，现印发你们，请结合实际，认真组织实施。

农业农村部

2022年2月21日

农质发〔2022〕1号文件

（四）稳步发展绿色有机地理标志农产品

围绕“提质量、控增量、稳总量”目标，强化绿色、有机和地理标志农产品认证登记管理。建立健全标准体系，深入开展生产操作规程“进企入户”行动，督促获证企业严格按标生产，建设一批相关生产和原料基地。持续实施地理标志农产品保护工程，强化特性保持和文化挖掘，命名地理标志农产品核心基地，推动出台地理标志农产品产业发展指导意见，发展乡愁产品产业。打造公益性宣传推介平台，持续加强绿色、有机和地理标志农产品品牌和专业市场培育。继续支持脱贫地区发展绿色、有机和地理标志农产品，减免相关认证费用。加快发展名特优新农产品，推动实施良好农业规范，扩大农产品全程质量控制技术体系试点范围。

农质发〔2022〕1号文件（续）

《农业农村部办公厅关于开展2024年农业品牌精品培育工作的通知》（农办市〔2024〕2号）中，将“已获得地理标志相关认定/登记或全国名特优新农产品登录要求”纳入农业品牌培育的基本条件之一。

标　　题：	农业农村部办公厅关于开展2024年农业品牌精品培育工作的通知	发文机关：	农业农村部办公厅
发文字号：		来　　源：	农业农村部网站
主题分类：	农业、林业、水利\农业、畜牧业、渔业	公文种类：	通知
成文日期：	2024年05月28日		

农业农村部办公厅关于开展2024年农业品牌精品培育工作的通知

二、培育条件

本通知培育的农业品牌，聚焦农产品区域公用品牌，具体是指在一个具有特定自然生态环境、历史人文因素的明确生产区域内，由相关组织所有，由若干农业生产经营主体共同使用的农产品品牌。品牌名称由“产地名+产品名”构成，产地为县级或地市级。

（一）基本条件。区域公用品牌持有主体在中国境内登记机关依法登记，具有独立法人（社团、事业）资格；取得合法有效的商标注册；已获得地理标志相关认定/登记或全国名特优新农产品登录；已纳入省级农业品牌目录或省级农业品牌重点培育范围；已实施农业品牌授权管理，品牌授权使用主体经营状况和信用记录良好，无违法违规记录，且至少包括1家省级及以上农业产业化龙头企业或国家级农民合作社。

* 区域特色认证（至少1项）	1.地理标志相关认定/登记情况： 证书编号或公告号： （附件） 是否在有效期内：□是　□否 2.名特优新农产品登录情况： 证书编号：________（附件） 是否在有效期内：□是　□否 推荐的生产经营主体：共___家

农办市〔2024〕2号文件

《农业农村部关于实施农产品“三品一标”四大行动的通知》（农质发〔2022〕8号）中指出，要将优质农产品范围从绿色、有机和地理标志农产品，拓展到其他具有高品质特性的农产品。加快培育绿色优质农产品品牌，发展名特优新农产品。开展多种形式的产销对接活动，开展名特优新农产品推介活动。

政府信息公开

请输入关键字　高级检索

索引号	07B170371202200851	信息所属单位	农产品质量安全监管司		
信息名称	农业农村部关于实施农产品“三品一标”四大行动的通知				
文　号	农质发〔2022〕8号	生效日期		发布日期	2022年09月29日
内容概述	发展绿色、有机、地理标志和达标合格农产品（以下称农产品“三品一标”）是供给适配需求的必然要求，是提高农产品质量品质的有效途径，是提高农业竞争力的重要载体，是提升农安治理能力的创新举措。为推动农产品“三品一标”高质量发展，我部决定实施农产品“三品一标”四大行动（以下称“四大行动”）。				

农业农村部关于实施农产品“三品一标”四大行动的通知

发布时间：2022年09月29日　　字体：[大 中 小]

农质发〔2022〕8号文件

三、市级层面政策引导

上海市人民政府关于印发《上海市推进农业高质量发展行动方案（2021—2025年）》的通知（沪府〔2020〕84号）指出：

（1）开展特色品牌建设行动，提升特色产业品牌优势，聚焦蔬菜、瓜果、生猪、水产等优势特色产品，做精做优一批特色农产品区域品牌和企业品牌；

（2）打造13个先行片区，例如浦东品牌瓜果产业片区（南汇8424西瓜、南汇水蜜桃，区域特色品牌），金山特色果蔬产业片区（培育“金山味道”区域公用品牌、“蘑菇小镇”），松江优质市委食味稻米片区（做精做优松江大米等），青浦绿色生态立体农业片区等。

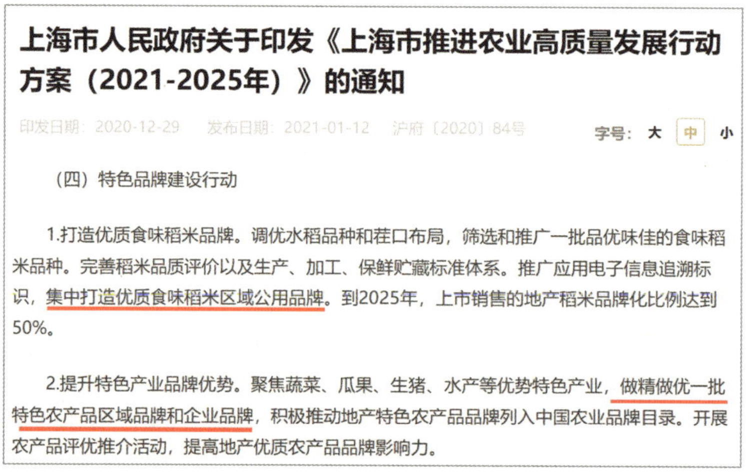

上海市人民政府关于印发《上海市推进农业高质量发展行动方案（2021-2025年）》的通知

印发日期：2020-12-29　发布日期：2021-01-12　沪府〔2020〕84号　字号：大 中 小

（四）特色品牌建设行动

1.打造优质食味稻米品牌。调优水稻品种和茬口布局，筛选和推广一批品优味佳的食味稻米品种。完善稻米品质评价以及生产、加工、保鲜贮藏标准体系。推广应用电子信息追溯标识，集中打造优质食味稻米区域公用品牌。到2025年，上市销售的地产稻米品牌化比例达到50%。

2.提升特色产业品牌优势。聚焦蔬菜、瓜果、生猪、水产等优势特色产业，做精做优一批特色农产品区域品牌和企业品牌，积极推动地产特色农产品品牌列入中国农业品牌目录。开展农产品评优推介活动，提高地产优质农产品品牌影响力。

沪府〔2020〕84号文件

上海市农业农村委员会关于印发《上海市农产品“三品一标”四大行动实施方案》的通知（沪农委〔2023〕20号）中指出：

（1）要培优区域特色品种。以地理标志农产品保护工程、名特优新农产品为主要依托，聚焦粮食、蔬果、畜禽、水产等优势特色产业，坚持种质保护与品种培优相结合，挖掘传统品种优良基因，恢复发展一批传统特色品种；

（2）构建特征品质指标体系。以地理标志农产品、名特优新农产品为典型，对比国内外相关产品指标参数和先进标准，围绕特色风味、口感和营养品质，识别其特征性品质指标，构建符合高质量发展要求的农产品品质指标体系；

（3）多形式开展产销对接活动。积极参加农业农村部组织的“名特优新农产品推介”等专项活动。

发掘、保护、培育和开发名特优新农产品，有助于推进农产品品种改良、品质改进和品牌创建，实现农业高质量发展，促进农业增效和农民增收，满足公众对安全优质营养健康农产品的需求。

上海市农业农村委员会
NYNCW.SH.GOV.CN
首页 工作动态 政务公开

当前位置：首页 > 政务公开 > 信息公开目录 > 市农业农村委工作业务 > 农产品质量安全监管

关于印发《上海市农产品“三品一标”四大行动实施方案》的通知

（一）培优区域特色品种。以地理标志农产品保护工程、名特优新农产品为主要依托，聚焦粮食、蔬果、畜禽、水产等优势特色产业，坚持种质保护与品种培优相结合，挖掘传统品种优良基因，恢复发展一批传统特色品种。以生产需求为导向，加强适用于减肥减药、生态循环等绿色生产方式种质种苗的选育培育，培优推广一批区域优良品种。建设一批特色品种繁育基地，提升特色农产品苗种的供给能力。

（三）多形式开展产销对接活动。积极参加农业农村部组织的“绿色食品宣传月”“名特优新农产品推介”等专项活动。加快建设市、区两级农产品产销对接平台，引导支持农批、商超、电商、餐饮等采购商单位对接绿色优质农产品。依托上海农业展览馆、上海西郊国际农产品展示直销中心、“鱼米之乡”等平台，开设专区、专馆和开展线上、线下专场展销活动。支持产加销一体化农业经营主体建立优质农产品集采集配中心。

（四）构建特征品质指标体系。以地理标志农产品、名特优新农产品为典型，对比国内外相关产品指标参数和先进标准，围绕特色风味、口感和营养品质，识别其特征性品质指标，构建符合高质量发展要求的农产品品质指标体系。组织开展绿色、有机和地理标志农产品特征品质评价和指标监测，建立地理标志农产品品质数据库。

沪农委〔2023〕20号文件

第二节　全国名特优新农产品申报管理文件

一、制度规范

表　全国名特优新农产品制度规范目录

序号	文件名称	发布时间
1	全国名特优新农产品公共标识使用管理规范	2024.1.2
2	全国名特优新农产品营养品质评价鉴定机构管理规范	2024.10.16
3	全国名特优新农产品管理办法	2025.3.18

（全国名特优新农产品公共标识使用管理规范节选自《关于印发〈全国名特优新农产品营养品质评价鉴定机构管理规范〉〈全国名特优新农产品公共标识使用管理规范〉的通知》农质安发〔2024〕1号）。

全国名特优新农产品获证主体应严格按照《全国名特优新农产品公共标识使用管理规范》（以下简称《标识规范》）和《全国名特优新农产品公共标识设计使用规范手册》（以下简称《使用手册》）要求，在其获证产品包装设计及宣传广告、商业活动中规范使用全国名特优新农产品公共标识，如遇《标识规范》和《使用手册》未作出明确要求情形，须另行报部农安中心批准备案后方可使用。在本通知印发前制作的宣传广告材料和包装用品，不符合通知要求的，获证主体应当及时报备相关情况。各级农产品质量安全与优质化工作机构应加强对本辖区内全国名特优新农产品获证主体公共标识管理使用情况的日常巡查和监督检查，每年年底之前将全国名特优新公共标识使用及监督检查情况报送至上级主管部门。

全国名特优新农产品公共标识使用管理规范

第一条 为加强全国名特优新农产品公共标识管理，维护全国名特优新农产品获证主体（包括全国名特优新农产品证书持有人和推荐使用的生产经营主体）合法权益，根据《全国名特优新农产品收集登录规范》等规定，制定本规范。

第二条 全国名特优新农产品公共标识实行中国农产品质量安全公共标识与“全国名特优新农产品”字样相结合的标注方式。标识基本图案如下：

全国名特优新农产品

第三条 全国名特优新农产品获证主体可以使用全国名特优新农产品公共标识。

第四条 全国名特优新农产品获证主体可以在获证产品及其包装、标签、说明书上印制、使用全国名特优新农产品公共标识，并同时标注获证产品证书编号；可以在获证产品的广告宣传、展览展销、媒体宣传等活动中使用全国名特优新农产品公共标识。

地方相关部门、行业协会等在地方特色产品推介活动、展览展销中也可以按规范使用全国名特优新农产品公共标识。

第五条 印制全国名特优新农产品公共标识应当符合《全国名特优新农产品公共标识设计使用规范手册》要求。

第六条 全国名特优新农产品获证主体应当加强标识使用管理并建立使用管理制度和使用档案记录，如实记载标识使用情况，并接受各级农产品质量安全与优质化工作机构（以下简称工作机构）和社会公众的监督管理。全国名特优新农产品公共标识使用档案应当至少保存2年。

第七条 获证主体不得超范围使用全国名特优新农产品公共标识，产品若采用全国名特优新农产品作为主要原料，须在包装上以“本产品所用×××为全国名特优新农产品”形式明确标注。凡有超范围使用全国名特优新农产品公共标识情形的，由属地工作机构责令限期整改，如逾期未整改到位，由属地工作机构逐级报农业农村部农产品质量安全中心从产品名录中予以注销。

第八条 任何单位和个人不得伪造、变造、冒用全国名特优新农产品公共标识。凡有伪造、变造、冒用全国名特优新农产品公共标识情形的，依照相关法律规定处罚。

第九条 县级以上地方工作机构应当加强对全国名特优新农产品公共标识使用情况的监督检查，定期将全国名特优新农产品公共标识使用及监督检查情况报送至上级主管部门。

第十条 对违反本规范的行为，任何单位和个人有权向县级以上地方人民政府农业农村主管部门举报或者投诉。

第十一条 本规范由农业农村部农产品质量安全中心负责解释，自发布之日起施行。

附件：全国名特优新农产品公共标识设计使用规范手册

附件

全国名特优新农产品

全国名特优新农产品公共标识设计使用规范手册

全国名特优新农产品

农业农村部农产品质量安全中心

说明

1. 为指导全国名特优新农产品获证主体规范使用全国名特优新农产品公共标识,特制定本《手册》。全国名特优新农产品获证主体应严格按照本《手册》的要求,在其获证产品包装设计及宣传广告中规范使用全国名特优新农产品公共标识。

2. 本《手册》对全国名特优新农产品公共标识图形中英文字体颜色等基本要素作了标准规定,全国名特优新农产品获证主体在其获证产品包装上使用时,可根据需要按比例进行缩放,但不得对要素间尺寸做任何更改。若遇手册未做出明确规范情形,须将自行设计稿报经农业农村部农产品质量安全中心批准,方可使用。

3. 全国名特优新农产品公共标识图形在宣传活动中使用时,可附加产品二维码,该二维码须与名录产品二维码一致,不得自行修改。

4. 本《手册》由农业农村部农产品质量安全中心负责解释。

农业农村部农产品质量安全中心

二〇二四年一月

Visual
Identity System

CONTENTS
目录

Part A
基本要素系统

Part B
标识图形组合方式

Part C
标识应用系统

Part D
形象宣传系统

Part A
基本要素系统

A1 - 标识图形及说明

全国名特优新农产品

全国名特优新农产品公共标识实行公共标识与“全国名特优新农产品”字样相结合的标注方式。

公共标识基本图案由“安全、优质、营养、健康”中文字样、中国农产品质量安全英文首字母缩写“CAQS”英文字样和太阳、对勾、麦穗图案等元素构成。

A2 - 标识图形方格图

方格图

A3 - 标识放大、缩小比例关系

在使用全国名特优新农产品公共标识过程中注意上下左右预留空间，标识最小使用宽度及高度为6 mm。

A4 - 标识字体及标准色

标准字体使用

全国名特优新农产品公共标识中文标准字体：思源黑体Bold，用者不可再作修改。

标准色

绿（C90/M0/Y90/K0）和橙（C0/M50/Y90/K0）为标识的主色。

全国名特优新农产品

C:90 M:0 Y:90 K:0

C:0 M:50 Y:90 K:0

Part B

标识图形组合方式

B1 - 标识图形与证书编号组合使用

证书编号(CAQS-MTYX-2024XXXX) 是全国名特优新农产品唯一编号，应与全国名特优新农产品证书上的编号一致，可在产品包装上体现。

B2 - 标识图形与二维码组合使用

全国名特优新农产品公共标识图形可以附加产品二维码，二维码必须为全国名特优新农产品系统下载的唯一二维码图形，除等比例缩放外不得对该码进行任何修改。

B - 标识图形组合方式

安全 优质 营养 健康
CAQS
全国名特优新农产品
证书编号：CAQS-MTYX-2024XXXX
A
3.4A
0.1A
A
A

3.4A
安全 优质 营养 健康
CAQS
全国名特优新农产品
证书编号：CAQS-MTYX-2024XXXX
A
1.5A
A
0.45A
1.5A
1.45A

Part C
标识应用系统

C1 - 标识在长方形/方形包装上的应用

全国名特优新农产品公共标识出现在产品包装（标签）的醒目位置，通常置于最上方，和整个包装（标签）保持一定的比例关系（如右图所示），不得透叠其他图形。

如遇原包装与全国名特优新农产品公共标识系列图形色彩、设计过分冲突或难以区分时，可以在标签中选择醒目位置印制标识。

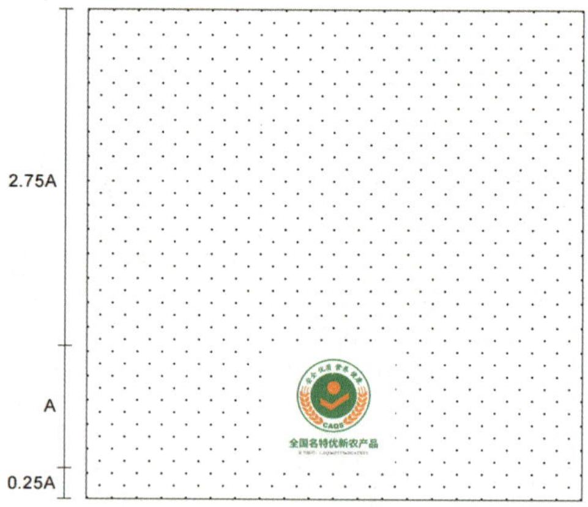

C - 标识应用系统

如长方形/方形包装的四个展销面都印有标签内容，则全国名特优新农产品公共标识系列图形至少应出现在一个主面上和该商品名处于同一视野。

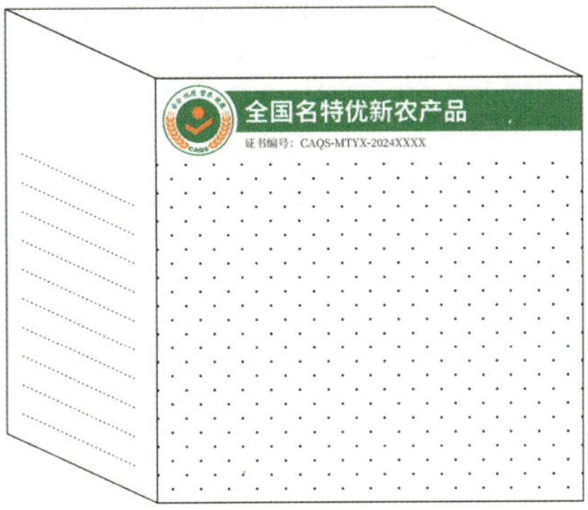

如长方形/方形包装的标签内容是印在对应的两个主面上，且一面为中文，一面为英文，则全国名特优新农产品公共标识系列图形也印在这两个主面上。

展开平面图

C2 - 标识在圆（椭圆）形包装上的应用

全国名特优新农产品公共标识图案置于画面中轴线的上方或下方，与包装保持一定的比例关系，不得透叠其他色彩与图形。

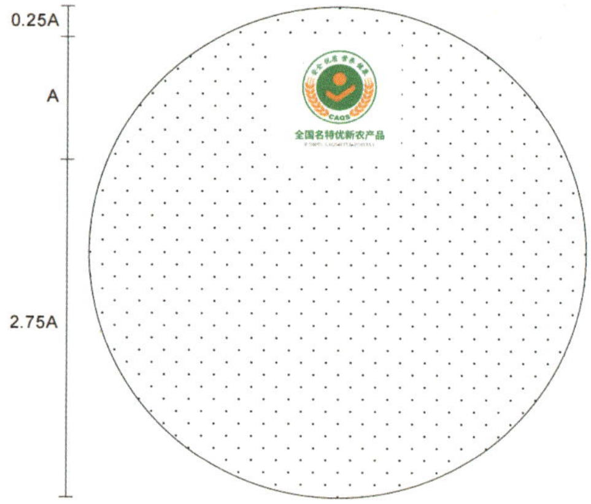

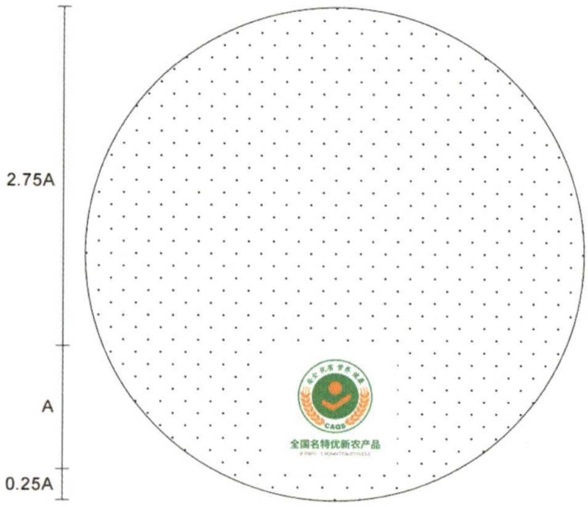

C3 - 标识在瓶/罐型包装上的应用

缩口罐形类包装 (标签)

全国名特优新农产品公共标识图形在圆柱形包装上的使用。 当圆柱标贴高度与直径相比大于1:1时，标识与贴的高度比可相应改变。

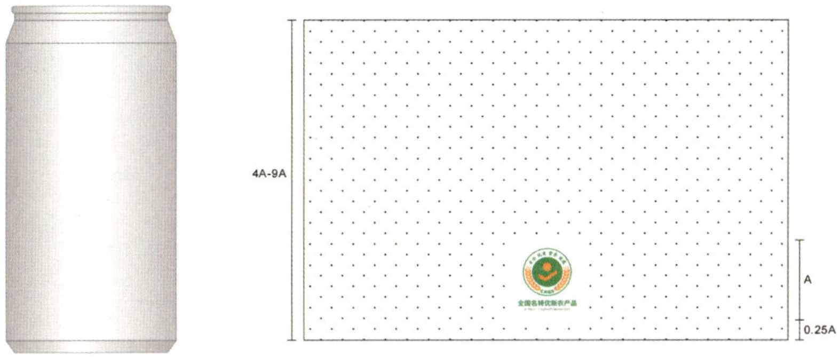

罐形包装 (标签)

全国名特优新农产品公共标识图形在圆柱形包装上的使用。当圆柱标贴高度与直径相比大于1:1时,标识与贴的高度相比为1:4。

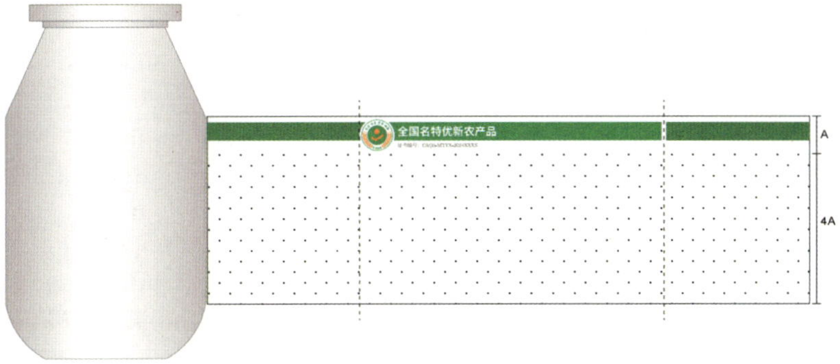

C4 - 标识在异形包装上的应用

异形类包装 (标签)

凡遇前面图示之外的不规则包装(标签)时可类比前面用法。原则是:上方平齐者,按方形包装(标签)处理,标识编号置于画面上方,其余用法与前同。

罐形包装 (标签)

凡遇前面图示之外的不规则包装(标签)时可类比前面用法。原则是:上方不平齐者,按圆形包装(标签)处理,标识和编号置于画面正中轴上方或下方,其余用法与前同。

C5 - 标识在系列包装上的应用

全国名特优新农产品公共标识图形在包装袋上，其位置与封口处可酌情保持一定距离。

Part D

形象宣传系统

D

D1 - 会议用标示范

规格：根据会场情况确定
材料：投影幕布、LED等

D2 - 宣传手册/广告应用示范

报刊广告用标示范

规格：根据发布要求或根据版面比例调整全国名特优新农产品公共标识的大小应注意上下左右预留空间。

字体：标准字体

电视广告用标示范

规格：根据播映要求或根据画面比例调整全国名特优新农产品公共标识的大小。

字体：标准字体

D3 - 网站应用示范

网站用标示范

规格：根据画面比例调整全国名特优新农产品公共标识的大小。当背景无其他透叠图案时，应注意上下周围预留空间。有透叠图案时，全国名特优新农产品公共标识可采用反白或使用绿色。

字体：标准字体

D4 - 移动端应用示范

移动端广告用标示范

规格：根据画面比例调整全国名特优新农产品公共标识的大小。当背景无其他透叠图案时，应注意上下周围预留空间。有透叠图案时，全国名特优新农产品公共标识可采用反白或使用绿色。

字体：标准字体

全国名特优新农产品营养品质评价鉴定机构管理规范

第一条 为规范全国名特优新农产品营养品质评价鉴定机构（以下简称评价鉴定机构）管理，维护全国名特优新农产品评价鉴定工作的有效性、科学性、权威性，根据《全国名特优新农产品收集登录规范》等规定，制定本规范。

第二条 本规范所称评价鉴定机构是指具有相应的检验检测技术能力，经农业农村部农产品质量安全中心（以下简称部农安中心）确认，开展全国名特优新农产品营养品质评价鉴定业务的专业技术机构。

第三条 部农安中心负责评价鉴定机构的规划布局、能力确认、名录公布和监督管理等工作。省级农产品质量安全与优质化工作机构（以下简称省级工作机构）协助部农安中心负责本区域评价鉴定机构的推荐和相关业务活动的日常监督管理。

第四条 拟承担全国名特优新农产品营养品质评价鉴定工作的相关机构，须由省级工作机构（或同级管理机构）审查推荐，向部农安中心提出申请，经部农安中心确认备案后，方可开展工作。符合条件的跨省域开展业务的相关机构也可直接向部农安中心提出申请。

第五条 申请评价鉴定业务的机构应同时具备下列条件：

（一）能独立承担法律责任，建立有检验检测机构（通过农产品质量安全检测机构考核且证书在有效期内）或农产品质量安全风险评估实验室（具有农业农村部批复文件）；

（二）具备开展全国名特优新农产品营养品质评价鉴定工作相对应的检测技术能力、工作场所、设备设施、管理体系；

（三）有从事农产品质量安全与营养品质评价、农业环境监测调查等业务，并熟悉农业和农产品生产实际情况的人员队伍；

（四）满足《农产品质量安全检测机构考核办法》《农业部农产品质量安全风险评估实验室管理规范》等规定的其他基本条件。

第六条 符合资格条件的申请机构，应由省级工作机构审查推荐，向部农安中心提交下列申请材料：

（一）《全国名特优新农产品营养品质评价鉴定机构申请表》；

（二）相关机构法人资格证书或法人授权文件；

（三）农产品质量安全检测机构考核合格证书或农业农村部关于农产品质量安全

风险评估实验室设立的批复文件；

（四）主要技术人员清单及资质证明；

（五）主要仪器设备清单；

（六）质量管理体系相关材料。

第七条 部农安中心负责对拟承担全国名特优新农产品营养品质评价鉴定工作的相关机构进行综合审查和能力验证，并依据农产品优势区域布局规划及地方产业发展对全国名特优新农产品工作的实际需要择优确认，必要时应进行现场确认。

第八条 评价鉴定机构主要职责：

（一）受委托开展农产品营养品质评价鉴定工作，出具全国名特优新农产品营养品质评价鉴定报告；

（二）配合开展全国名特优新农产品营养品质稳定性跟踪评价工作，出具营养品质稳定性评价报告和稳定性跟踪评价意见；

（三）积极参加部农安中心和各级工作机构组织的业务培训及相关活动；

（四）参与制定全国名特优新农产品营养品质评价鉴定相关规范；

（五）主动收集反馈全国名特优新农产品营养品质评价鉴定工作中发现的问题，提出建议；

（六）及时跟踪国内外本领域农产品品质评价最新研究进展，并开展检测技术能力提升和方法验证；

（七）承担部农安中心和各级工作机构委托的其他工作。

鼓励评价鉴定机构开展全国名特优新农产品营养品质评价鉴定学术交流研讨活动。

第九条 评价鉴定机构应在其可评价的农产品品类和项目参数范围内开展评价工作。

第十条 评价鉴定机构应于每年11月底前将全国名特优新农产品营养品质评价鉴定工作开展情况以书面形式报部农安中心备案，同时抄送所在地省级工作机构。部农安中心将对评价鉴定机构工作业绩和质量进行考核，并出具考核意见。

第十一条 评价鉴定机构的名称、管理体制、资质条件、评价能力、联系方式等发生变化的，应当在20个工作日内将变更情况报部农安中心备案，同时抄送所在地省级工作机构。

第十二条 全国名特优新农产品营养品质评价鉴定机构实行动态管理。评价鉴定机构出现下列情况之一的，部农安中心将从评价鉴定机构名录中予以注销，并将有关情况通报省级工作机构：

（一）农产品质量安全检测机构考核合格证书、农业农村部农产品质量安全风险评估实验室资格失效；

（二）依托单位撤销或法人资格终止；

（三）出具虚假报告；

（四）超出授权业务范围出具报告；
（五）检测数据或评价结果错误造成严重后果；
（六）连续两年未履行评价鉴定机构工作职责；
（七）其他不符合评价鉴定机构相关要求的。

第十三条 本规范由部农安中心负责解释，自发布之日起施行。

附表：全国名特优新农产品营养品质评价鉴定机构申请表

附表

全国名特优新农产品营养品质评价鉴定机构申请表

<table>
<tr><td>机构名称</td><td colspan="3"></td></tr>
<tr><td>所在法人单位名称</td><td colspan="3"></td></tr>
<tr><td>机构地址</td><td colspan="3"></td></tr>
<tr><td>技术负责人</td><td></td><td>联系电话</td><td></td></tr>
<tr><td>业务联系人</td><td></td><td>联系电话</td><td></td></tr>
<tr><td>业务联系邮箱</td><td></td><td>传　　真</td><td></td></tr>
<tr><td>农产品质量安全检测机构考核合格证书编号</td><td></td><td>证书有效期</td><td></td></tr>
<tr><td>农业农村部农产品质量安全风险评估实验室设立批复文件名称</td><td></td><td>批复日期</td><td></td></tr>
<tr><td rowspan="2">申请评价的农产品品类和项目参数</td><td>农产品品类名称</td><td colspan="2"></td></tr>
<tr><td>项目参数名称</td><td colspan="2"></td></tr>
</table>

机构申请意见	负责人签字：（单位印章） 年 月 日
所在法人单位推荐意见 （如适用）	负责人签字：（单位印章） 年 月 日
省级工作机构推荐意见	负责人签字：（单位印章） 年 月 日
部农安中心确认意见	负责人签字：（单位印章） 年 月 日

全国名特优新农产品管理办法

第一章　总　则

第一条【编制依据】为规范全国名特优新农产品认定管理，培育优质特色农产品品牌，促进区域优势农业产业发展，满足消费者对安全优质营养健康农产品的需求，依据《中华人民共和国食品安全法》《中华人民共和国农产品质量安全法》等有关法律、法规和政策，制定本办法。

第二条【概念定义】本办法所称全国名特优新农产品，是指在特定区域（原则上以县域为单元）内生产、具有显著地域特征和独特营养品质特色、具备一定生产规模和稳定的供应量、市场认知度和美誉度高，并经农业农村部农产品质量安全中心（以下简称“部农安中心”）认定和核发证书的农产品及初加工产品。

第三条【工作原则】全国名特优新农产品认定工作由政府推动，坚持“自愿申请、分级负责、动态管理、公益服务”的原则。

第四条【职责分工】部农安中心负责全国名特优新农产品发展政策法规研究、标准制修订，全国名特优新农产品认定的审查和专家评审及证后管理工作。

省级农业农村主管部门所属农产品质量安全与优质化工作机构（以下简称“省级工作机构”）负责对本区域内全国名特优新农产品认定申请的合规性和代表性进行审核。

地市级农业农村主管部门所属农产品质量安全与优质化工作机构（以下简称“地市级工作机构”）负责对本区域内全国名特优新农产品认定申请的真实性和准确性进行审核。

第五条【政策保障】县级以上地方人民政府应当将全国名特优新农产品培育、认定和品牌建设等工作纳入本地区农业农村经济发展规划，加强全国名特优新农产品开发规划布局研究，并在政策、资金等方面予以支持。

县级以上地方人民政府及其相关部门要围绕名特优新农产品加强产业链建设，挖掘历史文化特征，推动一、二、三产融合发展。

鼓励社会力量参与推动全国名特优新农产品发展。

第二章　认　定

第六条【产品条件】申请认定全国名特优新农产品应符合下列条件：

（一）产品名称由产地区域名称和农产品通用名称构成；

（二）产品有显著的地域环境、独特营养品质特色，产品独特性营养品质指标须符合《全国名特优新农产品营养品质评价鉴定规范》有关要求；

（三）具备一定生产规模和稳定的供应量，最小生产规模要求见附表3；

（四）依托龙头骨干生产经营主体引领带动，实施农产品质量安全全程控制；

（五）产地环境和产品质量符合国家法律法规和强制性农产品质量安全相关标准要求，近三年来未出现过重大农产品质量安全问题。

第七条【申请主体】全国名特优新农产品认定原则上以县域为单元申请，由县级及以上人民政府或农业农村主管部门确认的县级名特优新农产品管理机构（单位）作为申请主体。

第八条【申请材料】申请认定全国名特优新农产品应提交下列材料：

（一）全国名特优新农产品申请表；

（二）全国名特优新农产品营养品质评价鉴定报告（原则上报告出具时间应在一年内）；

（三）产品相关图片，包括不同生长期、生产环境、产品包装标识、最终产品等能体现产品特征特性的图片；

（四）主要生产经营单位的资质证明；

（五）主要生产经营单位符合农产品质量安全相关标准的产品合格检验报告；

（六）主要生产经营单位在国家农产品质量追溯平台备案或其他可证明该单位实现质量追溯的文件；

（七）主要生产经营单位在产品销售中出具承诺达标合格证的相关证明；

（八）实施农产品质量安全全程控制等其他可证明申请产品具有名特优新农产品特征特性的材料。

第九条【地市级审核】地市级工作机构自受理全国名特优新农产品申请材料之日起，应在30个工作日内完成申请材料初审并提出初审意见。符合条件的，将申请材料报送至省级工作机构。

第十条【省级审核】省级工作机构自收到全国名特优新农产品申请材料之日起，应当在45个工作日内完成申请材料复核并提出复核意见，根据复核情况可抽取部分产品进行现场核查。符合条件的报部农安中心。

第十一条【中心审核】部农安中心应当自收到申请材料之日起60个工作日内，完成材料审查，提出审查意见，并适时组织专家进行技术评审。

第十二条【公示颁证】经专家技术评审通过的产品，在部农安中心官网对社会公示7天。有关单位和个人如有异议，应当在公示期内向部农安中心书面提出。公示无异议的，由部农安中心公告并颁发证书。

专家技术评审未通过的产品，应当说明理由。

第十三条【证书有效期】全国名特优新农产品证书长期有效，但须按规定进行年度确认。

第十四条【证书变更】申请主体名称等信息发生变化的，需由省级工作机构确认后报部农安中心进行证书变更。

第十五条【证后管理】

（一）年度确认。证书持有单位可自证书有效期满60日前，申请年度确认。如生产区域、生产规模、年供应量、营养品质特征、主要生产经营单位等信息发生变化，可通过年度确认完成变更。自获证之日起，每3年（每隔2年）须重新提交产品营养品质评价鉴定报告。

（二）跟踪评价。证书持有单位需配合部、省、市三级工作机构组织开展的稳定性跟踪评价工作，以保持该产品营养品质特征或特性的相对稳定。营养品质稳定性评价鉴定报告可用于该产品当年的年度确认。

第十六条【退出机制】获证产品出现以下情况的，由省级工作机构确认后以正式文件报部农安中心申请注销，或由部农安中心直接公告注销，作废全国名特优新农产品证书。

（一）因产地环境改变、品种更替或生产方式调整等原因不再符合全国名特优新农产品认定条件；

（二）逾期未进行年度确认；

（三）出现重大农产品质量安全问题；

（四）证书持有单位自愿放弃；

（五）在年度确认、现场检查中，发现不符合认定条件，整改后仍然达不到认定条件的。

第三章　标识管理

第十七条【标识使用】全国名特优新农产品获证主体（包括全国名特优新农产品证书持有单位和推荐的主要生产经营单位）可以使用“全国名特优新农产品”字样和标识。任何单位和个人不得伪造、变造、冒用全国名特优新农产品证书、标识。

第十八条【标识权利】全国名特优新农产品获证主体享有以下权利：

（一）可以在获证产品及其包装、标签、说明书上印制或加施全国名特优新农产品标识；

（二）可以在获证产品的广告宣传、展览展销等市场营销活动中、媒体介质上使用全国名特优新农产品标识。

地方相关部门、行业协会等在地方特色产品推介活动、展览展销中也可以按规范使用全国名特优新农产品标识。

第十九条【标识义务】全国名特优新农产品获证主体应当履行以下义务：

（一）自觉接受各级工作机构的监督检查；

（二）保证全国名特优新农产品的品质和信誉；

（三）正确规范使用全国名特优新农产品标识，不得超范围使用。

公共标识基本图案及使用应参照《全国名特优新农产品公共标识使用管理规范》执行。

第四章　监督管理

第二十条【监督职责】县级人民政府农业农村主管部门应加强对本区域内全国名特优新农产品及获证的主要生产经营单位的日常巡查，地市级工作机构应结合年度确认工作开展现场核查，省级工作机构应对本地区获证产品开展营养品质稳定性跟踪评价。部农安中心根据需要对全国获证产品开展营养品质稳定性跟踪评价工作。

第二十一条【社会监督】鼓励单位和个人对全国名特优新农产品进行社会监督。

第二十二条【人员监督】从事全国名特优新农产品认定和监督检查的工作人员滥用职权、玩忽职守、徇私舞弊的，视情节轻重，依法予以行政处罚或追究刑事责任。

第二十三条【处罚】违反本办法规定的，由县级及以上人民政府农业农村主管部门依照《中华人民共和国食品安全法》《中华人民共和国农产品质量安全法》有关规定进行处罚。

第五章　附　则

第二十四条【解释主体】本办法由部农安中心负责解释，自发布之日起施行。

附表：1. 全国名特优新农产品申请表

2. 全国名特优新农产品营养品质评价鉴定报告

3. 全国名特优新农产品最小生产规模

附表1

全国名特优新农产品
申　请　表

产品名称：____________________

产品类别：____________________

申请单位全称：______________（盖章）

申请日期：________年______月______日

农业农村部农产品质量安全中心　制

一、申请产品信息

<table>
<tr><td>产品名称</td><td></td><td>产品类别</td><td colspan="2">□种植业　□畜牧业　□渔业</td></tr>
<tr><td>产业类别</td><td></td><td>品种名称</td><td colspan="2"></td></tr>
<tr><td>收获（出栏、捕捞等）时间</td><td></td><td>地理标志产品</td><td colspan="2">□是　□否</td></tr>
<tr><td>加工流程图</td><td colspan="4">是否为初加工产品，如是需上传加工流程图</td></tr>
<tr><td>主要产地（填至村一级）</td><td></td><td>生产历史（年）</td><td colspan="2"></td></tr>
<tr><td>生产规模（公顷，万头、万只、万羽、万尾等）</td><td></td><td>年商品量（吨）</td><td colspan="2"></td></tr>
<tr><td>产品外在特征</td><td colspan="4"></td></tr>
<tr><td rowspan="4">产品独特性营养品质
（一般性指标）</td><td>特征指标</td><td colspan="2">实测值</td><td>类比参照值</td></tr>
<tr><td></td><td colspan="2"></td><td></td></tr>
<tr><td></td><td colspan="2"></td><td></td></tr>
<tr><td></td><td colspan="2"></td><td></td></tr>
<tr><td rowspan="3">产品独特性营养品质
（特征性指标）</td><td></td><td colspan="2"></td><td></td></tr>
<tr><td></td><td colspan="2"></td><td></td></tr>
<tr><td></td><td colspan="2"></td><td></td></tr>
<tr><td>产地环境优势
（200～300字）</td><td colspan="4"></td></tr>
<tr><td>产业升级推进措施及品牌创建情况（200～300字）</td><td colspan="4"></td></tr>
<tr><td>申请产品特性特点图片（包括产品不同生长期、生产环境、产品包装标识、最终产品等，3～5张）</td><td colspan="4"></td></tr>
</table>

二、申请单位信息

申请单位全称			
法人代表（负责人）		联系人姓名及职务职称	
联系人电话		手机号码	
传真		电子邮箱	
通讯地址			

三、主要生产经营单位（推荐2～10家代表性单位，逐一填报）

生产单位名称				
法人代表（负责人）			注册资金（万元）	
注册商标			主要品种	
生产规模（公顷，万头、万只、万羽、万尾等）			商品总量（吨）	
追溯、承诺达标及质量认证等合规性情况	□农产品质量安全可追溯管理* □承诺达标合格证* □产品质量安全性检验报告* □良好农业规范（GAP） □绿色食品 □有机农产品（食品） □其他 注释：*为必填项			
与申请产品相关获奖情况（最多3项）	获奖名称	获奖时间	奖项等级	奖项核发机构
联系人			职务	
联系电话			手机	
传真			电子邮箱	
通讯地址				

四、推荐审核意见

县级名特优新农产品管理机构（单位）申请意见	负责人签字：（印章） 年　月　日
县级及以上人民政府对申请的审核确认意见	（印章） 年　月　日
地市级农产品质量安全（优质农产品）工作机构初审意见	负责人签字：（印章） 年　月　日
省级农产品质量安全（优质农产品）工作机构复核意见	负责人签字：（印章） 年　月　日
农业农村部农产品质量安全中心审定意见	（印章） 年　月　日

附表2

编号：

全 国 名 特 优 新 农 产 品
营养品质评价鉴定报告

产品名称：________________________

申请单位名称：______________________

评价鉴定机构名称：____________________

报告日期：_________年______月______日

农业农村部农产品质量安全中心　制

注 意 事 项

1. 全国名特优新农产品营养品质评价鉴定报告由农业农村部农产品质量安全中心确认的全国名特优新农产品营养品质评价鉴定机构（试验站）出具。

2. 全国名特优新农产品营养品质评价鉴定报告编号由鉴定机构编号后3位+年度（4位）+顺序号（5位）组成。例：001-2025-00001。

3. 评价鉴定的产品抽样应按照相关规定执行，确保样品具有代表性，能够真实反映申请登录产品的最佳营养品质期特征。

4. 评价鉴定报告无评价鉴定机构评价鉴定专用章无效。复制报告未重新加盖评价鉴定机构评价鉴定专用章无效。

5. 评价鉴定报告无评价鉴定人员、审核人员、负责人签字无效。

6. 评价鉴定报告涂改无效。营养品质评价鉴定报告可附页。

7. 对评价鉴定报告有异议，应当自收到评价鉴定报告之日起15日内向评价鉴定机构提出，逾期不予受理。

评价鉴定机构地址：
邮政编码：
电　　话：
传　　真：

全国名特优新农产品营养品质评价鉴定报告

共　页　　第　页

样品名称		样品状态	
收样日期		规格重量	
样品品种		申请单位	
样品图片（3张）			
样品外在特征描述			
评价鉴定依据		评价鉴定项目	
所用主要仪器设备		实验环境条件控制情况	
产品独特性营养品质（一般性指标）	实测值	类比参照值	单项结论
产品独特性营养品质（特征性指标）	实测值	类比参照值	单项结论
综合评价意见（对申请产品独特品质特征提出明确具体意见）			

负责人（签字）：　　　　审核人（签字）：　　　　评价鉴定人员（签字）：

附表3

全国名特优新农产品最小生产规模

行业类别	产品类别	生产规模	备注
种植业	粮油作物	650公顷以上	
	露地蔬菜	100公顷以上	
	设施蔬菜	50公顷以上	
	茶叶	500公顷以上	
	大宗果品	200公顷以上	
	特色果品	100公顷以上	
	食用菌	50公顷以上	
	中药材	100公顷以上	
	其他小品种	50公顷以上	
畜牧业	蛋鸡、蛋鸭（年存栏）	30 000羽以上	
	肉鸡、肉鸭（年出栏）	100 000羽以上	
	生猪（年出栏）	10 000头以上	
	肉牛（年出栏）	2 000头以上	
	肉羊（出栏）	10 000只以上	
	奶牛、奶羊（存栏）	2 000头以上	
	其他奶畜（存栏）	600头以上	
	蜂产品	10 000群以上	
	其他小品种	禽类10 000羽 畜类1 000头	
渔业	鱼、虾、蟹、贝类、藻类	10吨以上	
	其他小品种	5吨以上	

注：此表供各地参照执行。另外，各省级工作机构也可根据本地区实际情况合理确定最小生产规模，报部农安中心备案后执行。

二、通知公告

表　全国名特优新农产品通知公告目录

序号	文件名称	发布时间
1	关于印发《上海市名特优新农产品申请规范》的通知（沪农安〔2020〕9号）	2020.3.13
2	上海市全国名特优新农产品发展方案（沪农安〔2024〕6号）	2024.2.27

关于印发《上海市名特优新农产品申请规范》的通知

（沪农安〔2020〕9号）

各区级工作机构：

为提升上海地域特色农产品发展水平，加快上海名特优新农产品申请进程，规范上海名特优新农产品申请流程，制定《上海市名特优新农产品申请规范》，现予以印发，请遵照执行。

附件：《上海全国名特优新农产品申请规范（2020版）》

附件

上海全国名特优新农产品申请规范（2020版）

一、资质确认

各区级工作机构每年年初上报本辖区名特优新农产品申请计划表（见附表），确定申请产品和主体，申请产品和主体须符合《全国名特优新农产品名录收集登录规范》要求。区级工作机构负责对本辖区申请产品和推荐的主要生产经营主体的真实性和可靠性进行初步确认。

二、现场考察

市安全中心安排人员现场考察及指导。主要考察申请产品是否在特定区域内生产、是否符合农业农村部农产品质量安全中心要求的生产规模和商品量、是否具有显著地域特征和独特营养品质特色、是否有稳定的供应量和消费市场、是否具有较高的公众认知度和美誉度等，主要生产经营主体是否实施全程质量控制。指导符合条件的申请主体开展名特优新农产品申请工作，并参考《全国名特优新农产品营养品质评价鉴定规范》初步确定拟检测的品质指标。

三、产品申请

申请工作实行网上电子信息和纸质文本并行。申请主体根据已分配的账号登录中国农产品质量安全网全国名特优新农产品申请系统（http://www.aqsc.agri.cn），并在线提交申请主体基本信息、申请产品信息及照片、申请产品具有名特优新特征特性的证明材料、主要生产经营主体的营业证照、相关获奖及认证证书复印件等。

四、品质鉴定

市安全中心会同有关部门研究后确定需检测的品质指标后（一般为3～5个指标），申请主体在全国名特优新农产品申请系统中选择相应的营养品质评价鉴定机构，自行委托鉴定机构对产品品质进行鉴定，鉴定机构出具《全国名特优新农产品营养品质评价鉴定报告》。

五、网上审核

申请主体根据收到的营养品质评价鉴定报告，网上完善申请信息，并上报市安全中心审核。审核通过的，市安全中心通知申请主体准备纸质材料；审核不通过的，市安全中心在申请系统中退回申请主体的材料，待其修改完善后再申请。

六、材料上报

申请主体在全国名特优新农产品申请系统中下载并打印申请材料，与营养品质评价鉴定报告一式二份交区级工作机构初审，区级工作机构初审并签署意见后报送市安全中心。由市安全中心审核并上报农业农村部农产品质量安全中心。农业农村部农产品质量安全中心组织专家评审、公示、核发名特优新农产品证书。

附图：《上海全国名特优新农产品申请规范（2020版）》申报流程图

附表

上海市全国名特优新农产品申请计划表

序号	所属区镇	产品类别	产品名称	申请主体	计划申请季度	生产规模（公顷、万头、万只、万羽等）	年产量（吨）	年产值（万元）	出口额（万元）	收获（出栏、捕捞等）时间	产品独特营养品质特性及描述（限100字）	认证情况	相关获奖情况（最多3项）
1												□绿色食品 □有机认证 □GAP认证 □其他：	
2													
…													

附图

上海全国名特优新农产品申请流程图

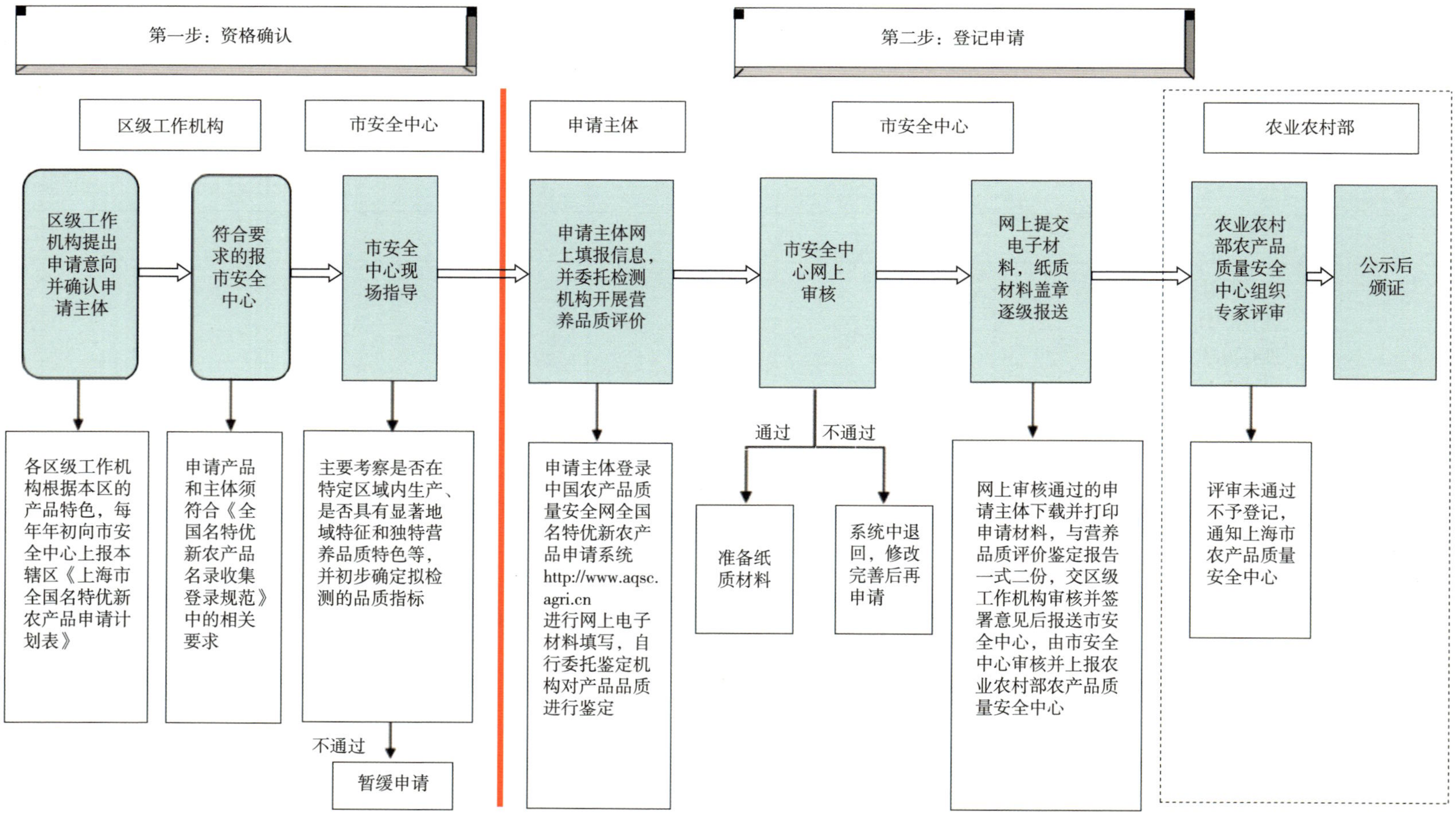

上海市全国名特优新农产品发展方案

（沪农安〔2024〕6号）

为进一步做好“土特产”文章，贯彻落实《上海市农业农村委员会关于印发〈上海市农产品“三品一标”四大行动实施方案〉的通知》（沪农委〔2023〕20号）文件要求，提升上海地域特色农产品发展水平，规范高效开展本市名特优新农产品申报，按照《上海全国名特优新农产品申请规范（2020版）》要求，结合本市实际情况，现制定如下发展方案。

一、总体目标

本年度计划新申报6～8个名特优新农产品，对已被纳入全国名特优新名录的产品完成100%年度确认。

二、工作重点

（一）编报计划

各区级工作机构要加强组织领导，摸清底数，确定申请产品和主体，每年初上报本辖区名特优新农产品申请计划表（见附表1）。

（二）材料审核

各区级工作机构要按照《全国名特优新农产品名录收集登录规范（2020年版）》要求，加强申报材料审核，特别是在产品名称、产品外在特征描述、产品独特性营养品质指标选取比对、产地环境及区位优势等方面要严格把关，同时指导本辖区内各申报主体加强审核确认，确保申报材料的真实性、完整性、规范性。

（三）年度确认

1. 系统年度确认。各区级工作机构每年应及时督促名特优新证书持有人需在年度有效期满30日前，收集登录产品当年的产品品种、生产地域、生产规模、年商品量、营养品质特征、主要生产单位等年度信息，自行登录全国名特优新农产品收集登录系统（http://www.aqsc.agri.cn）进行年度确认。

2. 品质评价鉴定。对于每3年（每隔2年）需重新提交独特性营养品质评价鉴定报告进行年度确认的产品，各区级工作机构要提前部署，及时提醒各申报主体合理安排品质评价鉴定时间，确保按要求如期提交鉴定报告。2024年本市需重新提交营养品质评价鉴定报告的待年度确认产品清单（见附表2）。进行品质评价鉴定时注意产品抽样品种应与申请信息中品种保持一致；抽样时间一般应在该类产品的最佳品质期内进行；评价鉴定指标应与该产品申报时产品独特性营养品质指标保持基本一致，原则上检测3～5个；如需新增和调整评价鉴定指标，可参照《全国名特优新农产品营养品质评价鉴定规范》确定。

三、工作要求

1. 提高认识，高度重视。各区级工作机构要高度重视名特优新农产品申报工作，明确专人协调联络，按时间节点和要求推进申报。

2. 严把质量，跟踪管理。各区级工作机构要加强宣传、培训与指导，加强日常巡查、现场核查等跟踪管理，切实维护全国名特优新农产品品牌信誉和公信力。

3. 加强保障，落实奖补。各区级工作机构要严格落实相关名特优新农产品奖补政策，保障名特优新产品发展工作经费。

附表：1. 2024年上海市全国名特优新农产品申请计划表

2. 2024年上海市需重新提交营养品质评价鉴定报告的待年度确认全国名特优新农产品清单

附表1

2024年上海市全国名特优新农产品申请计划表

序号	所属区镇	产品类别	产品名称	申请主体	计划申请季度	生产规模（公顷、万头、万只、万羽等）	年产量（吨）	收获时间	产品独特营养品质特性及描述（限100字）	认证情况	相关获奖情况（最多3项）
1										□绿色食品 □有机认证 □GAP认证 □其他	
2											
…											

附表2

2024年上海需重新提交营养品质评价鉴定报告的待年度确认全国名特优新农产品清单

序号	区	申请单位	产品名称	证书编号	发证日期	有效期至	需更新鉴定报告	收获（出栏、捕捞等）时间	建议完成检测时间
1	浦东新区	上海市浦东新区农协会	南汇甜瓜	CAQS-MTYX-20210286	2021/9/14	2024/9/13	是	4—6月	4—6月
2	浦东新区	上海市浦东新区农协会	南汇8424西瓜	CAQS-MTYX-20210287	2021/9/14	2024/9/13	是	5—8月	5—8月
3	浦东新区	上海市浦东新区农协会	南汇水蜜桃	CAQS-MTYX-20210288	2021/9/14	2024/9/13	是	7—8月	7—8月
4	浦东新区	上海市浦东新区农协会	浦东葡萄	CAQS-MTYX-20210668	2021/12/22	2024/12/21	是	6—10月	6—10月
5	浦东新区	上海市浦东新区农协会	南汇蜜梨	CAQS-MTYX-20210669	2021/12/22	2024/12/21	是	7—9月	7—9月
6	松江区	上海市松江区佘山镇农业农村服务中心	佘山水蜜桃	CAQS-MTYX-20210289	2021/9/14	2024/9/13	是	7—10月	7—10月
7	嘉定区	上海市嘉定区马陆镇农业服务中心	马陆葡萄	CAQS-MTYX-20210667	2021/12/22	2024/12/21	是	7—10月	7—10月
8	金山区	上海市金山区金山卫镇农业农村服务中心	金山卫蜜梨	CAQS-MTYX-20210670	2021/12/22	2024/12/21	是	七月下旬	七月下旬
9	金山区	上海市金山区廊下镇农业农村服务中心	廊下蘑菇	CAQS-MTYX-20210671	2021/12/22	2024/12/21	是	全年	全年

第二章　全国名特优新农产品申报指南

第一节　全国名特优新农产品定义内涵及实现路径

全国名特优新农产品定义：全国名特优新农产品是指在特定区域内生产、具备一定生产规模和商品量、具有显著地域特征和独特营养品质特色、有稳定的供应量和消费市场、公众认知度和美誉度高并经农业农村部农产品质量安全中心登录公告和核发证书的农产品。

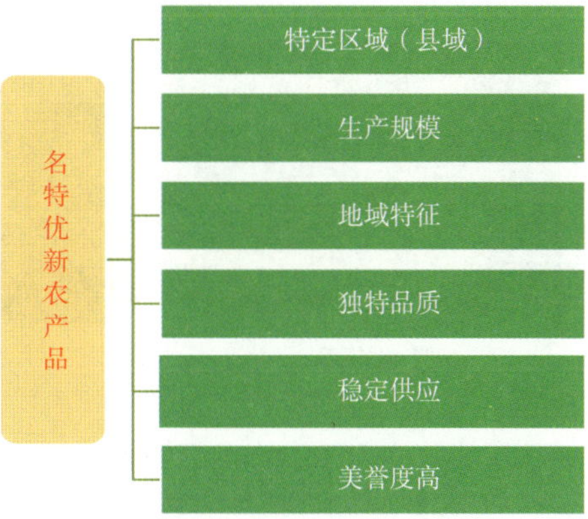

名特优新农产品定义内涵

名、特、优、新四字内涵

一、名（公众认知度）

（一）内涵

“名”是指农产品在当地具有一定名气，被公众认知认可，即地方名产。

“名”有两层内涵：一是自古有名，即具有深厚的历史渊源，从古到今有一定知名度。二是现阶段有名，即近年来各地大力推动农业结构调整下，形成的在本区域有影响力的，具有一定生产规模，稳定供应、具有地域特征、独特品质、公众认可度较高的农产品。

（二）实现路径

挖掘“名”农产品，要注重历史文化和着眼现代同步进行。

1. 从历史上挖掘，重现文化气息

部分农产品在地方志中一直有记载，如崇明金瓜、三林崩瓜；部分农产品有久远的传说故事，如金山蟠桃等。这些农产品文化底蕴深厚，历史传说久远，文献有据可查，群众口口相传，具有浓厚的家乡味道，是名副其实的“名”农产品。名特优新农产品，先要把这类产品挖掘出来，做到历史传承。

崇明金瓜

三林崩瓜

金山蟠桃

2. 从现代产品中筛选，体现一个“名”字

近年来，各地着眼现代农业发展，积极调整农业产业结构，在当地形成了一批规模化种植、产业化经营的特色高效农业全区域，新品种、新技术、新工艺的运用，赋予了名特优新农产品新的内涵。这些农产品因为规模大、品种新而被群众广泛认可，形成区域内具有一定“知名度”的农产品，如彭镇青扁豆。对这类农产品，要重点挖掘。

彭镇青扁豆

二、特（显著地域特征）

（一）内涵

“特”是由地域环境条件的独特性决定，即地方特产。

有些农产品之所以能成为当地特产，和该地域的土壤、气候、水文等环境条件密切相关。该产品只有在此地域才能生产出来，并形成独特品质，如偃师银条，这种农产品在“特”上名实相符。在挖掘名特优新农产品时，这类产品要作为重点，重点挖掘。

偃师银条

（二）“特”的影响成因

1.“特”由产品独特品质特征成因决定

产地环境描述主要体现在七大方面。

（1）水：降水量等，降雨期分布前期多（长个），后期少（优良品质形成）。

（2）土：土质、土壤，富含某种或某几种矿质元素、有机质含量高，盐碱地（水果往往更甜、更好吃）。

（3）气：CO_2充足有利于光合同化。

（4）光：光照充足、紫外线强、日照时间长（有利于果实着色、光合作用）。

（5）热：气温适宜，果实发育后期，尤其成熟期昼夜温差大（有利于糖分积累）。

（6）海拔：高，紫外线强（有利于果实着色充分）。

（7）植被：对于喜阴果树，有其他植被利于果树生长发育。

2.“特”由时间特性决定

有些农产品在当地有悠久的种植历史，已形成了种植习惯。这些农产品受气候、土壤等环境条件和品种改良的变化而带来品质上的改变，形成了区域内农产品外观和内在品质的独特性；加之受种植习惯的影响而被群众广泛认可，导致种植面积大、种植历史长，从而影响到周边区域的种植栽培习惯，推动了该产品规模化种植，在区域内具有较高知名度，如马陆葡萄，历史传承是这类农产品突出的一种意义上的“特”。

马陆葡萄

3. 实现路径

把握好“特”的特异性，把已经形成当地特色名片的农产品充分挖掘。

如枇杷、蓝莓、马家柚、猕猴桃等，这些新品种的引进是否在当地稳定发展，其产业链和价值链是否趋于完善，是否改变了当地传统的种植和栽培习惯，形成了当地特色名片的农产品，对这类农产品，在收录名特优新农产品时要充分总结，重点挖掘。

枇杷

蓝莓

猕猴桃

三、优（质量安全，品质优良）

（一）内涵

“优”是指质量安全，品质优良。

“优”在名特优新中占有核心地位。作为“名、特、新”农产品首要看的应是“优”的农产品，既要有优质营养，又要对人体安全健康。

（二）实现路径

1. 把握好安全健康的内涵，把长期保持质量安全的农产品挖掘出来。在收录名特优新农产品时要把质量安全放在首要位置，对长期以来保持质量安全的农产品优先收录；如对地理标志农产品优先收录。

2. 把握好优质营养的内涵，把品质优异的农产品挖掘出来。优质营养农产品的培育与生产过程中的所有农事作业密不可分，土壤环境改变和生态保护、病虫害绿色防控、农艺措施的运用等都是生产优质营养农产品的重要环节，这是在申报名特优新农产品时必须了解和掌握的要素。

四、新（产品新颖）

（一）内涵

“新”是指产品新颖，包含生产中新技术、新科技、新工艺的运用。

（二）实现路径

把握“新”的内涵，从新技术、新设施、新工艺入手，筛选挖掘农作物新品种，促进名特优新农产品登录。

金山区“绿秀丽”茄子新品种

第二节　全国名特优新农产品申报条件

一、受理范围

（一）名特优新农产品

包括种植业和养殖业产品及其产地初加工产品。

名特优新农产品

（二）产品申报范围

原则上是初级农产品和初加工农产品。不包括野生产品、深加工农产品以及产地不确定的大海、江河捕捞的产品。

二、申报原则及发布周期

（一）“自愿申请、自主评价、自我管理”和公益服务原则。

（二）申请随时受理，原则上按季度公布。

三、申报产品条件

申请登录全国名特优新农产品名录的农产品，应符合下列条件：

（一）符合全国名特优新农产品名录收集登录的基本特征；

（二）有稳定的生产规模和商品量，全国名特优新农产品名录收集登录生产规模要求见下表；

（三）实施全程质量控制和依托龙头骨干生产经营主体引领带动；

（四）产地环境符合国家相关技术标准规范要求，产品符合食品安全相关标准要求，近三年来未出现过重大农产品质量安全问题。

表 全国名特优新农产品名录收集登录生产规模要求

行业类别	产品类别	生产规模要求
种植业	粮油作物	650公顷以上
	露地蔬菜	100公顷以上
	设施蔬菜	50公顷以上
	茶叶	500公顷以上
	大宗果品	200公顷以上
	特色果品	100公顷以上
	食用菌	50公顷以上
	中药材	100公顷以上
	其他小品种	50公顷以上
畜牧业	蛋鸡、蛋鸭（年存栏）	30 000羽以上
	肉鸡、肉鸭（年出栏）	100 000羽以上
	生猪（年出栏）	10 000头以上
	肉牛（年出栏）	2 000头以上
	肉羊（出栏）	10 000只以上
	奶牛、奶羊（存栏）	2 000头以上
	其他奶畜（存栏）	600头以上
	蜂产品	1 000群以上
	其他小品种	禽类10 000羽以上
		畜类1 000头以上
渔业	鱼、虾、蟹、贝类、藻类	10吨以上
	其他小品种	5吨以上

四、申报材料

申请登录全国名特优新农产品名录，提交下列材料：

（一）全国名特优新农产品申请表；

（二）全国名特优新农产品营养品质评价鉴定机构出具的名特优新农产品营养品质评价鉴定报告；

（三）相关证明材料：

1. 主要生产经营主体的营业证照、相关获奖及认证证书复印件；

2. 其他证明申请产品具有名特优新特征特性的材料；

3. 申请产品数码照片3 ~ 5张，包括产品不同生长期、生产环境、产品包装标识等内容（图片大小3 ~ 5 MB）。

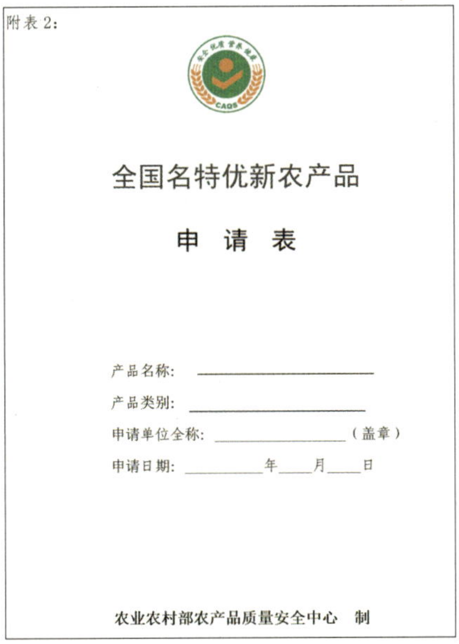

附表 2：

全国名特优新农产品

申 请 表

产品名称：

产品类别：

申请单位全称：（盖章）

申请日期：____年____月____日

农业农村部农产品质量安全中心 制

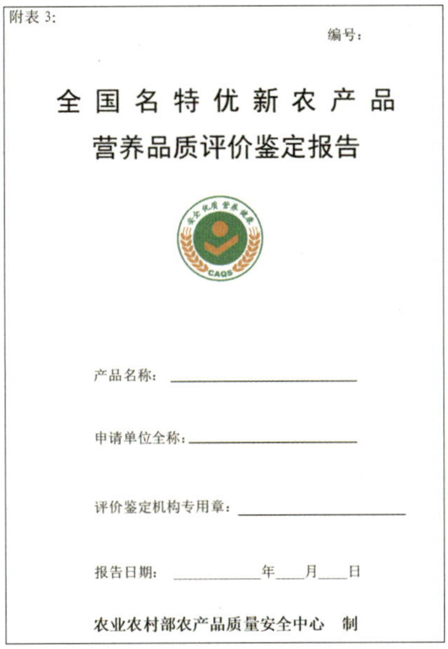

附表 3：

编号：

全 国 名 特 优 新 农 产 品

营养品质评价鉴定报告

产品名称：

申请单位全称：

评价鉴定机构专用章：

报告日期：____年____月____日

农业农村部农产品质量安全中心 制

全国名特优新农产品申请表及营养品质评价鉴定报告

第三节 全国名特优新农产品申报管理流程

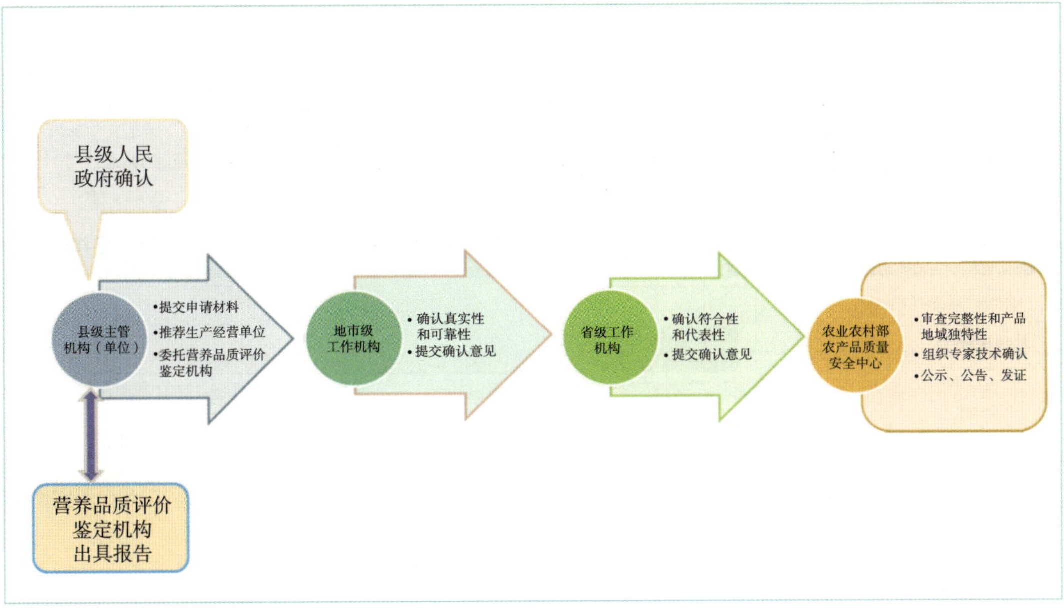

全国名特优新农产品名录收集登录流程

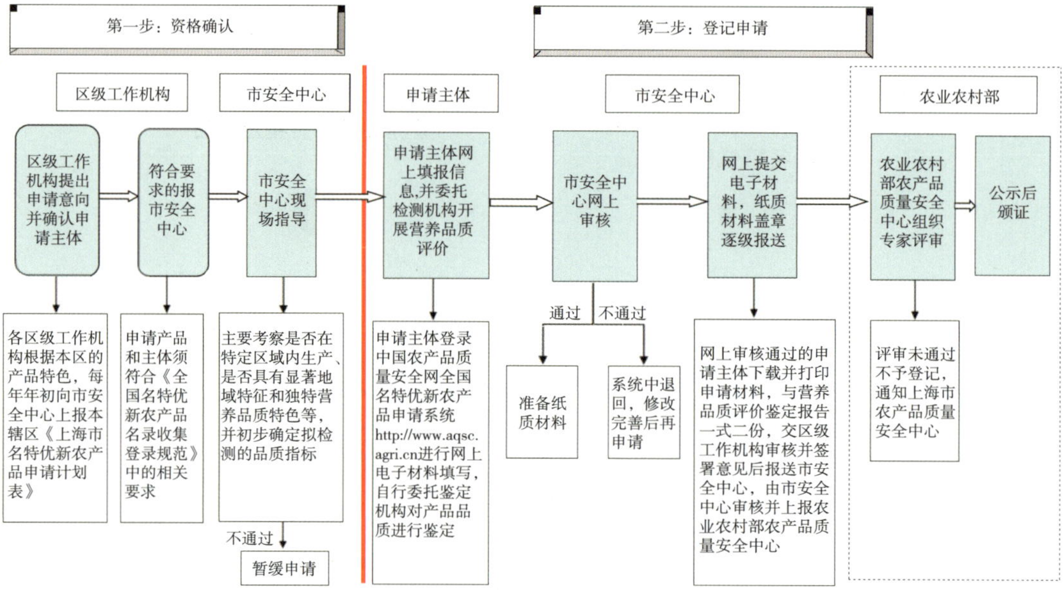

上海全国名特优新农产品申请流程图

一、县级申报

全国名特优新农产品名录原则上以县域为单元申请，由经县级人民政府确认的县级名特优新农产品主管机构（单位）作为名录登录申请主体。

申请工作实行网上电子信息和纸质文本并行。具体申请登录农业农村部农产品质量安全中心网站（http://www.aqsc.agri.cn）全国名特优新农产品信息系统。申请主体提交网上电子申请信息后，自行打印1份申请材料，经签字盖章后逐级上报确认。

全国名特优新农产品申报系统登录入口

全国名特优新农产品申报系统登录入口（续）

全国名特优新农产品申报系统登录入口（续）

二、地市级确认

地市级农业农村部门农产品质量安全（优质农产品）工作机构负责对本地区、本行业申请产品和推荐的主要生产经营主体的真实性和可靠性进行确认，提出确认意见并加盖地市级工作机构印章，同时在电子信息系统填写确认意见。

三、省级确认

省级农业农村部门农产品质量安全（优质农产品）工作机构负责对本地区、本行业申请产品和推荐的主要生产经营主体的符合性和代表性进行确认，提出确认意见并加盖省级工作机构印章，同时在电子信息系统填写确认意见。

特别注意的是，上海市结合自身实际情况，2020年发布《关于印发〈上海市名特优新农产品申请规范〉的通知》（沪农安〔2020〕9号），其中增加“现场考察”环节。省级工作机构在明确申请产品和主体符合《全国名特优新农产品名录收集登录规范》中的相关要求并收到申请主体系统填报基础信息材料后，将安排人员开展现场考察及指导。主要考察申请产品是否在特定区域内生产、是否符合农业农村部农产品质量安全中心要求的生产规模和商品量、是否具有显著地域特征和独特营养品质特色、是否有稳定的供应量和消费市场、是否具有较高的公众认知度和美誉度等，主要生产经营主体是否实施全程质量控制。指导符合条件的申请主体开展名特优新农产品申请工作，并参考《全国名特优新农产品营养品质评价鉴定规范》初步确定拟检测的品质指标，进一步推动产品申报流程畅通。

名特优新现场考察通知书

______________：

你单位网上提交的_____申请材料（**初次申请☑ 年度确认申请☐**）审查合格，按照《全国名特优新农产品名录收集登录规范（2020年版）》的相关规定，计划于近期（___年____月 __日）对你单位申请名特优新农产品生产实施现场考察，现通知如下：

1. 考察目的

考察申请产品的产地环境、质量管理体系、生产过程、产品质量等是否符合名特优新农产品的相关要求。

2. 考察依据

《全国名特优新农产品名录收集登录规范（2020年版）》等名特优新相关要求。

3. 考察内容

依据《名特优新农产品现场考察评分表》，主要对产地环境、质量管理体系、生产过程、产品质量、知名度及品牌战略措施等方面进行考察。

4. 考察组成员

考察组成员由具备名特优新农产品相关方面工作能力的市或区级工作人员组成，至少2名考察员。

5. 现场考察安排

考察组将依据《全国名特优新农产品名录收集登录规范（2020年版）》安排首末次会、环境调查、现场考察、投入品和产品仓库查验、检

名特优新农产品现场考察评分表

所在区：__________ 申请单位：__________

申请产品：__________ 生产规模：__________

企业负责人：__________ 企业名称：（盖章）__________

序号	项目	考察要求	分值	得分	备注
1	产地环境（20分）	生态环境良好	5分		
		避开工业、生活垃圾场、医院、工厂等污染源	5分		
		场容场貌良好	5分		
		空气、土壤、水满足一定的标准，有检测报告	5分		
2	质量管理体系（20分）	营业执照、商标注册证等资质齐全合法	5分		
		机构、人员岗位职责、质量安全管理制度文件完善	5分		
		生产操作规程易于获取，且参照落实	5分		
		定期组织人员参加培训，提升专业技能	5分		
3	生产过程（20分）	种源来源正规稳定	5分		
		投入品：农药、肥料或饲料、添加剂等符合要求	5分		
		生产、采购、检验记录档案完整	5分		
		通过质量管理体系：如ISO9000认证、绿色食品、地理标志农产品等	5分		
4	产品质量（20分）	产品外在特征明显	5分		
		产品有突出稳定的内在特征	5分		
		产品工艺流程设备齐全，可保证产品特性	5分		
		进行产品特性指标检测，有检测报告	5分		
5	知名度（10分）	本地消费者知晓程度较高、市场销售路径较多，市场销售额、占比率等较高	5分		
		荣获国家级或省市级产品类或其他类别奖项	5分		
6	品牌战略措施（10分）	长期参加各类展会，提升产品品牌	5分		
		有中长期战略规划	5分		

名特优新现场考察意见通知书

______________：

根据考察组的现场考察情况，现将考察意见通知如下：

☐**现场考察合格，**请持本通知书委托全国名特优新营养品质评价鉴定机构进行营养品质鉴定。

建议：1、申请产品名称：

2、营养品质鉴定指标：

3、其　　他：

☐**现场考察不合格，**本生产周期内不再受理你单位的申请。

原因：

考察员（签字）：__________

申请单位负责人（签字）：__________

被考察的主要经营单位负责人（签字）：______

年　月　日

名特优新现场考察材料

四、部级确认

农业农村部农产品质量安全中心负责对全国名特优新农产品名录申请材料完整性和产品地域独特性进行审查，组织专家进行技术确认，提出审定意见。

五、名录公示

通过技术确认拟纳入全国名特优新农产品名录的产品，在农业农村部农产品质量安全中心网站（国家农产品质量安全公共信息平台）公示，公示期7天。

公示无异议的，正式纳入全国名特优新农产品名录，由农业农村部农产品质量安全中心发布公告，核发全国名特优新农产品证书。

全国名特优新农产品名录公示

2024年第一批全国名特优新农产品名录收集登录公示信息							
序号	省份	县域	产品名称	申请单位全称	联系人	生产规模（公顷、万头、万只、万羽等）	主要生产经营单位
1	河北省	阜平县	阜平香梨	阜平县农业农村和水利局	张龙飞	350公顷	河北乾元红色农业集团有限公司 阜平县博嘉农业综合开发有限公司
2	河北省	阜平县	阜平苹果	阜平县农业农村和水利局	张龙飞	1 000公顷	河北冠阳农业科技开发有限公司 保定市天正农业技术服务有限公司 阜平县博嘉农业综合开发有限公司
3	河北省	涞水县	涞水白萝卜	涞水县农业农村局	刘红伟	186.67公顷	涞水县玉芳蔬菜农民专业合作社 涞水县日久萝卜销售农民专业合作社 涞水县京涞草莓种植农民专业合作社

农业农村部农产品质量安全中心公告（第30号）

日期：2024-04-22 作者： 来源：优质农产品发展处

根据《全国名特优新农产品名录收集登录规范》要求，阜平县农业农村和水利局等单位申请的“阜平香梨”等408个产品，经地市级、省级农业农村部门农产品质量安全与优质化业务技术工作机构审核，农业农村部农产品质量安全中心（简称“部农安中心”）组织专家技术评审确认，并在部农安中心官网公示，符合全国名特优新农产品名录登录要求，纳入全国名特优新农产品名录（详见附件）。现予以公布，并核发全国名特优新农产品证书。

全国名特优新农产品证书长期有效，并实行年度确认制度。请各持证单位按照规定做好年度确认工作。逾期未进行年度确认，登录产品自动退出全国名特优新农产品名录。

特此公告。

全国名特优新农产品名录公示（续）

公示无异议的，正式纳入全国名特优新农产品名录，由农业农村部农产品质量安全中心发布公告，核发全国名特优新农产品证书。

全国名特优新农产品获证证书样例（主证+附证）

六、年度确认

全国名特优新农产品证书长期有效，并实行年度确认制度，逾期未进行年度确认的登录产品视为自动退出全国名特优新农产品名录。证书持有人在年度有效期满30日前，收集登录产品当年的产品品种、生产地域、生产规模、年商品量、营养品质特征、主要生产单位等年度信息，自行登录电子信息系统申请年度确认。

自获证之日起，每3年（每隔2年）提交一次独特性营养品质评价鉴定报告。因品种或生产方式调整导致独特性营养品质特征发生明显变化的，证书持有人应当及时提交新的独特性营养品质评价鉴定报告。

注意事项：

（一）对年度确认时需重新提交营养品质评价鉴定报告的产品，要提前部署，合理安排品质评价鉴定时间，确保按要求如期提交鉴定报告。

（二）若因不可抗力因素，需及时说明情况并在产品失效3个月内提交年度确认相关材料，否则需重新申报。因产品未在收获期内无法进行评价鉴定的，不属于不可抗力因素。

（三）由证书持有人自行下载打印。

（四）全国名特优新农产品名录证书原件与年度确认文件共同作为全国名特优新农产品名录证明材料。

全国名特优新农产品年度确认证书样例（证书+附证+年度确认证书）

七、监督管理

县级以上农业农村部门农产品质量安全（优质农产品）工作机构加强对获证全国名特优新农产品的跟踪管理。

（一）县级工作机构加强对获证产品生产经营情况的日常巡查。

（二）地市级工作机构结合年度确认工作，开展现场核查和检查督导。

（三）省级工作机构负责组织实施对本地区、本行业获证产品的跟踪检查和独特营养品质稳定性跟踪评价。

具体实施方案可参照《全国名特优新农产品营养品质稳定性跟踪评价指南》。

（四）部中心根据需要组织开展全国名特优新农产品独特营养品质跟踪稳定性抽检工作。

全国名特优新农产品营养品质稳定性跟踪评价意见

产品名称		登录编号	
主要产地			
持证单位			
产品独特性营养品质指标	本次实测值	上次检测值	单项结论
总体产品营养品质稳定性（在对应的□内打勾）	优于往年 □	基本稳定 □	不稳定 □
评价鉴定机构意见	（印章） 签字： 年 月 日		

★评价鉴定指标——与该产品申报名特优新农产品时的产品独特性营养品质指标保持基本一致，原则上检测3～5个。如需新增和调整评价鉴定指标，可参照《全国名特优新农产品营养品质评价鉴定规范》确定。

★稳定性评价鉴定报告——格式采用申报时的全国名特优新农产品营养品质评价鉴定报告格式。通过全国名特优新农产品名录登录信息系统填报并提交。

★稳定性跟踪评价意见——依据产品外在特征和产品独特性营养品质指标，结合产品的基本信息及以往年度产品营养品质评价情况出具。

鉴定机构至少应由3名具有副高级专业技术职称以上的专家签字。

★经持证单位同意并申请，地市级工作机构和省级工作机构确认，营养品质稳定性评价鉴定报告可用于该产品当年的年度确认。

全国名特优新农产品营养品质稳定性跟踪评价

八、注销名录

获证产品出现重大产品质量安全问题或者不再符合全国名特优新农产品登录条件的，由省级工作机构确认后以正式文件报国家中心注销名录，收回全国名特优新农产品证书。

第四节　全国名特优新农产品申报工作要点

一、申请产品信息

1. 产品名称

标准命名：地域名称（原则上以县域为单位）+产品名称（例：灵宝苹果）。

扩展命名：地域名称（原则上以县域为单位）+品种名称+产品名称（例：德化刺葡萄）。

注意：申报的产品名称中不得添加企业名称、合作社名称和商标名称等，以及类似土鸡、笨鸡、有机等字样。

2. 产业类别

种植业/畜牧业/渔业。

3. 产品类别

产业类别下的细分类别（例：果品类-苹果）。

4. 品种名称

填写产品相应品种（例：爱媛38号），初加工产品应填写原料品种。

5. 收获（出栏、捕捞等）时间

指产品的收获期，可精确到月（例：1月），也可填写范围值（例：1—2月或全年）。

6. 地理标志产品

如选择“是”，须提供国家相关部门颁发的地理标志产品证书。

7. 初加工农产品加工流程图

须上传加工流程图，初加工农产品适用。

8. 主要产地

按照省、市、县、乡（镇）、村填写完整，如果所含村名超过10个，须描述至乡镇一级+共计xx个乡（镇），xx个村。

注意：主要产地分布须具备一定代表性，只局限于单个行政村的不能申报。

9. 生产历史

指从有记载以来的累计生产时间，生产历史至少5年及以上。

10. 生产规模

按照《全国名特优新农产品管理办法》中“最小生产规模”要求把握。

11. 年商品量

申报区域内商品的总年产量。

12. 产品外在特征

可参考鉴定报告中的相关内容综合描述，检测的指标值不在此处体现。

13. 产品独特性营养品质

从鉴定报告中选择3～5项具有代表性的营养品质指标进行展示，可参考《全国名特优新农产品营养品质评价鉴定规范（**类）》选择合适的指标。

14. 产地环境优势

主要描述产地环境（如海拔、经纬度、水质、土壤、气温、光照等）对产品品质的影响因素。有些产品生产（养殖）方式特殊，对产品品质有较大影响，可以进行描述。对产品品质特征没有直接影响的因素（如经济、交通等）不需要描述。

15. 产业升级推进措施及品牌创建情况

主要描述当地推出的与该区域品牌相关的产业政策、品牌创建与推广措施等，禁止体现公司名称和商标名称。不得只介绍某个公司名称、商标，应围绕整体产业进行介绍。

16. 申请产品特性特点图片

产品不同生长期、生产环境、产品包装标识、最终产品（如果品切面图、茶叶冲泡形态图等）等3～5张图片，提供的产品图片须与产品外在特征描述相符。

17. 申请产品获取的奖项、补充说明等文件

区域品牌所获得的奖项或其他证明性文件，禁止上传企业相关图片。

二、申请单位信息

（1）应为经县（市）级人民政府确认的县（市）级名特优新农产品（优质农产品）工作机构（单位）。

（2）联系人应填写负责填报的工作人员。

（3）通讯地址应填写申报单位收取证书的详细地址。

三、主要生产经营单位情况

1. 生产单位

推荐生产企业、农民专业合作社、家庭农场的数量至少2家，最多10家。

2. 法人代表

须与单位法人证书上信息一致。

3. 注册资金

须与单位法人证书上信息一致。

4. 注册商标

按实际情况勾选填写，如勾选“有”则须上传商标证明图片作为附件。

5. 主要品种

该生产单位主要种养殖的品种，须为申请产品信息中的品种名称。

6. 生产规模

所有主要生产经营单位的生产规模之和不得超过总生产规模，且占总生产规模比重不低于50%。

7. 商品总量

所有主要生产经营单位的商品总量之和不得超过产品年商品量。

8. 农产品追溯、承诺达标及质量认证等合规性情况

根据本单位实际情况和对应栏目要求提供真实、有效的证明性材料。

9. 与申请产品相关获奖情况

不应超过3项。应在对应表格内填写获奖名称、获奖时间、奖项等级、奖项核发机构等信息，并上传证明材料。

10. 营业执照

营业执照名称应与“生产单位名称”一致，经营范围应包含与申请产品相关的农产品种植、养殖、加工、销售等相关业务。

四、营养品质评价鉴定报告

1. 封面

产品名称：须与申请表中产品名称一致。

申请单位名称：须与申请表中申请单位名称一致。评价鉴定机构名称：须与评价鉴定机构专用章一致。

2. 样品名称

样品名称应与申请表中产品名称一致。

3. 样品状态和样品图片

按产品实际情况填写，保证真实有效。须上传与外观描述一致的图片。

4. 收样日期和规格重量

按实际情况填写。

5. 样品品种

按实际情况填写。

6. 申请单位

须与申请表中申请单位名称一致。

7. 样品外在特征描述

产品外在特征即通过人的感觉器官（视觉、味觉、听觉、嗅觉、触觉等）能够感知、感受到的产品的色、香、味、形等特殊品质及风味特征。

8. 评价鉴定依据

须优先选择国标、行标等公开发布的标准，如无相关标准，方可采用其他经典权威文献作为补充参照材料。

9. 评价鉴定项目

须包含产品独特性营养品质指标。

10. 所用主要仪器设备

在产品营养品质指标检测中所涉及的主要实验仪器设备。

11. 实验环境条件控制情况须确定是否符合实验条件

12. 产品独特性营养品质指标

须从“评价鉴定项目”中选取能体现产品独特营养品质的指标。

13. 测定值及参照值

主要指标的测定值须优于参照值10%以上。

14. 单项结论

可填写“大于”“小于”“优于”或“符合”。

15. 综合评价意见（对申请产品独特品质特征提出具体意见）

应对该产品做出“优于”“符合”等明确结论，包括产地环境、外在特征、五官感受及评价鉴定指标等，且均符合全国名特优新农产品认定的基本条件和要求。

16. 负责人、审核人、评价鉴定人员

负责人、审核人、评价鉴定人员不得重复，评价鉴定人员不少于2人。

第三章　上海全国名特优新农产品申报进展

第一节　全国名特优新农产品申报情况汇总

截至2024年8月，全国31个省（市、自治区）的5 668个产品已纳入，推荐企业累计15 538家。

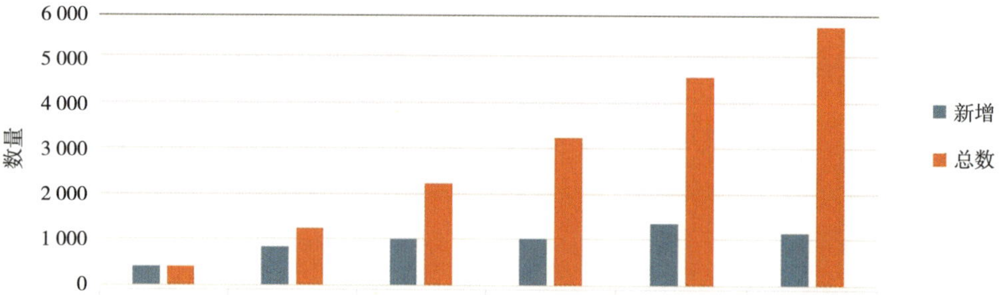

	2019年	2020年	2021年	2022年	2023年	2024年前两批
新增	400	831	999	1 012	1 351	1 145
总数	400	1 231	2 227	3 234	4 560	5 668

总数中不含70个注销产品

全国名特优新农产品数量增长情况统计

全国名特优新农产品各省情况表					
				统计截至日期：2024年8月	
序号	省份	总数	种植业	畜牧业	渔业
1	北京市	5	2	3	0
2	天津市	14	8	3	3
3	河北省	96	74	21	1
4	山西省	164	145	17	2
5	内蒙古自治区	818	533	237	48
6	辽宁省	72	57	8	7
7	吉林省	56	44	12	0
8	黑龙江省	21	17	4	0
9	上海市	38	27	8	3
10	江苏省	144	112	16	16
11	浙江省	91	66	13	12
12	宁波市	3	2	1	0
13	安徽省	297	228	46	23
14	福建省	213	164	28	21
15	江西省	316	225	64	27
16	山东省	263	208	42	13
17	青岛市	67	54	7	6
18	河南省	751	640	93	18
19	湖北省	32	25	5	2
20	湖南省	23	19	2	2
21	广东省	516	391	55	70
22	广西壮族自治区	100	75	21	4
23	海南省	18	14	2	2
24	重庆市	131	114	14	3
25	四川省	283	221	45	17
26	贵州省	114	93	14	7
27	云南省	136	103	27	6
28	西藏自治区	50	32	17	1
29	陕西省	409	332	67	10
30	甘肃省	90	66	22	2
31	青海省	26	10	16	0
32	宁夏回族自治区	77	56	15	6
33	新疆维吾尔自治区	206	143	59	4
34	新疆生产建设兵团	2	0	2	0
35	动物福利协会	22	4	22	0
36	广东农垦	4	4	0	0
合计		5 668	4 304	1 028	336

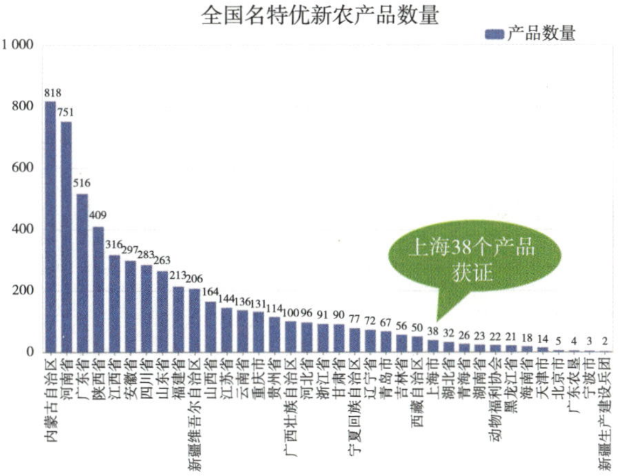

全国名特优新农产品各省份情况汇总

全国名特优新农产品产品类别情况表			
			统计截至日期：2024年8月
产品类型	产品类别	数量	生产企业数量
种植业	（一）粮食类	393	1 319
	（二）杂粮类	273	623
	（三）油料类	100	299
	（四）糖料类	9	21
	（五）蔬菜类	976	2 772
	（六）食用菌类	248	596
	（七）果品类	1 379	4 442
	（八）茶叶类	358	1 420
	（九）植物油类	104	209
	（十）中药材	253	661
	（十一）桑蚕	4	11
	（十二）棉麻	2	2
	（十三）烟草类	1	1
	（十四）其他类	90	257
	（十五）初加工品类	114	254
畜牧业	（一）畜类	458	1 178
	（二）禽类	187	459
	（三）蜂产品	101	297
	（四）鲜禽蛋	178	432
	（五）生鲜乳	27	55
	（六）初加工品类	67	103
	（七）其他	8	20
渔业	（一）淡水鱼	187	377
	（二）淡水虾	34	125
	（三）淡水蟹	19	68
	（四）淡水贝	3	7
	（五）海水鱼	15	66
	（六）海水虾	15	45
	（七）海水蟹	6	19
	（八）海水贝	19	63
	（九）藻类	2	5
	（十）海参	1	2
	（十一）蛙类	4	8
	（十二）龟鳖类	23	69
	（十三）鲵	4	6
	（十四）其他	2	2
	（十五）初加工品类	1	7
合计		5 668	15 338（去除重复数）

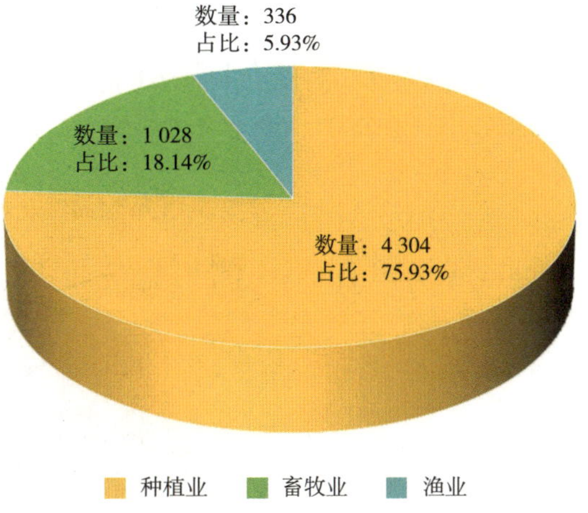

全国名特优新农产品产品类别占比图

第二节　上海全国名特优新农产品申报情况汇总

截至2024年8月，上海市9个涉农区累计共38个名特优新名录产品，涉及有效名录生产企业共187家，生产规模约10 945.15公顷、114.5万羽、1万群、0.5万头、1万只，商品量约13.49万吨，上海市全国名特优新农产品区域分布见下图，产品信息表见下表。

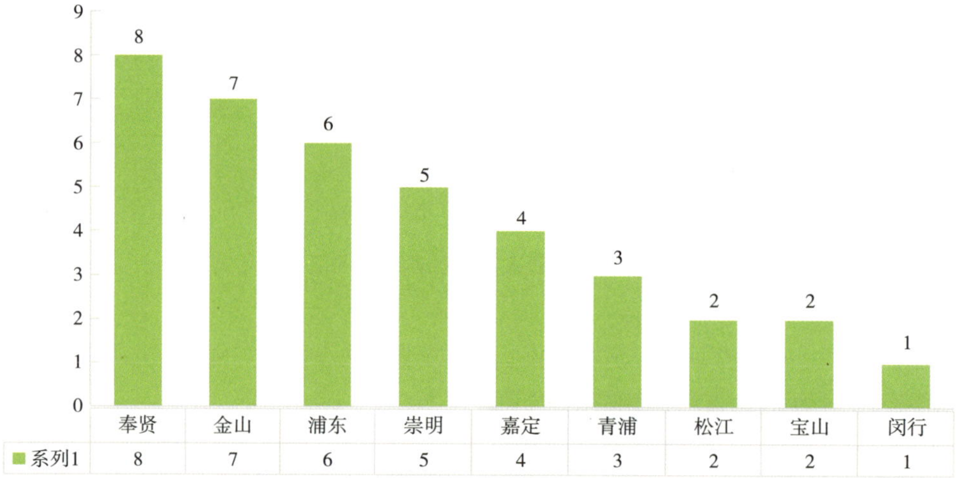

上海全国名特优新农产品区域分布

从申报类别上来看，上海全国名特优新农产品以种植业申报为主（71.05%），其次为畜牧业（21%）、渔业（7.89%）。产品类别占比见下图。

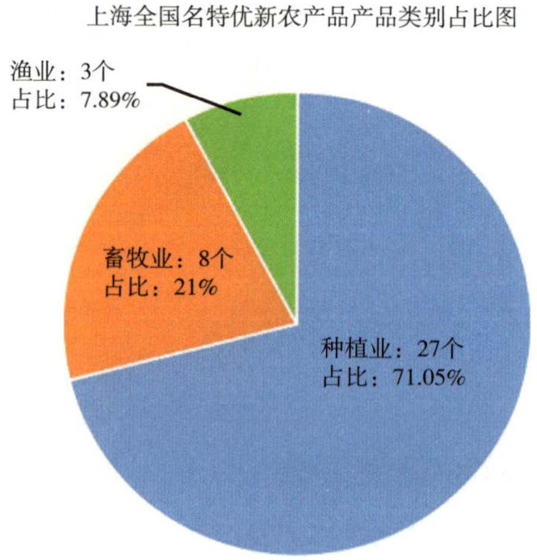

上海全国名特优新农产品产品类别占比图

表　上海全国名特优新名录产品信息汇总（有效名录产品38个；有效名录生产企业187家）

序号	获证年份	市	区	申请单位	产品名称	产业类别	产品类别		证书编号	生产经营单位（家/单位名称）		生产规模（公顷、万头、万只、万羽等）	生产规模单位	商品量（万吨）
1	2019	上海	奉贤区	上海市奉贤区农业技术推广中心	奉贤南瓜	种植业	蔬菜类	南瓜	CAQS-MTYX-20190320	2	上海曹野农业发展有限公司 上海艾妮维农产品专业合作社	100	公顷	0.24
2	2020	上海	松江区	上海市松江水晶梨协会	仓桥水晶梨	种植业	果品类	梨	CAQS-MTYX-20200005	2	上海仓桥水晶梨发展有限公司 上海仓桥水晶梨专业合作社	146.34	公顷	0.15
3	2020	上海	奉贤区	上海市奉贤区生态养殖服务中心	奉贤七彩雉	畜牧业	禽类	活鸡	CAQS-MTYX-20200244	3	上海欣灏珍禽育种有限公司 上海红艳山鸡孵化专业合作社 上海欣灏雉鸡育种中心	26	万羽	0.026
4	2020	上海	奉贤区	上海市奉贤区生态养殖服务中心	奉贤七彩雉鸡蛋	畜牧业	鲜禽蛋	鲜鸡蛋	CAQS-MTYX-20200245	3	上海欣灏珍禽育种有限公司 上海红艳山鸡孵化专业合作社 上海欣灏雉鸡育种中心	13	万羽	0.065
5	2021	上海	崇明区	上海市崇明区河蟹协会	崇明清水蟹	渔业	淡水蟹	绒螯蟹	CAQS-MTYX-20210007	6	上海福岛水产养殖专业合作社 上海崇东水产养殖专业合作社 上海宝岛蟹业有限公司 上海惠康水产养殖专业合作社 上海崇明河蟹发展集团有限公司 上海馨安河蟹发展有限公司	146.76	公顷	0.01

序号	获证年份	市	区	申请单位	产品名称	产业类别	产品类别		证书编号	生产经营单位（家/单位名称）		生产规模（公顷、万头、万只、万羽等）	生产规模单位	商品量（万吨）
6	2021	上海	浦东新区	上海市浦东新区农协会	南汇甜瓜	种植业	果品类	厚皮甜瓜	CAQS-MTYX-20210286	10	上海桃咏桃业专业合作社 上海田博瓜果专业合作社 上海浦东周兰粮食专业合作社 上海拓园果蔬专业合作社 上海庭娆果蔬专业合作社 上海淼洋果蔬专业合作社 上海星光果蔬种植专业合作社 上海开循果蔬种植专业合作社 上海团农农家乐专业合作社 上海南汇瓜果有限公司	159.4	公顷	0.48
7	2021	上海	浦东新区	上海市浦东新区农协会	南汇8424西瓜	种植业	果品类	西瓜	CAQS-MTYX-20210287	10	上海田博瓜果专业合作社 上海南汇瓜果有限公司 上海越亚农产品种植专业合作社 上海双宇果蔬专业合作社 上海拓园果蔬专业合作社 上海浦东周兰粮食专业合作社 上海李氏蔬果专业合作社 上海谷东农副产品专业合作社 上海盒米村农业专业合作联社 上海山臻果蔬专业合作社	489.5	公顷	1.5

序号	获证年份	市	区	申请单位	产品名称	产业类别	产品类别		证书编号	生产经营单位（家/单位名称）		生产规模（公顷、万头、万只、万羽等）	生产规模单位	商品量（万吨）
8	2021	上海	浦东新区	上海市浦东新区农协会	南汇水蜜桃	种植业	果品类	桃	CAQS-MTYX-20210288	10	上海新凤蜜露果蔬专业合作社 上海申凤桃业专业合作社 上海桃咏桃业专业合作社 上海南汇团星瓜果专业合作社 上海盛波果蔬专业合作社 上海越亚农产品种植专业合作社 上海甜津津果业专业合作社 上海苗荟农产品专业合作社 上海滨海实业发展有限公司 上海恒贝果蔬专业合作社	504.2	公顷	0.57
9	2021	上海	松江区	上海市松江区佘山镇农业农村服务中心	佘山水蜜桃	种植业	果品类	桃	CAQS-MTYX-20210289	3	上海众益桃业专业合作社 上海松江信瑜果业专业合作社 上海云栖生态农业专业合作社	100	公顷	0.2
10	2021	上海	嘉定区	上海市嘉定区马陆镇农业服务中心	马陆葡萄	种植业	果品类	葡萄	CAQS-MTYX-20210667	4	上海马陆葡萄公园有限公司 上海农家苑葡萄有限公司 上海葡冠生态农业有限公司 上海马陆葡萄研究所	303	公顷	0.45

序号	获证年份	市	区	申请单位	产品名称	产业类别	产品类别		证书编号	生产经营单位（家/单位名称）		生产规模（公顷、万头、万只、万羽等）	生产规模单位	商品量（万吨）
11	2021	上海	浦东新区	上海市浦东新区农协会	浦东葡萄	种植业	果品类	葡萄	CAQS-MTYX-20210668	10	上海平棋葡萄种植专业合作社 上海桃咏桃业专业合作社 上海盒米村农业专业合作联社 上海生清果蔬种植专业合作社 上海山臻果蔬专业合作社 上海润堡生态蔬果专业合作社 上海静笃果蔬专业合作社 上海千绿果蔬专业合作社 上海仁全果蔬专业合作社 上海李氏蔬果专业合作社	100	公顷	0.14
12	2021	上海	浦东新区	上海市浦东新区农协会	南汇蜜梨	种植业	果品类	梨	CAQS-MTYX-20210669	10	上海桃源科技发展有限公司 上海南汇零珊果蔬专业合作社 上海地杰蔬果专业合作社 上海农夫果园 上海星光果蔬种植专业合作社 上海醉妃缘蔬果专业合作社 上海晓枫果蔬专业合作社 上海冠香果蔬专业合作社 上海张磊果蔬专业合作社 上海良元农产品专业合作社	176.73	公顷	0.25

序号	获证年份	市	区	申请单位	产品名称	产业类别	产品类别		证书编号	生产经营单位（家/单位名称）		生产规模（公顷、万头、万只、万羽等）	生产规模单位	商品量（万吨）
13	2021	上海	金山区	上海市金山区金山卫镇农业农村服务中心	金山卫蜜梨	种植业	果品类	梨	CAQS-MTYX-20210670	1	上海善晨果蔬种植专业合作社	100	公顷	0.03
14	2021	上海	金山区	上海市金山区廊下镇农业农村服务中心	廊下蘑菇	种植业	食用菌类	双孢蘑菇	CAQS-MTYX-20210671	1	上海联中食用菌专业合作社	50	公顷	0.87
15	2022	上海	闵行区	上海市闵行区农业技术服务中心	闵行大米	种植业	粮食类	大米	CAQS-MTYX-20220677	10	上海沁弘种业有限公司 上海杰运粮食专业合作社 上海稻德粮食专业合作社 上海谷杰粮食专业合作社 上海海帝谷物专业合作社 上海竟杰粮食专业合作社 上海亮苗稻米专业合作社 上海农茂粮食专业合作社 上海秋良稻米专业合作社 上海星东粮食专业合作社	650	公顷	0.300 5

序号	获证年份	市	区	申请单位	产品名称	产业类别	产品类别		证书编号	生产经营单位（家/单位名称）		生产规模（公顷、万头、万只、万羽等）	生产规模单位	商品量（万吨）
16	2022	上海	金山区	上海市金山区吕巷镇农业农村服务中心	金山蟠桃	种植业	果品类	桃	CAQS-MTYX-20220678	2	上海金蟠果品种植专业合作社 上海溪游生态农业专业合作社	100.6	公顷	0.15
17	2022	上海	金山区	上海市金山区枫泾镇农业农村服务中心	枫泾大闸蟹	渔业	淡水蟹	绒螯蟹	CAQS-MTYX-20220679	2	上海建明河蟹养殖专业合作社 上海开太鱼文化发展有限公司	56.7	公顷	0.031 5
18	2022	上海	青浦区	上海市青浦区金泽镇农业农村服务中心	金泽大米	种植业	粮食类	大米	CAQS-MTYX-20220680	10	上海西翼农业专业合作社 上海今粹农业专业合作社 上海莺啼农业专业合作社 上海祥湖农业专业合作社 上海宏祥水稻种植专业合作社 上海博郝农机维修专业合作社 上海宝田农业专业合作社 上海馨祥农机专业合作社 上海茨程水稻种植专业合作社 上海陈许农业专业合作社	763.35	公顷	0.357 9
19	2022	上海	奉贤区	上海市奉贤区生态养殖服务中心	奉贤多花蜂蜜	畜牧业	蜂产品	蜂蜜	CAQS-MTYX-20220681	2	上海森蜂园蜂业有限公司 上海富民蜂业专业合作社	1	万群	0.25

序号	获证年份	市	区	申请单位	产品名称	产业类别	产品类别		证书编号	生产经营单位（家/单位名称）		生产规模（公顷、万头、万只、万羽等）	生产规模单位	商品量（万吨）
20	2023	上海	浦东新区	上海市浦东新区新场镇经济发展服务中心（上海市浦东新区新场镇农业农村服务中心）	新场矮脚青菜	种植业	蔬菜类	大白菜	CAQS-MTYX-20230012	4	上海新凤蜜露果蔬专业合作社 上海庆旭果蔬专业合作社 上海基新蔬果专业合作社 上海南汇南德果蔬专业合作社	100	公顷	0.584
21	2023	上海	金山区	上海市金山区金山卫镇农业农村服务中心	金山卫柑橘	种植业	果品类	柑橘	CAQS-MTYX-20230013	5	上海善晨果蔬种植专业合作社 上海田甜果业种植专业合作社 上海瑾雄果蔬种植专业合作社 上海秋茂果蔬种植专业合作社 上海强丰实业有限公司	100	公顷	0.077
22	2023	上海	嘉定区	上海嘉定工业区农业农村服务中心	灯塔草莓	种植业	果品类	草莓	CAQS-MTYX-20230338	1	上海农灯草莓生产专业合作社	100	公顷	0.16
23	2023	上海	嘉定区	上海市嘉定区动物疫病预防控制中心	嘉定梅山猪	畜牧业	畜类	猪肉	CAQS-MTYX-20230339	1	上海嘉定维高蔬果专业合作社	0.5	万头	0.05

序号	获证年份	市	区	申请单位	产品名称	产业类别	产品类别		证书编号	生产经营单位（家/单位名称）		生产规模（公顷、万头、万只、万羽等）	生产规模单位	商品量（万吨）
24	2023	上海	金山区	上海市金山区亭林镇农业农村服务中心	亭林雪瓜	种植业	果品类	薄皮甜瓜	CAQS-MTYX-20230340	8	上海亭中粮食种植专业合作社 上海成英果蔬种植专业合作社 上海亭卓种植专业合作社 上海蕣翩农机服务专业合作社 上海亭丰果蔬种植专业合作社 上海云亮果蔬专业合作社 上海保地农机服务专业合作社 上海益欢草莓种植专业合作社	102	公顷	0.229 5
25	2023	上海	奉贤区	上海市奉贤区生态养殖服务中心	奉贤绿壳鸡蛋	畜牧业	鲜禽蛋	鲜鸡蛋	CAQS-MTYX-20230341	8	上海杰祥禽蛋有限公司 上海家禽育种中心华青鸡场 上海阜稷生物科技有限公司 上海营房蛋鸡场 上海甲干动物养殖专业合作社 上海凤晨蛋鸡养殖专业合作社基地场 上海梨园草鸡养殖专业合作社 上海玉章禽蛋养殖专业合作社	3.5	万羽	0.042

序号	获证年份	市	区	申请单位	产品名称	产业类别	产品类别		证书编号	生产经营单位（家/单位名称）		生产规模（公顷、万头、万只、万羽等）	生产规模单位	商品量（万吨）
26	2023	上海	奉贤区	上海市奉贤黄桃业协会	奉贤黄桃	种植业	果品类	桃	CAQS-MTYX-20230856	6	上海贤佑农业专业合作社 上海思尔腾农业科技发展有限公司 上海贤风农产品产销专业合作社 上海岱柏农产品产销专业合作社 上海青彬农产品产销专业合作社 上海桃源里城镇建设有限公司	341.85	公顷	0.566 4
27	2023	上海	崇明区	上海崇明白山羊协会	崇明白山羊	畜牧业	畜类	羊肉	CAQS-MTYX-20230857	6	上海古宗白山羊专业合作社 上海万禾农业科技发展有限公司 上海万益农业种植专业合作社 上海小姚白山羊专业合作社 上海元臻白山羊专业合作社 上海薪安白山羊有限公司	1	万只	0.030 3
28	2024	上海	宝山区	上海市宝山区罗泾镇经济发展服务中心	罗泾大米	种植业	粮食类	大米	CAQS-MTYX-20240058	6	上海宝锦农业科技发展有限公司 上海馨泾农业科技发展有限公司 上海民顺食用菌专业合作社 上海青山粮食专业合作社 上海罗金粮食专业合作社 上海宝丰园粮食专业合作社	650	公顷	0.348
29	2024	上海	宝山区	上海市宝山区水产技术推广站	罗泾大闸蟹	渔业	淡水蟹	绒螯蟹	CAQS-MTYX-20240059	1	上海沪宝水产养殖专业合作社	52.66	公顷	0.006

序号	获证年份	市	区	申请单位	产品名称	产业类别	产品类别		证书编号	生产经营单位（家/单位名称）		生产规模（公顷、万头、万只、万羽等）	生产规模单位	商品量（万吨）
30	2024	上海	嘉定区	上海市嘉定区外冈镇农业农村服务中心	外冈大米	种植业	粮食类	大米	CAQS-MTYX-20240060	9	上海外冈粮食生产专业合作社 上海陈周粮食生产专业合作社 上海甘柏粮食生产专业合作社 上海徐冈粮食生产专业合作社 上海巨门粮食生产专业合作社 上海泉泾粮食生产专业合作社 上海周泾粮食蔬菜专业合作社 上海施晋蔬菜生产专业合作社 上海望新粮食生产专业合作社	1 258	公顷	0.96
31	2024	上海	金山区	上海市金山区廊下镇农业农村服务中心	廊下生菜	种植业	蔬菜类	叶用莴苣	CAQS-MTYX-20240061	9	上海浩丰果蔬专业合作社 上海盛科果蔬专业合作社 上海沪耕农机服务专业合作社 上海博众蔬菜种植专业合作社 上海廊鼎果蔬专业合作社 上海持灏水产养殖专业合作社 上海德昕蔬果种植专业合作社 金开（上海）农业科技有限公司 上海天合果蔬专业合作社	127	公顷	0.585 0

序号	获证年份	市	区	申请单位	产品名称	产业类别	产品类别		证书编号	生产经营单位（家/单位名称）		生产规模（公顷、万头、万只、万羽等）	生产规模单位	商品量（万吨）
32	2024	上海	青浦区	上海市青浦区白鹤镇农业农村服务中心	白鹤草莓	种植业	果品类	草莓	CAQS-MTYX-20240062	10	上海红鹤蔬果专业合作社 上海绿延有机农产品专业合作社 上海盈鹤蔬菜专业合作社 上海孰美农业投资有限公司 上海鹤连蔬果专业合作社 上海先福蔬果专业合作社 上海永胜瓜果专业合作社 上海望盛农业专业合作社 上海燕淮农业专业合作社 上海鹤辉农业专业合作社	424.16	公顷	1.018
33	2024	上海	青浦区	上海市青浦区重固镇农业农村服务中心	重固生菜	种植业	蔬菜类	叶用莴苣	CAQS-MTYX-20240063	3	上海春昌蔬果专业合作社 上海新君宴蔬果专业合作社 上海录海蔬菜专业合作社	77.6	公顷	1.07
34	2024	上海	崇明区	上海市崇明区农产品质量安全学会	崇明西红花	种植业	中药材	西红花	CAQS-MTYX-20240064	8	上海华宇西红花种植专业合作社 上海崇明汤张西红花种植专业合作社 上海佳轩西红花种植专业合作社 上海瀛洲西红花种植专业合作社 上海恒品西红花种植专业合作社 上海番景生物科技有限公司 上海卓睿西红花种植专业合作社 上海姿蔓西红花种植专业合作社	47.3	公顷	0.000 06

序号	获证年份	市	区	申请单位	产品名称	产业类别	产品类别		证书编号	生产经营单位（家/单位名称）		生产规模（公顷、万头、万只、万羽等）	生产规模单位	商品量（万吨）
35	2024	上海	奉贤区	上海市奉贤区生态养殖服务中心	奉贤乳鸽	畜牧业	禽类	鸽肉	CAQS-MTYX-20240636	5	上海申裕鸽业养殖专业合作社 上海欣荣大皇鸽养殖专业合作社 上海天羽鸽业有限公司 上海蒲基种鸽养殖专业合作社 上海郑兴鸽业养殖专业合作社	36	万羽	0.108
36	2024	上海	奉贤区	上海市奉贤区生态养殖服务中心	奉贤鸽蛋	畜牧业	鲜禽蛋	鸽蛋	CAQS-MTYX-20240637	5	上海申裕鸽业养殖专业合作社 上海欣荣大皇鸽养殖专业合作社 上海天羽鸽业有限公司 上海蒲基种鸽养殖专业合作社 上海郑兴鸽业养殖专业合作社	36	万羽	0.018
37	2024	上海	崇明区	上海崇明大米产业协会	崇明大米	种植业	粮食类	大米	CAQS-MTYX-20240638	9	上海齐茂粮食专业合作社 上海百农农业科技发展股份有限公司 上海北湖现代农业发展有限公司 上海真源农业科技发展有限公司 上海崇明纯香粮食专业合作社 上海迎泽蔬果专业合作社 上海崇明江凡果蔬种植专业合作社 上海万禾农业科技发展有限公司 上海聚霞粮食种植专业合作社	3 568	公顷	1.525
38	2024	上海	崇明区	上海市崇明蔬菜协会	崇明小菠菜	种植业	蔬菜类	菠菜	CAQS-MTYX-20240639	5	上海王波果园专业合作社 上海日鑫农业种植专业合作社 上海万禾农业科技发展有限公司 上海清伟蔬果种植专业合作社 上海崇尚中药材种植专业合作社	50	公顷	0.045 6

第四章　全国名特优新农产品申报范例

第一节　全国名特优新农产品名录产品信息查询

全国名特优新农产品名录信息可登录网址：http://mtyx.aqsc.org/Home/Minglu/index.html，输入“省份”“获证批次”“产品名称”“有效期”等信息，即可查询。

省份 上海市　获证批次 全部　产品名称　有效期 ~　查询

序号	省份	县域	证书编号	产品名称	获证单位	生产规模	有效期	主要生产经营单位	查询
1	上海市	奉贤区	CAQS-MTYX-20190320	奉贤南瓜	上海市奉贤区农业技术推广中心	100公顷	2025-12-15	上海鲁野农业发展有限公司 上海艾妮维农产品专业合作社	二维码
2	上海市	松江区	CAQS-MTYX-20200005	仓桥水晶梨	上海市松江水晶梨协会	146.34公顷	2025-05-19	上海仓桥水晶梨发展有限公司 上海仓桥水晶梨专业合作社	二维码
3	上海市	奉贤区	CAQS-MTYX-20200244	奉贤七彩雉	上海市奉贤区生态养殖服务中心	26万羽	2025-09-16	上海欣灏珍禽育种有限公司 上海红艳山鸡孵化专业合作社 上海欣灏雉鸡育种中心	二维码
4	上海市	奉贤区	CAQS-MTYX-20200245	奉贤七彩雉鸡蛋	上海市奉贤区生态养殖服务中心	13万羽	2025-09-16	上海欣灏珍禽育种有限公司 上海红艳山鸡孵化专业合作社 上海欣灏雉鸡育种中心	二维码
5	上海市	崇明区	CAQS-MTYX-20210007	崇明清水蟹	上海市崇明区河蟹协会	146.76公顷	2025-04-15	上海福岛水产养殖专业合作社 上海崇东水产养殖专业合作社 上海宝岛蟹业有限公司 上海惠康水产养殖专业合作社 上海崇明河蟹发展集团有限公司 上海馨安河蟹发展有限公司	二维码

全国名特优新农产品名录信息查询系统

进入查询界面后，点击“查询”按钮产品“二维码”，扫码即可查阅已获证名特优新产品相关信息，供产品申报借鉴参考。

全国名特优新农产品名录信息查询系统产品二维码

产品信息

颁证单位	农业农村部农产品质量安全中心		
申请单位	灵宝市园艺局		
证书编号	CAQS-MTYX-20190001		
颁证日期	2019-05-10	有效日期	2025-05-09
产品名称	灵宝苹果	产品类别	苹果
品种名称	红富士	收获时间	10月
主要产地	河南省三门峡市灵宝市10镇5乡433个行政村	生产历史（年）	102
生产规模	497公顷	年商品量	1.85

全国名特优新农产品名录登录系统产品信息（范例）

第二节　全国名特优新农产品申报范例（上海）

一、种植业申报范例（外冈大米、廊下生菜、白鹤草莓、崇明西红花）

（一）外冈大米

表1　外冈大米产品信息表

<table>
<tr><td>颁证单位</td><td colspan="4">农业农村部农产品质量安全中心</td></tr>
<tr><td>申请单位</td><td colspan="4">上海市嘉定区外冈镇农业农村服务中心</td></tr>
<tr><td>证书编号</td><td colspan="4">CAQS-MTYX-20240060</td></tr>
<tr><td>颁证日期</td><td colspan="2">2024-04-22</td><td>有效日期</td><td>2025-04-21</td></tr>
<tr><td>产品名称</td><td colspan="2">外冈大米</td><td>产品类别</td><td>大米</td></tr>
<tr><td>产业类别</td><td colspan="2">☑种植业 □畜牧业
□渔业</td><td>品种名称</td><td>南粳46
宁香粳9号</td></tr>
<tr><td>收获时间</td><td colspan="2">11月</td><td>地理标志产品</td><td>□是　否☑</td></tr>
<tr><td>主要产地
（产地要按照省、市、县、乡镇、村写完整，如果所含村名超过30个，只描述至乡镇一级）</td><td colspan="2">上海市嘉定区外冈镇葛隆村、泉泾村、望新村、马门村、长泾村、杨甸村、冈峰村、周泾村、管家村、巨门村、徐秦村、陈周村、施晋村、甘柏村</td><td>生产历史（年）</td><td>13</td></tr>
<tr><td>生产规模（公顷，万头、万只、万羽等）</td><td colspan="2">1 258公顷</td><td>年商品量
（万吨）</td><td>0.96</td></tr>
<tr><td>产品外在特征</td><td colspan="4">外冈大米米粒呈细长圆柱状、颗粒均匀色泽透亮、具有大米特有的香气；千粒重：17.6 g；米饭口感软糯、光泽度好。</td></tr>
<tr><td rowspan="5">产品独特性营养品质（3～5个特征指标）</td><td>特征指标</td><td>实测值</td><td colspan="2">类比参照值</td></tr>
<tr><td>胶稠度（mm）</td><td>79</td><td colspan="2">≥60</td></tr>
<tr><td>垩白度（%）</td><td>3.9</td><td colspan="2">≤4.0</td></tr>
<tr><td>脂肪（g/100 g）</td><td>0.7</td><td colspan="2">0.6</td></tr>
<tr><td>锌（mg/100 g）</td><td>1.72</td><td colspan="2">1.45</td></tr>
</table>

<table>
<tr><td>产地环境及
区位优势
（200～300字）</td><td colspan="2">外冈镇位于嘉定区西部，属于亚热带季风气候，四季分明，温湿度适宜，日照充足，雨量适中，全年降水量在1 000 mm左右。外冈镇地势平坦，土壤肥沃，水源充足，污染少，生态环境好。种植外冈大米的水源来自长江中下游，水质清澈。凭借优良的产地环境，生产出优质的稻谷，我们以外冈镇优质的稻谷为原料，通过稻谷筛选→去石→砻谷→谷糙分离→碾米→大米分级→大米色选→磁选→包装，生产出优质的外冈大米。</td></tr>
<tr><td>产业升级推进措施
及品牌创建情况
（200～300字）</td><td colspan="2">“外冈”品牌目前以“外冈大米”为主要经营产品，依托园区内泉泾商品猪场的有机肥料灌溉种植，使大米更加绿色、健康。另外，作为上海市首个“无人农场”种植基地，采用互联网、大数据、人工智能、5G等新一代技术，实现耕、种、管、收全程无人化作业。这种新型现代化农业作业也将成为“外冈”品牌未来发展和宣传的亮点之一。外冈大米产品外包装全面换新，新颖的颜色和设计给人眼前一亮的感觉，产品从包装技术上作出改革，采用全自动化包装流水线，使食品安全进一步得到提高，效率、产量得到提升。</td></tr>
<tr><td>申请产品特性特点图片（包括产品不同生长期、生产环境、产品包装标识等，3～5张）</td><td colspan="2">   </td></tr>
<tr><td>生产经营单位信息</td><td>9家</td><td>上海外冈粮食生产专业合作社
上海陈周粮食生产专业合作社
上海甘柏粮食生产专业合作社
上海徐冈粮食生产专业合作社
上海巨门粮食生产专业合作社
上海泉泾粮食生产专业合作社
上海周泾粮食蔬菜专业合作社
上海施晋蔬菜生产专业合作社
上海望新粮食生产专业合作社</td></tr>
</table>

（二）廊下生菜

表2　廊下生菜产品信息表

颁证单位	农业农村部农产品质量安全中心		
申请单位	上海市金山区廊下镇农业农村服务中心		
证书编号	CAQS-MTYX-20240061		
颁证日期	2024-04-22	有效日期	2025-04-21
产品名称	廊下生菜	产品类别	叶用莴苣
产业类别	☑种植业 □畜牧业 □渔业	品种名称	结球生菜
收获时间	4—5月、11—12月	地理标志产品	□是　否☑
主要产地（产地要按照省、市、县、乡镇、村写完整，如果所含村名超过30个，只描述至乡镇一级）	上海市金山区廊下镇景阳村、中丰村、中民村、中联村、光明村、南塘村、万春村、勇敢村、友好村、南陆村	生产历史（年）	27
生产规模（公顷，万头、万只、万羽等）	127公顷	年商品量（万吨）	0.585 0
产品外在特征	廊下生菜单株重550 g左右，叶片抱合成球状，纵径12～15 cm，横径12～15 cm，外叶颜色浅绿，生食口感脆嫩，味甘甜。		
产品独特性营养品质（3～5个特征指标）	特征指标	实测值	类比参照值
	可溶性固形物（%）	4	2.6
	维生素C（mg/100 g）	3.37	0.5
	叶绿素（mg/g）	0.013	—
产地环境及区位优势（200～300字）	金山区廊下镇位于上海的西南角，毗邻浙江省平湖市，土壤类型主要是青黄泥，土壤高度熟化，结构疏松通透性好、呈弱酸性，有机质和全氮含量较高，土壤影响使得廊下生菜单株球形圆整。廊下镇属季风气候区，受冬夏季风交替影响，四季分明，春秋短而冬夏长。降水充沛，日照较多，无霜期较长，适宜廊下生菜生长。年平均气温15.7℃。全年雨量充沛，初霜期在11月下旬，终霜期在4月上旬，年平均日照时数约2 000 h，独特的自然环境赋予了廊下生菜优质的生长条件，有利于春季和秋季廊下生菜的生长和内在营养成分的累计，使廊下生菜水分含量高，可溶性糖总量高，口感鲜爽脆嫩。		

<table>
<tr><td>产业升级推进措施及品牌创建情况（200～300字）</td><td colspan="2">廊下生菜通过政府引导、创建示范、项目带动，科技助力等措施推动生菜生产向绿色、规模、品牌、产业方向高质量发展。廊下生菜致力于将生菜生产标准化，农产品品牌化与新技术相结合，坚持技术为产业发展助力，坚持以市场为导向，将生菜相关科研实际应用于生产，专注于数字化与机械化的农业种植与管理，朝着生菜生产的标准化、精准化与高效化前进。廊下生菜基地全部通过了绿色认证，从而保证农业生产全程可追溯，结合承诺达标合格证制度，消除消费者对品质的顾虑。近几年廊下生菜在线上线下同步开展品牌化推广，线下进驻大型商超、连锁门店等优质零售渠道。线上在发展淘宝等电商平台同时，在视频平台上的推广使得廊下生菜进一步被市民所熟知，又其脆嫩清香可生食的特性，十分受消费者喜爱。</td></tr>
<tr><td>申请产品特性特点图片（包括产品不同生长期、生产环境、产品包装标识等，3～5张）</td><td colspan="2">   </td></tr>
<tr><td>生产经营单位信息</td><td>9家</td><td>上海浩丰果蔬专业合作社
上海盛科果蔬专业合作社
上海沪耕农机服务专业合作社
上海博众蔬菜种植专业合作社
上海廊鼎果蔬专业合作社
上海持灏水产养殖专业合作社
上海德昕蔬果种植专业合作社
金开（上海）农业科技有限公司
上海天合果蔬专业合作社</td></tr>
</table>

（三）白鹤草莓

表3　白鹤草莓产品信息表

颁证单位	农业农村部农产品质量安全中心		
申请单位	上海市青浦区白鹤镇农业农村服务中心		
证书编号	CAQS-MTYX-20240062		
颁证日期	2024-04-22	有效日期	2025-04-21
产品名称	白鹤草莓	产品类别	草莓
产业类别	☑种植业 □畜牧业 □渔业	品种名称	红颜
收获时间	当年12月—次年4月	地理标志产品	□是　否☑
主要产地（产地要按照省、市、县、乡镇、村写完整，如果所含村名超过30个，只描述至乡镇一级）	上海市青浦区白鹤镇境内所辖村：白鹤村、沈联村、鹤联村、青龙村、塘湾村、胜新村、王泾村、杜村村、朱浦村、金项村、新江村、赵屯村、江南村、南巷村、太平村、红旗村、曙光村、梅桥村、响新村、五里村、万狮村	生产历史（年）	41
生产规模（公顷，万头、万只、万羽等）	424.16公顷	年商品量（万吨）	1.018
产品外在特征	果型呈长圆锥形，外形美观，有光泽，呈鲜红色。果肉呈粉色，食之甜香微酸，风味浓郁，具独特香味。		
产品独特性营养品质（3～5个特征指标）	特征指标	实测值	类比参照值
	维生素C（mg/100 g）	53.2	47.0
	可滴定酸（%）	0.80	≤1.3
	钙（mg/100 g）	21.3	18
	镁（mg/100 g）	13.6	12
	铁（mg/100 g）	2.05	1.8
产地环境及区位优势（200～300字）	白鹤镇属北亚热带季风气候，温和湿润，四季分明，日照充足，雨水充沛，无霜期长，全区日平均气温17.6℃左右，全年无霜期230天，降水日121天，年降水量990.2 mm，全年日照总时数1 756 h，有机质丰富，土壤pH值为5.5～7.0，适合草莓生长。		

<table>
<tr><td>产业升级推进措施及品牌创建情况
（200～300字）</td><td colspan="2">2023年在“白鹤草莓”地理标志农产品保护工程项目的支持下，种苗提纯复壮、栽培技术、包装效率都得到了一定提升，种苗成活率达到90%以上，减少病虫害30%，产品机械损伤率由5%减少至2%，单小时人均产量提升47%以上。产业链标准、质量监管体系逐步提升，全面推进采用数字化网上监管平台，开具合格证，提升产品品质，加强溯源体系。举办白鹤草莓文化节、建设上海市内唯一一个以草莓为主题的文化展示馆，更好地展示白鹤草莓的品牌形象和文化内涵，同时设计出了具有白鹤草莓特色的品牌logo及礼盒包装，并依托“鱼米之乡”、“淀湖源味”等区域公共品牌平台，创新网络电商、市场专柜、直播带货等销售模式，促进产销对接，扩大销售渠道。齐心协力携手打造“白鹤草莓”地域公共品牌，共同推动草莓产业的蓬勃发展！</td></tr>
<tr><td>申请产品特性特点图片（包括产品不同生长期、生产环境、产品包装标识等，3～5张）</td><td colspan="2"> 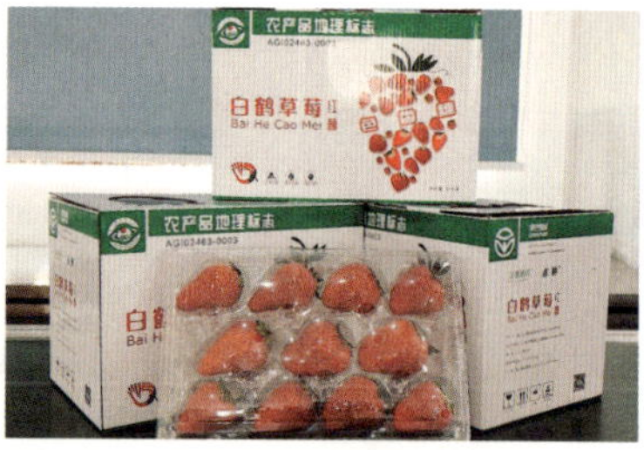  </td></tr>
<tr><td>生产经营单位信息</td><td>10家</td><td>上海红鹤蔬果专业合作社
上海绿延有机农产品专业合作社
上海盈鹤蔬菜专业合作社
上海孰美农业投资有限公司
上海鹤连蔬果专业合作社
上海先福蔬果专业合作社
上海永胜瓜果专业合作社
上海望盛农业专业合作社
上海燕淮农业专业合作社
上海鹤辉农业专业合作社</td></tr>
</table>

（四）崇明西红花

表4　崇明西红花产品信息表

<table>
<tr><td>颁证单位</td><td colspan="3">农业农村部农产品质量安全中心</td></tr>
<tr><td>申请单位</td><td colspan="3">上海市崇明区农产品质量安全学会</td></tr>
<tr><td>证书编号</td><td colspan="3">CAQS-MTYX-20240064</td></tr>
<tr><td>颁证日期</td><td>2024-04-22</td><td>有效日期</td><td>2025-04-21</td></tr>
<tr><td>产品名称</td><td>崇明西红花</td><td>产品类别</td><td>西红花</td></tr>
<tr><td>产业类别</td><td>☑种植业 □畜牧业
□渔业</td><td>品种名称</td><td>崇明一号</td></tr>
<tr><td>收获时间</td><td>11月</td><td>地理标志产品</td><td>□是　否☑</td></tr>
<tr><td>主要产地（产地要按照省、市、县、乡镇、村写完整，如果所含村名超过30个，只描述至乡镇一级）</td><td>上海市崇明区庙镇、建设镇</td><td>生产历史（年）</td><td>40</td></tr>
<tr><td>生产规模（公顷，万头、万只、万羽等）</td><td>47.3公顷</td><td>年商品量（万吨）</td><td>0.000 06</td></tr>
<tr><td>产品外在特征</td><td colspan="3">崇明西红花呈线性、三分枝，长约3～4 cm，暗红色、下端有一小段黄色花柱，上部较宽而略扁平、顶端边缘显不整齐的齿状、内侧有一短裂隙，体轻、质松软，干品质脆易断，开水冲泡汤色金黄、无沉淀，有西红花独特香气。</td></tr>
<tr><td rowspan="5">产品独特性营养品质（3～5个特征指标）</td><td>特征指标</td><td>实测值</td><td>类比参照值</td></tr>
<tr><td>总灰分（g/100 g）</td><td>6.6</td><td>≤7.5</td></tr>
<tr><td>醇溶性浸出物（%）</td><td>61.2</td><td>≥55</td></tr>
<tr><td>西红花苷-Ⅰ和西红花苷-Ⅱ含量之和（%）</td><td>19.6</td><td>≥10</td></tr>
<tr><td>苦番红花素（%）</td><td>6.7</td><td>≥5</td></tr>
<tr><td>产地环境及区位优势（200～300字）</td><td colspan="3">作为国内最大的西红花产业基地，崇明和西红花结缘已久，规模化种植已有30多年的历史。西红花种植十分讲究，适宜在冬季气候温暖、生育期有适当降水量、后期气温缓慢上升的环境中生长，而且生长环境不能有任何污染。崇明多沙质土壤，透气利水性好、有机质和氮等含量指标达到中等肥力土壤标准；崇明绝佳的气候环境非常适合西红花的繁育，早在20世纪60年代便有引种。在崇明，西红花种植一般是11月底球茎入土进行大田种植，经过180天田间管理，次年5月将球茎从土中挖起转移至室内，在控温控湿条件下继续培育。崇明生产的西红花，色泽光亮，花丝较长，西红花总苷含量比进口产品高出一倍以上，是上海市特色道地药材，是崇明品牌农产品之一。</td></tr>
</table>

产业升级推进措施及品牌创建情况（200～300字）	崇明西红花产业的形成，经历了一个从无到有，从有到优，从优到强的发展过程。其中政府实施项目推动、引导和扶持农民科学种植、夯实和拓展基地建设、开启合作社经营模式是产业发展的基础；依托高科技研发、高品质提升、高附加值产出是产业发展的有效途径；融入打造上海四大品牌大格局，发挥崇明生态优势，打造崇明藏红花品牌，形成崇明地方特色是产业发展的根本出路。夯实“龙头企业+合作社+农户”模式，先后开发出西红花面膜、西红花香米、西红花精油等产品，通过延伸产业链，不断解锁西红花新的打开方式，提升西红花产业附加值。	
申请产品特性特点图片（包括产品不同生长期、生产环境、产品包装标识等，3～5张）	   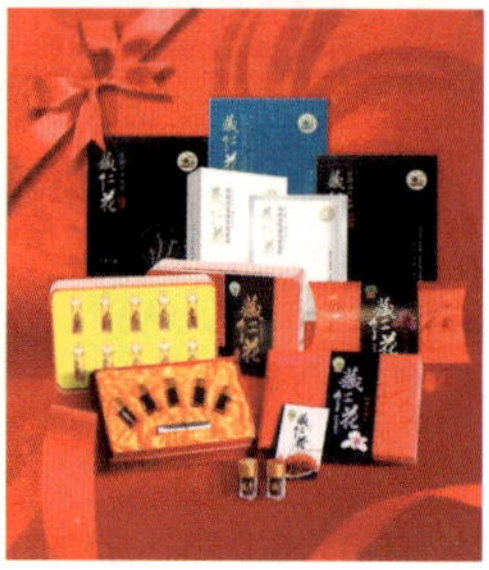	
生产经营单位信息	8家	上海华宇西红花种植专业合作社 上海崇明汤张西红花种植专业合作社 上海佳轩西红花种植专业合作社 上海瀛洲西红花种植专业合作社 上海恒品西红花种植专业合作社 上海番景生物科技有限公司 上海卓睿西红花种植专业合作社 上海姿蔓西红花种植专业合作社

二、畜牧业申报范例（崇明白山羊）

表5　崇明白山羊产品信息表

<table>
<tr><td>颁证单位</td><td colspan="3">农业农村部农产品质量安全中心</td></tr>
<tr><td>申请单位</td><td colspan="3">上海崇明白山羊协会</td></tr>
<tr><td>证书编号</td><td colspan="3">CAQS-MTYX-20230857</td></tr>
<tr><td>颁证日期</td><td>2023-12-19</td><td>有效日期</td><td>2024-12-18</td></tr>
<tr><td>产品名称</td><td>崇明白山羊</td><td>产品类别</td><td>羊肉</td></tr>
<tr><td>产业类别</td><td>□种植业☑畜牧业
□渔业</td><td>品种名称</td><td>白山羊</td></tr>
<tr><td>收获时间</td><td>全年</td><td>地理标志产品</td><td>☑是 否□</td></tr>
<tr><td>主要产地（产地要按照省、市、县、乡镇、村写完整，如果所含村名超过30个，只描述至乡镇一级）</td><td>上海市崇明区中兴镇爱国村、新河镇天新村、向化镇阜康村、港沿镇合兴村、港沿镇合东村、三星镇平安村。</td><td>生产历史（年）</td><td>15</td></tr>
<tr><td>生产规模（公顷，万头、万只、万羽等）</td><td>1万只</td><td>年商品量
（万吨）</td><td>0.030 3</td></tr>
<tr><td>产品外在特征</td><td colspan="3">崇明白山羊体型中等偏小，头较长直，颌下有长须，部分有肉垂，被毛纯白，公羊角粗长、向后外倾斜、呈“八”字形，母羊角细短，耳直立灵活，鼻梁平直。崇明白山羊肌肉深红色，脂肪乳白色，肉质细腻，表面有光泽，纹路清晰有弹性，切面湿润，不沾手，有大理石花纹。</td></tr>
<tr><td rowspan="5">产品独特性营养品质
（3～5个特征指标）</td><td>特征指标</td><td>实测值</td><td>类比参照值</td></tr>
<tr><td>胆固醇（mg/100 g）</td><td>27.3</td><td>107</td></tr>
<tr><td>硒（μg/100 g）</td><td>8.9</td><td>5.53</td></tr>
<tr><td>钙（mg/100 g）</td><td>17.5</td><td>8</td></tr>
<tr><td>蛋氨酸（mg/100 g）</td><td>440</td><td>211</td></tr>
<tr><td>产地环境及区位优势
（200～300字）</td><td colspan="3">崇明白山羊是岛上居民在长期的生产活动中，经逐步选育形成的，崇明白山羊的饲养方式以舍饲为主栓牧为副。属北亚热带气候，夏季高温多雨，冬季气候干燥，春秋二季温度宜人，适宜各种杂草的生长，饲草丰富，温度适宜。崇明岛从形成至今，一直保持着气净、土净、水净的优势，因而生长在岛上的名种杂草也是清洁的饲草，舍饲以刈割各类杂草为主，不喂饲料，栓牧确保了每天都有相当的运动量，因而确保了肉质鲜美。同时白山羊无汗腺，其散热方式主要为蒸发散热，夏季气候炎热，为了适应环境，崇明白山羊保持中等偏小的体型，而入秋后天气渐渐变冷，为了抵抗寒冷的影响，采食量增加，此时脂肪堆积开始增加，为越冬做好体脂储备。因而特定的地理位置决定了崇明白山羊具有特定的品质。</td></tr>
</table>

产业升级推进措施及品牌创建情况（200～300字）	统一生产标准、统一区域化品牌、统一销售标准。崇明白山羊是全国重点保护和发展的家畜品种，也是最具海岛代表性和知名度的特色种源之一。崇明白山羊获批成为农产品地理标志产品后，对于加快崇明白山羊产业发展具有十分重要的意义。围绕崇明白山羊种源保护开发利用和产业高质量发展，积极探索产业发展新路径，推进崇明白山羊产业体系建设，从而助力乡村振兴。未来3年内，在崇明区有条件的乡镇推进实施“羊村”建设，计划试点建设100个羊村，平均每村遴选20户养殖户，户均投放5头母羊用于繁殖。农户繁殖的断奶合格羔羊由崇明白山羊产业龙头企业按市场价回收集中育肥和品牌化销售，农户提供羔羊由区政府给予一定补贴，此方式也带动村民共同增收致富。	
申请产品特性特点图片（包括产品不同生长期、生产环境、产品包装标识等，3～5张）		
生产经营单位信息	6家	上海古宗白山羊专业合作社 上海万禾农业科技发展有限公司 上海万益农业种植专业合作社 上海小姚白山羊专业合作社 上海元臻白山羊专业合作社 上海薪安白山羊有限公司

三、渔业申报范例（罗泾大闸蟹）

表6　罗泾大闸蟹产品信息表

颁证单位	农业农村部农产品质量安全中心		
申请单位	上海市宝山区水产技术推广站		
证书编号	CAQS-MTYX-20240059		
颁证日期	2024-04-22	有效日期	2025-04-21
产品名称	罗泾大闸蟹	产品类别	绒螯蟹
产业类别	□种植业 □畜牧业 ☑渔业	品种名称	中华绒螯蟹
收获时间	9月底—12月底	地理标志产品	□是　否☑
主要产地（产地要按照省、市、县、乡镇、村写完整，如果所含村名超过30个，只描述至乡镇一级）	上海市宝山区罗泾镇海星村	生产历史（年）	12
生产规模（公顷，万头、万只、万羽等）	52.66公顷	年商品量（万吨）	0.006 0
产品外在特征	罗泾大闸蟹体态威武、眼球灵动，青背、白肚、金爪、金毛、腿长、二螯八爪强劲有力，爪毛根根挺拔，呈金黄色，蟹壳饱满硬实，个头较大，雌蟹平均规格200 g/只，雄蟹平均规格250 g/只，蒸食蟹肉饱满厚实、鲜嫩肥美。		
产品独特性营养品质（3～5个特征指标）	特征指标	实测值	类比参照值
	天冬氨酸（mg/100 g）	1 709	11.40 ± 2.89
	谷氨酸（mg/100 g）	2 984	81.81 ± 2.65
	丝氨酸（mg/100 g）	779	8.88 ± 1.56
	脂肪含量（%）	12.7	8～12
	胆固醇（mg/100 g）	83.8	267
	钾（mg/100 g）	243	181
	镁（mg/100 g）	34.2	23

产地环境及区位优势（200～300字）	上海市宝山区罗泾镇坐落于长江下游，紧靠长江边，位于上海市饮用水源二级保护区内，与上海市宝山区北部沿江生态农业园形成一个整体。原生态、无污染、得天独厚的自然环境中空气宜人。罗泾大闸蟹养殖基地从上海市饮用水源二级保护区汲取长江水，经过园区内部蓄水池塘的沉淀，外加多种水草的育肥净化后分配到各个池塘来进行原生态古法养殖。整个水塘内水质清澈，水草肥美。罗泾大闸蟹养殖基地靠近长江边，江风时常很大，这让蟹池获得了天然的增氧效果，水底的溶氧量更高，促使蟹的活动更积极，这不光促进了它的消化又增加了蟹肉的紧致和弹性。	
产业升级推进措施及品牌创建情况（200～300字）	1. 进一步优化池塘活水循环系统。池塘活水循环系统，包括内循环、外循环、自净化三部分内容。其中内循环实现养殖塘的敞水区和种草养蟹区的水体流动，上下层水的对流，最终达到养殖塘内不同功能区域之间的有序循环。外循环实现养殖塘与生态净化塘之间的水体流动，将养殖尾水引入生态净化塘，利用生态净化手段将尾水进行集中处理，再流入养殖塘，实现养殖用水循环利用。自净化基于养殖塘和净化塘的内外循环，利用蟹塘物质能量循环、生态动力学原理实现污染物的转化与降解。2. 种质资源的优化。为提高河蟹的品质及规格，罗泾大闸蟹养殖户与上海市海洋大学合作，由养殖户提供优质的大规格河蟹亲本，进行“江海21号”大眼幼体的培育。3. 品牌的建设。经过十几年的河蟹生态绿色养殖，罗泾大闸蟹已经创建了自己的品牌“宝山湖长江蟹”，从2012年起，连续11年获得“王宝和杯”全国河蟹大赛金蟹奖，连续多年在10—11月成功举办宝山湖长江蟹品蟹节，知名度逐年提高，2022年宝山湖长江蟹被认定为绿色食品A级产品，许可使用绿色食品标志。	
申请产品特性特点图片（包括产品不同生长期、生产环境、产品包装标识等，3～5张）	   	
生产经营单位信息	1家	上海沪宝水产养殖专业合作社

第三篇

农耕农品篇

引 言

为贯彻落实习近平总书记关于赓续农耕文明，开发农业多种功能、挖掘乡村多元价值的重要指示精神，推进乡村特色产业发展，充分展示独具农耕文化的乡村风貌、乡土特产和农耕资源，满足公众农耕农品传承与感悟体验需求，加快培树农产品区域品牌，促进乡村特色优势产业发展，切切实实助力乡村产业振兴和文化振兴，开展农耕农品记忆索引名录征集工作。

第五章　农耕农品记忆索引名录申报管理文件

第一节　中国绿色食品发展中心关于探索开展农耕农品记忆索引名录征集工作的函

（中绿地函〔2023〕276号）

各省（区、市）及计划单列市绿色食品（绿色优质农产品）工作机构，新疆生产建设兵团农产品质量安全中心、北大荒农垦集团有限公司，各绿色食品（绿色优质农产品）技术支撑机构及相关单位：

为贯彻落实习近平总书记关于赓续农耕文明，开发农业多种功能、挖掘乡村多元价值的重要指示精神，推进乡村特色产业发展，充分展示独具农耕文化的乡村风貌、乡土特产和农耕资源，满足公众农耕农品传承与感悟体验需要，中国绿色食品发展中心拟探索开展农耕农品记忆索引名录征集工作。现将有关事项函告如下。

一、记忆索引名录范围

征集的农耕农品记忆索引名录，包括涵盖具有农耕文化记忆（印记）传承属性并源于种植养殖生产消费过程、彰显农业多种功能乡村多元价值、满足乡愁感知感悟感念，且具有独特生产、加工、贮藏、保鲜、消费、技艺与品质特性、风格特色的农产品及相关产品。

二、申请材料

农耕农品记忆索引名录征集，以覆盖区域范围内的农业生产经营主体、行业协会、技术机构等为主体（统称“申请单位”）。申请单位应当具有产地覆盖、全程质控、生产指导、消费引导、产销对接和农耕传承的能力。农耕农品记忆索引名录征集坚持“自愿申请、自行举证、自我承诺”原则。申请时提交下列材料：

（一）申请表；

（二）农耕特点与传承情况简述及说明性举证材料；

（三）特色生产（保持、保存、保护等）质量控制技术要点（规范）；

（四）产品特性（品质、风格等）简述及说明性举证材料；

（五）应用场景、消费定位及发展趋势简述。

三、征集程序

农耕农品记忆索引名录征集，按照主体申请、县级农业农村部门（或相关主管部门）审核，地市级和省级绿色食品（绿色优质农产品）工作机构审查，中国绿色食品发展中心组织专家审评后在中国绿色食品发展中心官网（国家绿色优质农产品公共信息平台）上公布，并以适当方式附送通识性纸质（硬质）印记标识。

四、跟进服务

农耕农品记忆索引名录征集，遵循“即时受理、适时审核、及时公布”工作机制，突出公益性服务，中国绿色食品发展中心在农耕农品记忆索引名录征集过程中不收取任何费用。凡纳入“全国农耕农品记忆索引名录”的产品，实行动态管理，由县级以上地方绿色食品（绿色优质农产品）工作机构加强跟踪评价和技术服务。凡不再符合农耕农品记忆索引名录征集条件和要求的，依规退出名录。

农耕农品记忆索引名录征集，是一项服务乡村振兴的新工作。请各省（区、市）绿色食品（绿色优质农产品）工作机构及相关单位高度重视，因地制宜积极做好组织实施，并请确定1～2位业务主管同志。在征集工作推动过程中如有好的意见建议，请及时与中国绿色食品发展中心地理标志处联系。

附件：农耕农品记忆索引名录征集申请表

中国绿色发展中心

2023年10月9日

第二节 上海市农耕农品记忆索引名录发展方案

（沪农安〔2024〕6号）

2024年初，上海市发布《关于加快推进上海市绿色优质农产品品牌建设的通知》（沪农安〔2024〕6号）中详细提出《上海市农耕农品记忆索引名录发展方案》，进一步指导有效推动农耕农品记忆索引名录征集工作，文件如下。

上海市农耕农品记忆索引名录发展方案

为贯彻落实习近平总书记关于赓续农耕文明，开发农业多种功能，挖掘乡村多元价值的重要指示精神，挖掘利用本市乡村特色农业资源和传承农耕文化。按照《中国绿色食品发展中心关于探索开展农耕农品记忆索引名录征集工作的函》（中绿地函〔2023〕276号）的文件要求，结合本市实际情况，现制定如下发展方案。

一、总体目标

紧紧围绕我市特色优势产业，挖掘传承不同地域农耕特色和产品品质、风格特性，充分彰显独具农耕文化的乡土特产和农耕资源，满足公众农耕农品传承和感悟体验需要。

二、申请条件

1. 主体条件。农耕农品记忆索引名录征集，以覆盖区域范围内的农业生产经营主体、行业协会、技术机构等为主体（统称“申请单位”）。申请单位应当具有产地覆盖、全程质控、生产指导、消费引导、产销对接和农耕传承的能力。

2. 产品条件。农耕农品记忆索引名录，包括涵盖具有农耕文化记忆（印记）传承属性并源于种植养殖生产消费过程、彰显农业多种功能乡村多元价值、满足乡愁感知感悟感念，且具有独特生产、加工、贮藏、保鲜、消费、技艺与品质特性、风格特色的农产品及相关产品。包括但不限于农产品地理标志产品、全国名特优新农产品、绿色食品、农业相关非遗产品和已作为文创农品登录展示的产品。

3. 申报材料。农耕农品记忆索引名录征集，坚持“自愿申请、自行举证、自我承诺”原则。申请材料目录清单见附表1，申请表见附表2。

三、工作任务

（一）摸清底数，编报计划

各区级工作机构要充分挖掘域内农耕农品资源，每年一季度上报本辖区农耕农品记忆索引名录申报计划表（见附表3）。

（二）规范申报，严格审核

各区级工作机构要指导相关主体规范申报，在农耕特点与传承情况、产品品质风格特性、消费应用场景等方面严格材料审核把关，确保申报材料的真实性、完整性、规范性。

四、工作要求

（一）加强组织领导

农耕农品索引名录征集是一项服务乡村振兴的新工作，各区级工作机构要加强宣贯，积极引导，明确专人负责协调联络，按时间阶段和要求推进申报。

（二）坚持优中选优

各区级工作机构在组织实施工作中，要结合实际工作现状，优中选优，优先发展域内特色农耕农品资源。

附表：1. 上海市农耕农品记忆索引名录申请材料目录清单

2. 农耕农品记忆索引名录征集申请表

3. 2024年上海市农耕农品记忆索引名录征集申报计划表

附表1

上海市农耕农品记忆索引名录申请材料目录清单

申请材料装订审查。申请材料需装订成册，建议采用单页可替换方式装订，方便材料补充。封面注明产品名称、申请单位全称等信息。编排目录及页码，申请材料目录清单按照如下顺序排列：

序号	申请材料目录清单	备注
1	封面	/
2	目录	/
3	申请表	/
4	农耕特点与传承情况简述及说明性举证材料	说明性举证材料可附地方县志、市志等历史记载、政策文件、获证证书等
5	特色生产（保持、保存、保护等）质量控制技术要点（规范）	说明性举证材料可附产品质量控制技术规范或相关标准等
6	产品特性（品质、风格等）简述及说明性举证材料	说明性举证材料可附产品营养品质评价鉴定报告、质量安全检测报告等
7	应用场景、消费定位及发展趋势简述	说明性举证材料可附产品品牌价值评价证书、获奖证书、市售包装等
8	其他说明材料	/

附表2

农耕农品记忆索引名录征集
申 请 表

产品名称：______________________________

申请单位：______________（填写全称并加盖印章）

填报日期：____________年_____月_____日

中国绿色食品发展中心 制

一、申请产品基本信息

<table>
<tr><td>产品全称</td><td colspan="3"></td></tr>
<tr><td>规模数量</td><td></td><td>年产值（万元）</td><td></td></tr>
<tr><td>产地覆盖范围
（200字以内，可另附页）</td><td colspan="3"></td></tr>
<tr><td>农耕特点及传承情况简述
（500字以内，可另附页）</td><td colspan="3"></td></tr>
<tr><td>产品特性（品质、风格）简述
（500字以内，可另附页）</td><td colspan="3"></td></tr>
<tr><td>应用场景、消费定位及发展趋势简述（500字以内，可另附页）</td><td colspan="3"></td></tr>
</table>

二、申请单位概况

申请单位全称			
统一社会信用代码			
法定代表人 （负责人）			
日常业务联络人			
座　　机		手　　机	
传　　真		电子邮箱	
通讯地址			
责任承诺	本单位郑重承诺：所提交的农耕农品记忆索引名录征集申请材料真实可信。如有不实，所有责任自行承担。若被纳入《全国农耕农品记忆索引名录》，一定严格按照规定要求保持并持续不断提升品质与品级。 法定代表人（负责人）签字： （申请单位印章） 年　　月　　日		

三、审核意见

县级农业农村部门（相关主管部门）审核意见	负责人签字：　　（印章） 年　　月　　日
地市级绿色食品（绿色优质农产品）工作机构审查意见	负责人签字：　　（印章） 年　　月　　日
省级绿色食品（绿色优质农产品）工作机构审查意见	负责人签字：　　（印章） 年　　月　　日
全国农耕农品记忆索引名录专家审评意见	年　　月　　日

附表3

2024年上海市农耕农品记忆索引名录征集申报计划表

序号	所属区	产品全称	行业（种植/畜牧/渔业等）	产品类别	年产量（吨）	种植规模（公顷）	养殖规模	年产值（万元）	申请单位全称	申请单位类型	法定代表人	业务联系人	电话	手机号	联系地址	计划申报季度
1																
2																
3																
…																

第六章　农耕农品记忆索引名录申报指南

第一节　农耕农品记忆索引名录定义内涵

农耕农品记忆索引名录定义：农耕农品记忆索引名录，包括涵盖具有农耕文化记忆（印记）传承属性并源于种植养殖生产消费过程、彰显农业多种功能乡村多元价值、满足乡愁感知感悟感念，且具有独特生产、加工、贮藏、保鲜、消费、技艺与品质特性、风格特色的农产品及相关产品。

工艺品类

水产动物类

果品类

肉类产品类

蔬菜类

粮食类

蛋类产品类

茶叶类

农耕农品记忆索引名录产品分类（部分）

第二节 农耕农品记忆索引名录征集申报条件

（一）主体条件。农耕农品记忆索引名录征集，以覆盖区域范围内的农业生产经营主体、行业协会、技术机构等为主体（统称“申请单位”）。申请单位应当具有产地覆盖、全程质控、生产指导、消费引导、产销对接和农耕传承的能力。

（二）产品条件。农耕农品记忆索引名录，包括涵盖具有农耕文化记忆（印记）传承属性并源于种植养殖生产消费过程、彰显农业多种功能乡村多元价值、满足乡愁感知感悟感念，且具有独特生产、加工、贮藏、保鲜、消费、技艺与品质特性、风格特色的农产品及相关产品。包括但不限于农产品地理标志产品、全国名特优新农产品、绿色食品、农业相关非遗产品和已作为文创农品登录展示的产品。

农耕农品记忆索引名录申报产品示例

（三）申报原则及发布周期。农耕农品记忆索引名录征集，坚持“自愿申请、自行举证、自我承诺”原则。遵循“即时受理、适时审核、及时公布”工作机制，突出公益性服务。

（四）申报材料。按照《中国绿色食品发展中心关于探索开展农耕农品记忆索引名录征集工作的函》（中绿地函〔2023〕276号）的文件要求，申报材料如下：

1. 申请表；
2. 农耕特点与传承情况简述及说明性举证材料；
3. 特色生产（保持、保存、保护等）质量控制技术要点（规范）；
4. 产品特性（品质、风格等）简述及说明性举证材料；
5. 应用场景、消费定位及发展趋势简述。

附件

农耕农品记忆索引名录征集

申请表

产 品 名 称 ：__________________

申 请 单 位 ：__________________（填写全称并加盖印章）

填 报 日 期 ：________年____月____日

中国绿色食品发展中心　制

一、申请产品基本信息

产品全称			
规模数量		年产值（万元）	
产地覆盖范围（200字以内，可另附页）			
农耕特点及传承情况简述（500字以内，可另附页）			
产品特性（品质、风格）简述（500字以内，可另附页）			
应用场景、消费定位及发展趋势简述（500字以内，可另附页）			

二、申请单位概况

申请单位全称			
统一社会信用代码			
法定代表人（负责人）			
日常业务联络人			
座　机		手　机	
传　真		电子邮箱	
通讯地址			
责任承诺	本单位郑重承诺：所提交的农耕农品记忆索引名录征集申请材料真实可信。如有不实，所有责任自行承担。若被纳入《全国农耕农品记忆索引名录》，一定严格按照规定要求保持并持续不断提升品质与品级。 法定代表人（负责人）签字： （申请单位印章） 年　月　日		

三、审核意见

县级农业农村部门（相关主管部门）审核意见	负责人签字：（印章） 年　月　日
地市级绿色食品（绿色优质农产品）工作机构审查意见	负责人签字：（印章） 年　月　日
省级绿色食品（绿色优质农产品）工作机构审查意见	负责人签字：（印章） 年　月　日
全国农耕农品记忆索引名录专家审评意见	年　月　日

农耕农品记忆索引名录征集申请表

紧紧围绕上海市特色优势产业，挖掘传承不同地域农耕特色和产品品质、风格特性，充分彰显独具农耕文化的乡土特产和农耕资源，满足公众农耕农品传承和感悟体验需要。结合上海市实际情况，本中心特制定了《上海市农耕农品记忆索引名录发展方案》（沪农安〔2024〕6号），进一步梳理了农耕农品记忆索引名录征集申请材料目录清单，详见下表。

申请材料装订审查。申请材料需装订成册，建议采用单页可替换方式装订，方便材料补充。封面注明产品名称、申请单位全称等信息。编排目录及页码，申请材料目录清单按照下表顺序排列。

表　上海市农耕农品记忆索引名录申请材料目录清单

序号	申请材料目录清单	备注
1	封面	/
2	目录	/
3	申请表	/
4	农耕特点与传承情况简述及说明性举证材料	说明性举证材料可附地方县志、市志等历史记载、政策文件、获证证书等
5	特色生产（保持、保存、保护等）质量控制技术要点（规范）	说明性举证材料可附产品质量控制技术规范或相关标准等
6	产品特性（品质、风格等）简述及说明性举证材料	说明性举证材料可附产品营养品质评价鉴定报告、质量安全检测报告等
7	应用场景、消费定位及发展趋势简述	说明性举证材料可附产品品牌价值评价证书、获奖证书、市售包装等
8	其他说明材料	/

封面模板

农 耕 农 品 记 忆 索 引 名 录 征 集

申
请
材
料

产品名称：____________________（上海）

申请单位：____________________（盖章）

目录模板（注意：此模板内容不受限，相关内容可对应补充）

目　录

第三节　农耕农品记忆索引名录申报管理流程

农耕农品记忆索引名录征集，按照主体申请、县级农业农村部门（或相关主管部门）审核，地市级和省级绿色食品（绿色优质农产品）工作机构审查，中国绿色食品发展中心组织专家审评后在中国绿色食品发展中心官网（国家绿色优质农产品公共信息平台）上公布，公告、发证，并以适当方式附送通识性纸质（硬质）印记标识。农耕农品记忆索引名录申报征集程序如下。

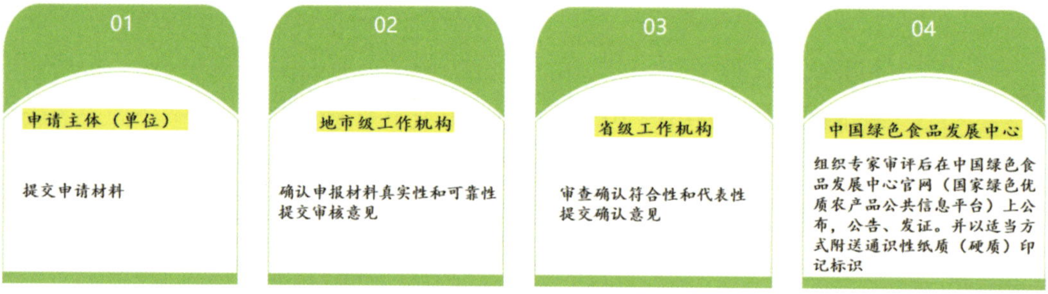

农耕农品记忆索引名录征集申请流程图

一、申请主体（单位）申报

农耕农品记忆索引名录征集，申请单位应为具有产地覆盖、全程质控、生产指导、消费引导、产销对接和农耕传承的能力，覆盖区域范围内的农业生产经营主体、行业协会、技术机构等。

申请工作实行纸质文本申报。申请主体（单位）应充分挖掘利用地产优势特色产业乡村特色农业资源和传承农耕文化，加快培树农产品区域品牌。具体应按照《中国绿色食品发展中心关于探索开展农耕农品记忆索引名录征集工作的函》（中绿地函〔2023〕276号）和《上海市农耕农品记忆索引名录发展方案》（沪农安〔2024〕6号）文件要求，自行提交1份申请材料，经签字盖章后逐级上报确认。

二、地市级确认

地市级农业农村部门农品质量安全（优质农产品）工作机构负责对本地区、本行业申请产品和申请主体（单位）的真实性和可靠性进行确认，提出审核意见并加盖地市级工作机构印章。

三、省级确认

省级农业农村部门农产品质量安全（优质农产品）工作机构负责对本地区、本行业申请产品和申请主体（单位）的符合性和代表性进行确认，提出确认意见并加盖省级工作机构印章。

四、中国绿色食品发展中心确认

中国绿色食品发展中心负责对农耕农品记忆索引名录申请材料的完整性进行审查，组织专家进行材料审评，提出审定意见。

2023年农耕农品记忆索引名录征集专家审评会在北京召开

五、名录公示、发证

中国绿色食品发展中心组织专家审评后在中国绿色食品发展中心官网（国家绿色优质农产品公共信息平台）上公布，公告、发证。并以适当方式附送通识性纸质（硬质）印记标识。

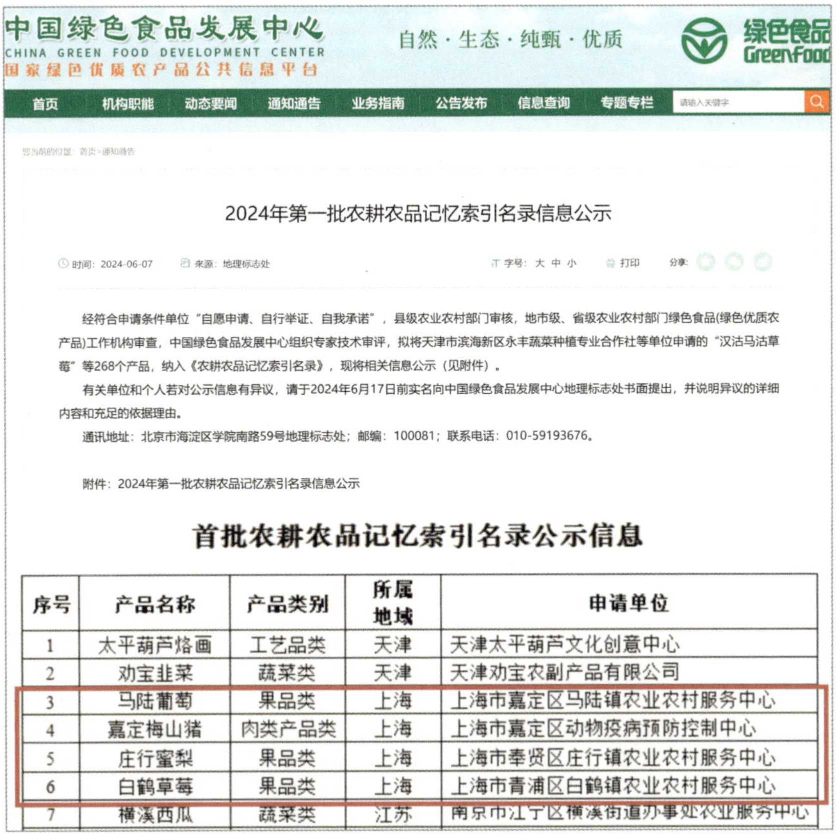

中国绿色食品发展中心
CHINA GREEN FOOD DEVELOPMENT CENTER
国家绿色优质农产品公共信息平台

自然·生态·纯甄·优质

绿色食品 GreenFood

首页 机构职能 动态要闻 通知通告 业务指南 公告发布 信息查询 专题专栏 请输入关键字

您当前的位置：首页 > 通知通告

2024年第一批农耕农品记忆索引名录信息公示

时间：2024-06-07 来源：地理标志处 字号：大 中 小 打印 分享：

经符合申请条件单位“自愿申请、自行举证、自我承诺”，县级农业农村部门审核，地市级、省级农业农村部门绿色食品(绿色优质农产品)工作机构审查，中国绿色食品发展中心组织专家技术审评，拟将天津市滨海新区永丰蔬菜种植专业合作社等单位申请的“汉沽马沽草莓”等268个产品，纳入《农耕农品记忆索引名录》，现将相关信息公示（见附件）。

有关单位和个人若对公示信息有异议，请于2024年6月17日前实名向中国绿色食品发展中心地理标志处书面提出，并说明异议的详细内容和充足的依据理由。

通讯地址：北京市海淀区学院南路59号地理标志处；邮编：100081；联系电话：010-59193676。

附件：2024年第一批农耕农品记忆索引名录信息公示

首批农耕农品记忆索引名录公示信息

序号	产品名称	产品类别	所属地域	申请单位
1	太平葫芦烙画	工艺品类	天津	天津太平葫芦文化创意中心
2	劝宝韭菜	蔬菜类	天津	天津劝宝农副产品有限公司
3	马陆葡萄	果品类	上海	上海市嘉定区马陆镇农业农村服务中心
4	嘉定梅山猪	肉类产品类	上海	上海市嘉定区动物疫病预防控制中心
5	庄行蜜梨	果品类	上海	上海市奉贤区庄行镇农业农村服务中心
6	白鹤草莓	果品类	上海	上海市青浦区白鹤镇农业农村服务中心
7	横溪西瓜	蔬菜类	江苏	南京市江宁区横溪街道办事处农业服务中心

中国绿色食品发展中心公示农耕农品记忆索引名录信息

上海市嘉定区动物疫病预防控制中心申请的嘉定梅山猪已纳入《中国农耕农品记忆索引名录》。

中国绿色食品发展中心
2024年1月12日

编号：NGNP2024000004

上海市奉贤区庄行镇农业农村服务中心申请的庄行蜜梨已纳入《中国农耕农品记忆索引名录》。

中国绿色食品发展中心
2024年1月12日

编号：NGNP2024000005

农耕农品记忆索引名录证书

六、跟进服务

凡纳入“全国农耕农品记忆索引名录”的产品，实行动态管理，由县级以上地方绿色食品（绿色优质农产品）工作机构加强跟踪评价和技术服务。凡不再符合农耕农品记忆索引名录征集条件和要求的，依规退出名录。

第七章　农耕农品记忆索引名录申报案例

第一节　上海农耕农品记忆索引名录产品信息

截至2024年10月，上海市累计7个农产品入选农耕农品记忆索引名录，分别是马陆葡萄、嘉定梅山猪、庄行蜜梨、白鹤草莓、松江兰花茄、农本牌崇明老白酒和嘉蒜牌嘉定白蒜，获证产品具体信息如下。

序号	证书编号	市	区	产品全称	产品类别		申请单位全称	获证时间
1	NGNP2024000003	上海	嘉定区	马陆葡萄	种植业	果品类	上海市嘉定区马陆镇农业农村服务中心	20231221
2	NGNP2024000004	上海	嘉定区	嘉定梅山猪	畜牧业	肉类产品类	上海市嘉定区动物疫病预防控制中心	20231221
3	NGNP2024000005	上海	奉贤区	庄行蜜梨	种植业	果品类	上海市奉贤区庄行镇农业农村服务中心	20231221
4	NGNP2024000006	上海	青浦区	白鹤草莓	种植业	果品类	上海市青浦区白鹤镇农业农村服务中心	20231221
5	NGNP2024000335	上海	松江区	松江兰花茄	种植业	蔬菜类	上海市松江区农业技术推广中心	20240607
6	NGNP2024000683	上海	崇明区	农本牌崇明老白酒	加工业	酒类	上海农家酿酒有限公司	20241022
7	NGNP2024000684	上海	嘉定区	嘉蒜牌嘉定白蒜	种植业	蔬菜类	上海嘉蒜农业专业合作社	20241022

第二节　农耕农品记忆索引名录申报范例（上海）

一、种植业申报范例（白鹤草莓、松江兰花茄）

（一）白鹤草莓

1. 白鹤草莓介绍

白鹤草莓于1983年在白鹤镇赵屯地区引进试种，素有“水果皇后”之称。草莓果型呈长圆锥形，外形美观，有光泽，呈鲜红色；果肉呈粉色，食之甜香微酸，风味浓郁，具独特香味。白鹤草莓先后获评了农业农村部农产品地理标志、全国名特优新农产品。近年来，依托举办白鹤草莓文化节，建设上海市内唯一一个以草莓为主题的文化展示馆等多种宣展形式，多角度展示白鹤草莓品牌形象和文化内涵，携手打造“白鹤草莓”区域公共品牌。

白鹤草莓

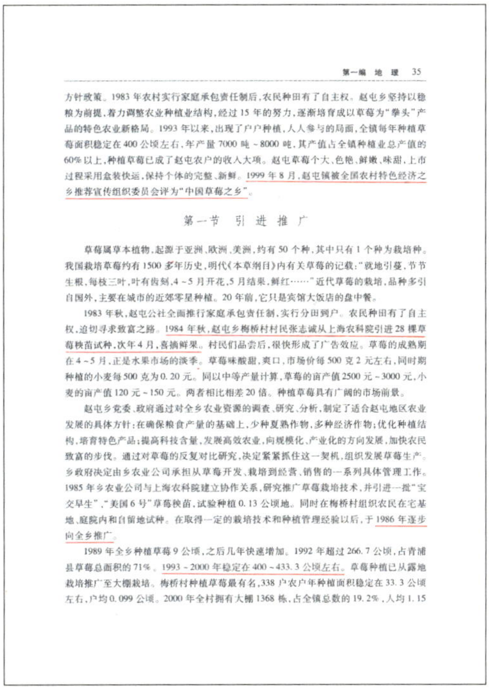

第一编 地 理 35

方针政策。1983 年农村实行家庭承包责任制后，农民种田有了自主权。赵屯乡坚持以稳粮为前提，着力调整农业种植业结构，经过 15 年的努力，逐渐培育成以草莓为"拳头"产品的特色农业新格局。1993 年以来，出现了户户种植，人人参与的局面，全镇每年种植草莓面积稳定在 400 公顷左右，年产量 7000 吨～8000 吨，其产值占全镇种植业总产值的 60% 以上，种植草莓已成了赵屯农户的收入大项。赵屯草莓个大、色艳、鲜嫩、味甜，上市过程采用盒装快运，保持个体的完整、新鲜。1999 年 8 月，赵屯镇被全国农村特色经济之乡推荐宣传组织委员会评为"中国草莓之乡"。

第一节 引 进 推 广

草莓属草本植物，起源于亚洲、欧洲、美洲，约有 50 个种，其中只有 1 个种为栽培种。我国栽培草莓约有 1500 多年历史，明代《本草纲目》内有关草莓的记载："就地引蔓，节节生根，每枝三叶，叶有齿刻，4～5 月开花，5 月结果，鲜红……"近代草莓的栽培，品种多引自国外，主要在城市的近郊零星种植。20 年前，它只是宾馆大饭店的盘中餐。

1983 年秋，赵屯公社全面推行家庭承包责任制，实行分田到户。农民种田有了自主权，迫切寻求致富之路。1984 年秋，赵屯乡梅桥村村民张志诚从上海农科院引进 28 棵草莓秧苗试种，次年 4 月，喜摘鲜果。村民们品尝后，很快形成了广告效应。草莓的成熟期在 4～5 月，正是水果市场的淡季。草莓味酸甜，爽口，市场价每 500 克 2 元左右，同时期种植的小麦每 500 克为 0.20 元。同以中等产量计算，草莓的亩产值 2500 元～3000 元，小麦的亩产值 120 元～150 元。两者相比相差 20 倍。种植草莓具有广阔的市场前景。

赵屯乡党委、政府通过对全乡农业资源的调查、研究、分析，制定了适合赵屯地区农业发展的具体方针：在确保粮食产量的基础上，少种夏熟作物，多种经济作物；优化种植结构，培育特色产品；提高科技含量，发展高效农业，向规模化、产业化的方向发展，加快农民致富的步伐。通过对草莓的反复对比研究，决定紧紧抓住这一契机，组织发展草莓生产。乡政府决定由乡农业公司承担从草莓开发、栽培到经营、销售的一系列具体管理工作。1985 年乡农业公司与上海农科院建立协作关系，研究推广草莓栽培技术，并引进一批"宝交早生"、"美国 6 号"草莓秧苗，试验种植 0.13 公顷地。同时在梅桥村组织农民在宅基地、庭院内和自留地试种。在取得一定的栽培技术和种植管理经验以后，于 1986 年逐步向全乡推广。

1989 年全乡种植草莓 9 公顷，之后几年快速增加。1992 年超过 266.7 公顷，占青浦县草莓总面积的 71%。1993～2000 年稳定在 400～433.3 公顷左右。草莓种植已从露地栽培推广至大棚栽培。梅桥村种植草莓最有名，338 户农户年种植面积稳定在 33.3 公顷左右，户均 0.099 公顷。2000 年全村拥有大棚 1368 栋，占全镇总数的 19.2%，人均 1.15

赵屯志历史记载

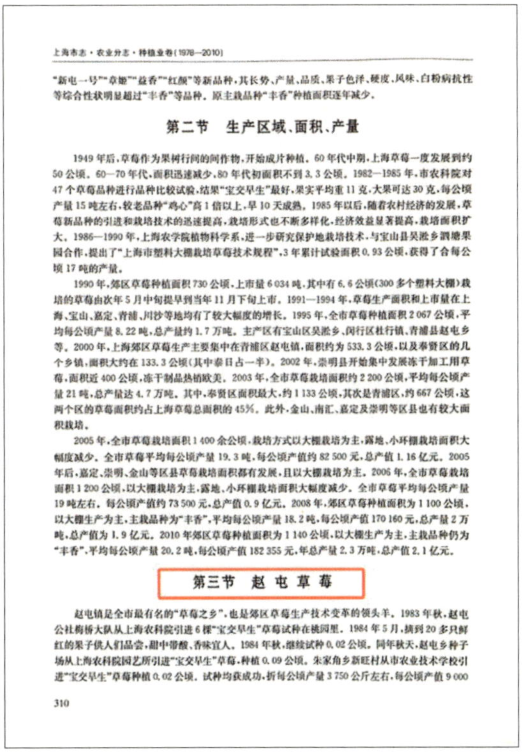

上海市志 · 农业分志 · 种植业卷(1978—2010)

"新屯一号""章姬""益香""红颜"等新品种，其长势、产量、品质、果子色泽、硬度、风味、白粉病抗性等综合性状明显超过"丰香"等品种。原主栽品种"丰香"种植面积逐年减少。

第二节 生产区域、面积、产量

1949 年后，草莓作为果树行间的间作物，开始成片种植。60 年代中期，上海草莓一度发展到约 50 公顷。60—70 年代，面积迅速减少，80 年代初面积不到 3.3 公顷。1982—1985 年，市农科院对 47 个草莓品种进行品种比较试验，结果"宝交早生"最好，果实平均重 11 克，大果可达 30 克，每公顷产量 15 吨左右，较老品种"鸡心"高 1 倍以上，早 10 天成熟。1985 年以后，随着农村经济的发展，草莓新品种的引进和栽培技术的迅速提高，栽培形式也不断多样化，经济效益显著提高，栽培面积扩大。1986—1990 年，上海农学院植物科学系，进一步研究保护地栽培技术，与宝山县吴淞乡泗塘果园合作，提出了"上海市塑料大棚栽培草莓技术规程"，3 年累计试验面积 0.93 公顷，获得了合每公顷 17 吨的产量。

1990 年，郊区草莓种植面积 730 公顷，上市量 6 034 吨，其中有 6.6 公顷(300 多个塑料大棚)栽培的草莓由次年 5 月中旬提早到当年 11 月下旬上市。1991—1994 年，草莓生产面积和上市量在上海、宝山、嘉定、青浦、川沙等地均有了较大幅度的增长。1995 年，全市草莓种植面积 2 067 公顷，平均每公顷产量 8.22 吨，总产量约 1.7 万吨。主产区有宝山区吴淞乡、闵行区杜行镇、青浦县赵屯乡等。2000 年，上海郊区草莓生产主要集中在青浦区赵屯镇，面积约为 533.3 公顷，以及奉贤区的几个乡镇，面积大约在 133.3 公顷(其中泰日占一半)。2002 年，崇明县开始集中发展冻干加工用草莓，面积近 400 公顷，冻干制品热销欧美。2003 年，全市草莓栽培面积约 2 200 公顷，平均每公顷产量 21 吨，总产量达 4.7 万吨。其中，奉贤区面积最大，约 1 133 公顷，其次是青浦区，约 667 公顷，这两个区的草莓面积约占上海草莓总面积的 45%。此外，金山、南汇、嘉定及崇明等区县也有较大面积栽培。

2005 年，全市草莓栽培面积 1 400 余公顷，栽培方式以大棚栽培为主，露地、小环棚栽培面积大幅度减少。全市草莓平均每公顷产量 19.3 吨，每公顷产值约 82 500 元，总产值 1.16 亿元。2005 年后，嘉定、崇明、金山等区县草莓栽培面积都有发展，且以大棚栽培为主。2006 年，全市草莓栽培面积 1 200 公顷，以大棚栽培为主，露地、小环棚栽培面积大幅度减少。全市草莓平均每公顷产量 19 吨左右。每公顷产值约 73 500 元，总产值 0.9 亿元。2008 年，郊区草莓种植面积为 1 100 公顷，以大棚生产为主，主栽品种为"丰香"，平均每公顷产量 18.2 吨，每公顷产值 170 160 元，总产量 2 万吨，总产值为 1.9 亿元。2010 年郊区草莓种植面积为 1 140 公顷，以大棚生产为主，主栽品种仍为"丰香"，平均每公顷产量 20.2 吨，每公顷产值 182 355 元，年总产量 2.3 万吨，总产值 2.1 亿元。

第三节 赵 屯 草 莓

赵屯镇是全市最有名的"草莓之乡"，也是郊区草莓生产技术变革的领头羊。1983 年秋，赵屯公社梅桥大队从上海农科院引进 6 棵"宝交早生"草莓试种在桃园里。1984 年 5 月，摘到 20 多只鲜红的果子供人们品尝，甜中带酸、香味宜人。1984 年秋，继续试种 0.02 公顷。同年秋天，赵屯乡种子场从上海农科院园艺所引进"宝交早生"草莓，种植 0.09 公顷。朱家角乡新旺村从市农业技术学校引进"宝交早生"草莓种植 0.02 公顷。试种均获成功，折每公顷产量 3 750 公斤左右，每公顷产值 9 000

310

上海市志历史记载

2. 白鹤草莓农耕农品记忆索引名录申报范例

本文件以白鹤草莓作为种植业农耕农品记忆索引名录申报范例，产品填报信息如下。

农 耕 农 品 记 忆 索 引 名 录 征 集

申请材料

产品名称：白鹤草莓（上海）

申请单位：上海市青浦区白鹤镇农业农村服务中心（盖章）

目 录

附件

农耕农品记忆索引名录征集
申　请　表

产品名称：白鹤草莓

申请单位：上海市青浦区白鹤镇农业农村服务中心

（填写全称并加盖印章）

填报日期：2023 年 12 月 5 日

中国绿色食品发展中心　制

申请产品基本信息

<table>
<tr><td>产品全称</td><td colspan="3">白鹤草莓</td></tr>
<tr><td>规模数量</td><td>6 362.4亩</td><td>年产值（万元）</td><td>×××</td></tr>
<tr><td>产地覆盖范围（200字以内，可另附页）</td><td colspan="3">上海市青浦区白鹤镇境内，以地理坐标为北纬31°17′32″～31°13′12″，东经121°11′08″～121°03′24″为范围，总区域面积为57.63 km^2。</td></tr>
<tr><td>农耕特点及传承情况简述（500字以内，可另附页）</td><td colspan="3">白鹤镇位于上海与江苏的交界处拥有非常发达的水系网络，苏州河、东西大盈港和油墩港四条大河穿过，属北亚热带季风气候，温和湿润，四季分明，日照充足，雨水充沛，无霜期长，全区日平均气温17.6℃左右，全年无霜期230天，降水日121天，年降水量990.2 mm，全年日照总时数1 756 h，有机质丰富，土壤pH值为5.5～7.0，适合草莓生长。
1983年秋，白鹤镇赵屯地区的农民张志诚同志从上海市农业科学院引进6棵宝交早生草莓秧苗试种，自此白鹤镇拉开了草莓种植的序幕，1985年乡农业公司与上海农业科学院建立协作关系，研究推广草莓栽培技术，在取得一定的栽培技术和种植管理经验后，于1986年逐步向全乡推广，并且逐渐走向规模化种植。1999年，赵屯地区被全国农村特色经济之乡推荐宣传委员会评为“中国草莓之乡”。2018年“白鹤草莓”被授予国家地理标志农产品。2023年“白鹤草莓”品牌强度达到了780，品牌价值为2.5亿元。
白鹤草莓发展至今正好拥有40年历史，如今白鹤草莓在品牌、品质上都获得了越来越多消费者的认可。</td></tr>
<tr><td>产品特性（品质、风格）简述（500字以内，可另附页）</td><td colspan="3">“白鹤草莓”以“红颜”品种为主，具有“色、香、糯”特征，果型呈长圆锥形，外形美观，有光泽，呈鲜红色，果表着色度90%以上。白鹤草莓果肉呈粉色，果肉细致，食之甜香微酸，风味浓郁，具独特香味。其营养价值丰富，热量极低，维生素C、纤维素、果胶物质含量高，特有的鞣花酸成分对化学物质诱导癌变及其他多种癌变有明显的抑制作用。每1 000 g白鹤草莓产品中可溶性固形物含量应≥9%，总酸量应≤8.7 g/kg。</td></tr>
<tr><td>应用场景、消费定位及发展趋势简述（500字以内，可另附页）</td><td colspan="3">“白鹤草莓”销售以田头批发为主，部分合作社与百联、盒马鲜生线下超市及i百联、邮政商城等线上电商平台合作销售。
草莓素有“水果皇后”之称，营养价值丰富，酸甜可口，深受消费者喜欢，受众群体广，且由于其上市时间短又正值冬季过年期间，市场价值较高。
近两年白鹤镇草莓种植面积稳定在6 000多亩，是上海地区最大的草莓种植点。2023年在“白鹤草莓”地理标志农产品保护工程项目的支持下，种苗提纯复壮、栽培技术、包装效率都得到了一定提升，种苗成活率达到90%以上，减少病虫害30%，产品机械损伤率由5%减少至2%，单小时人均产量提升47%以上。产业链标准、质量监管体系逐步提升，全面推进采用数字化网上监管平台，开具合格证，提升产品品质，加强溯源体系。加强塑造白鹤草莓品牌形象，扩大品牌宣传，力争将“白鹤草莓”推向更广阔的市场。</td></tr>
</table>

（二）松江兰花茄

1. 松江兰花茄介绍

松江兰花茄是松江特有的优质地方品种，在《华亭续志》《上海农业志》《松江农业志》均有历史记载，距今已有500～600年栽培历史。兰花茄个小如指，二寸左右长，籽少皮薄，生长到约6 cm，是它口感最佳的时间，吃起来，会有一股淡淡的兰花香气，也因此而得名。自2010年开始，松江区农业技术推广中心在全区范围内从传统种植区域的农户手中收集兰花茄种质资源并进行提纯繁殖保存，在上海市第三次农作物种质资源普查中，松江区“兰花茄”被认定为上海市首批地方特色农作物种质资源之一。

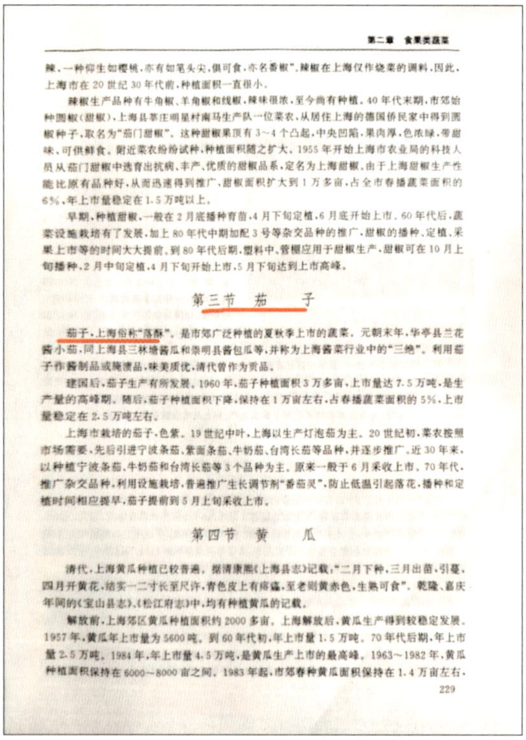

第二章　食果类蔬菜

辣，一种仰生如樱桃，亦有如笔头尖，俱可食，亦名番椒”。辣椒在上海仅作烧菜的调料，因此，上海市在20世纪30年代前，种植面积一直很小。

辣椒生产品种有牛角椒、羊角椒和线椒，辣味很浓，至今尚有种植。40年代末期，市郊始种圆椒（甜椒），上海县莘庄明星村南马生产队一位菜农，从居住上海的德国侨民家中得到圆椒种子，取名为“茄门甜椒”。这种甜椒果顶有3～4个凸起，中央凹陷，果肉厚，色浓绿，带甜味，可供鲜食。附近菜农纷纷试种，种植面积随之扩大。1955年开始上海市农业局的科技人员从茄门甜椒中选育出抗病、丰产、优质的甜椒品系，定名为上海甜椒。由于上海甜椒生产性能比原有品种好，从而迅速得到推广，甜椒面积扩大到1万多亩，占全市春播蔬菜面积的6%，年上市量稳定在1.5万吨以上。

早期，种植甜椒，一般在2月底播种育苗，4月下旬定植，6月底开始上市。60年代后，蔬菜设施栽培有了发展，加上80年代中期加配3号等杂交品种的推广，甜椒的播种、定植、采果上市等的时间大大提前。到80年代后期，塑料中、管棚应用于甜椒生产，甜椒可在10月上旬播种，2月中旬定植，4月下旬开始上市，5月下旬达到上市高峰。

第三节　茄　　子

茄子，上海俗称“落酥”，是市郊广泛种植的夏秋季上市的蔬菜。元朝末年，华亭县兰花酱小茄，同上海县三林塘酱瓜和崇明县酱包瓜等，并称为上海酱菜行业中的“三绝”。利用茄子作酱制品或腌渍品，味美质优，清代曾作为贡品。

建国后，茄子生产有所发展。1960年，茄子种植面积3万多亩，上市量达7.5万吨，是生产量的高峰期。随后，茄子种植面积下降，保持在1万亩左右，占春播蔬菜面积的5%，上市量稳定在2.5万吨左右。

上海市栽培的茄子，色紫。19世纪中叶，上海以生产灯泡茄为主。20世纪初，菜农按照市场需要，先后引进宁波条茄、紫面条茄、牛奶茄、台湾长茄等品种，并逐步推广。近30年来，以种植宁波条茄、牛奶茄和台湾长茄等3个品种为主。原来一般于6月采收上市。70年代，推广杂交品种，利用设施栽培，普遍推广生长调节剂“番茄灵”，防止低温引起落花，播种和定植时间相应提早，茄子提前到5月上旬采收上市。

第四节　黄　　瓜

清代，上海黄瓜种植已较普遍。据清康熙《上海县志》记载，“二月下种，三月出苗，引蔓，四月开黄花，结实一二寸长至尺许，青色皮上有瘠瘟，至老则黄赤色，生熟可食”。乾隆、嘉庆年间的《宝山县志》、《松江府志》中，均有种植黄瓜的记载。

解放前，上海郊区黄瓜种植面积约2000多亩。上海解放后，黄瓜生产得到较稳定发展。1957年，黄瓜年上市量为5600吨。到60年代初，年上市量1.5万吨。70年代后期，年上市量2.5万吨。1984年，年上市量4.5万吨，是黄瓜生产上市的最高峰。1963～1982年，黄瓜种植面积保持在6000～8000亩之间。1983年起，市郊春种黄瓜面积保持在1.4万亩左右，

229

上海农业志记载松江兰花茄

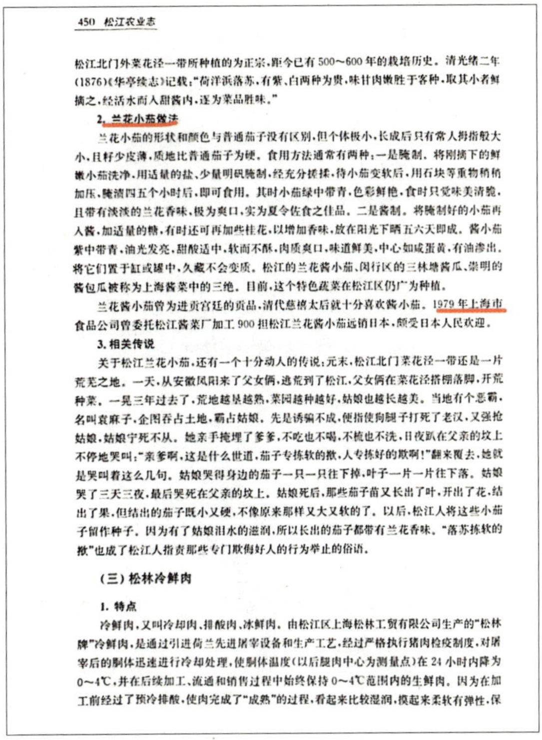

450 松江农业志

松江北门外菜花泾一带所种植的为正宗，距今已有500～600年的栽培历史。清光绪二年(1876)《华亭续志》记载："荷洋浜落苏，有紫、白两种为贵，味甘肉嫩胜于客种，取其小者鲜摘之，经活水而入甜酱内，遂为菜品胜味。"

2. 兰花小茄做法

兰花小茄的形状和颜色与普通茄子没有区别，但个体极小，长成后只有常人拇指般大小，且籽少皮薄，质地比普通茄子为硬。食用方法通常有两种：一是腌制。将刚摘下的鲜嫩小茄洗净，用适量的盐、少量明矾腌制，经充分搓揉，待小茄变软后，用石块等重物稍稍加压，腌渍四五个小时后，即可食用。其时小茄绿中带青，色彩鲜艳，食时只觉味美清脆，且带有淡淡的兰花香味，极为爽口，实为夏令佐食之佳品。二是酱制。将腌制好的小茄再入酱，加适量的糖，有时还可再加些桂花，以增加香味，放在阳光下晒五六天即成。酱小茄紫中带青，油光发亮，甜酸适中，软而不酥，肉质爽口，味道鲜美，中心如咸蛋黄，有油渗出。将它们置于缸或罐中，久藏不会变质。松江的兰花酱小茄、闵行区的三林塘酱瓜、崇明的酱包瓜被称为上海酱菜中的三绝。目前，这个特色蔬菜在松江区仍广为种植。

兰花酱小茄曾为进贡宫廷的贡品，清代慈禧太后就十分喜欢酱小茄。1979年上海市食品公司曾委托松江酱菜厂加工900担松江兰花酱小茄远销日本，颇受日本人民欢迎。

3. 相关传说

关于松江兰花小茄，还有一个十分动人的传说：元末，松江北门菜花泾一带还是一片荒芜之地。一天，从安徽凤阳来了父女俩，逃荒到了松江，父女俩在菜花泾搭棚落脚，开荒种菜。一晃三年过去了，荒地越垦越熟，菜园越种越好，姑娘也越长越美。当地有个恶霸，名叫袁麻子，企图吞占土地，霸占姑娘。先是诱骗不成，便指使狗腿子打死了老汉，又强抢姑娘，姑娘宁死不从。她亲手掩埋了爹爹，不吃也不喝，不梳也不洗，日夜趴在父亲的坟上不停地哭叫："亲爹啊，这是什么世道，茄子专拣软的揿，人专拣好的欺啊！"翻来覆去，她就是哭叫着这么几句。姑娘哭得身边的茄子一只一只往下掉，叶子一片一片往下落。姑娘哭了三天三夜，最后哭死在父亲的坟上。姑娘死后，那些茄子苗又长出了叶，开出了花，结出了果，但结出的茄子既小又硬，不像原来那样又大又软的了。以后，松江人将这些小茄子留作种子。因为有了姑娘泪水的滋润，所以长出的茄子都带有兰花香味。"落苏拣软的揿"也成了松江人指责那些专门欺侮好人的行为举止的俗语。

(三) 松林冷鲜肉

1. 特点

冷鲜肉，又叫冷却肉、排酸肉、冰鲜肉。由松江区上海松林工贸有限公司生产的"松林牌"冷鲜肉，是通过引进荷兰先进屠宰设备和生产工艺，经过严格执行猪肉检疫制度，对屠宰后的胴体迅速进行冷却处理，使胴体温度(以后腿肉中心为测量点)在24小时内降为0～4℃，并在后续加工、流通和销售过程中始终保持0～4℃范围内的生鲜肉。因为在加工前经过了预冷排酸，使肉完成了"成熟"的过程，看起来比较湿润，摸起来柔软有弹性，保

松江农业志记载松江兰花茄

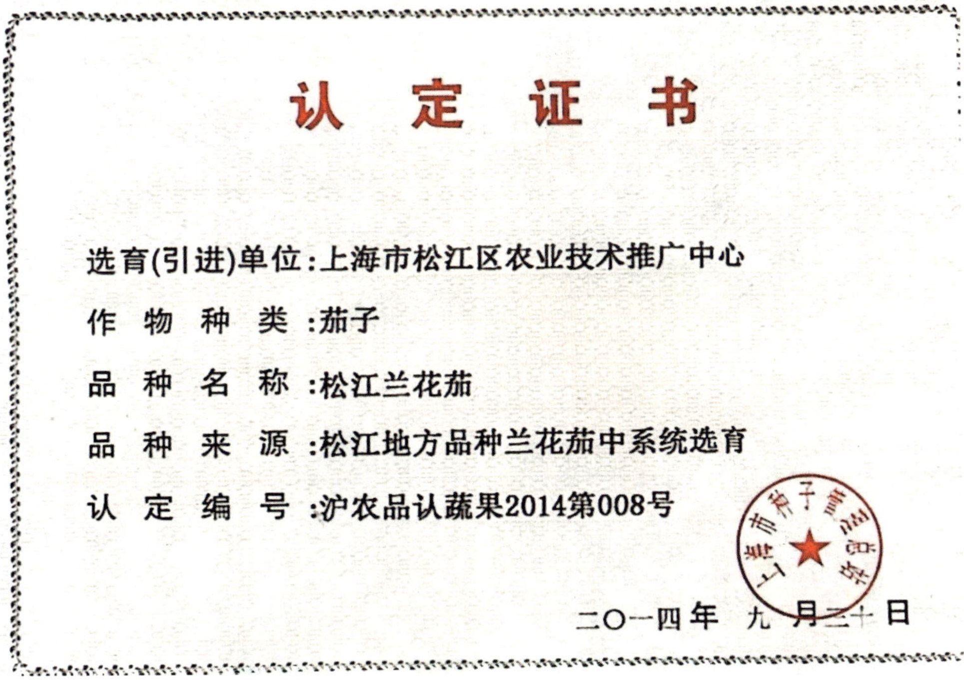

认 定 证 书

选育(引进)单位：上海市松江区农业技术推广中心

作 物 种 类：茄子

品 种 名 称：松江兰花茄

品 种 来 源：松江地方品种兰花茄中系统选育

认 定 编 号：沪农品认蔬果2014第008号

二〇一四年 九 月二十日

松江兰花茄品种认定证书

松江兰花茄育苗及产品

松江兰花茄酱菜成品

2. 松江兰花茄介绍农耕农品记忆索引名录申报范例

本文件以松江兰花茄作为种植业农耕农品记忆索引名录申报范例，产品填报信息如下。

农 耕 农 品 记 忆 索 引 名 录 征 集

申请材料

产品名称：　松江兰花茄　（上海）

申请单位：上海市松江区农业技术推广中心　（盖章）

目 录

附件

农耕农品记忆索引名录征集

申　请　表

产品名称：　松江兰花茄

申请单位：上海市松江区农业技术推广中心

（填写全称并加盖印章）

填报日期：　2024　年　4　月　26　日

中国绿色食品发展中心　制

申请产品基本信息

<table>
<tr><td>产品全称</td><td colspan="3">松江兰花茄</td></tr>
<tr><td>规模数量</td><td>15亩</td><td>年产值（万元）</td><td>×××</td></tr>
<tr><td>产地覆盖范围（200字以内，可另附页）</td><td colspan="3">松江兰花茄是松江特有的优质地方品种，种植范围在东经121°45′、北纬31°。现种植于松江区石湖荡镇、泖港镇、新浜镇、叶榭镇、小昆山镇等8家农业专业合作社以及泖港镇20余户农户，种植区域比较分散，种植总面积每年稳定在15亩左右。</td></tr>
<tr><td>农耕特点及传承情况简述（500字以内，可另附页）</td><td colspan="3">松江兰花茄距今有500～600年栽培历史。据《上海农业志》记载，元朝末年，华亭（今上海松江）县兰花酱小茄，同上海县三林塘酱瓜和崇明县酱包瓜等，并称为上海酱菜行业中的“三绝”。
清、光绪二年《华亭续志》记载：“河洋浜落酥，味甘肉嫩，有紫、白两种为贵，味甘肉嫩胜于客种，取其小者鲜摘之，经活水而入甜酱内，逐为菜品胜味。”利用兰花茄作酱制品或腌渍品，味美质优，清代曾作为贡品。
近代作家施蛰存《云间语小录》称：“松人所嗜，乃落苏之初成实者，长不过一二寸，渍以盐，贮瓦钵中，闺人用手步颉频揉挼之，使软，使盐味透入，用石压之，三五日后，便可供食。”
一直以来，兰花茄在松江地区都有农户自家种植，但由于一直是农家自留种，导致该品种种性退化，可能丧失特有的典型性性状。因此，松江区农业技术推广中心从2010年开始，在全区范围内从传统种植区域的农户手中收集兰花茄种质资源并进行提纯繁殖保存。经过多年的系统选育工作，品种已较刚收集时的纯度提高很多，并且于2014年通过了上海市品种审定委员会认定，同时已配套有相对比较完整的系统选育方法和栽培技术。在上海市第三次农作物种质资源普查中，松江区“兰花茄”被认定为上海市首批地方特色农作物种质资源之一。</td></tr>
<tr><td>产品特性（品质、风格）简述（500字以内，可另附页）</td><td colspan="3">兰花茄，又称兰花小茄或小落酥。个头不大，生长到约6 cm，是它口感最佳的时间，吃起来，会有一股淡淡的兰花香气，也因此而得名。与普通茄子不同的是，兰花茄的皮比较厚，适合腌渍酱菜，这也是松江农家的特色吃法，经酱油、辣椒等配料腌制后，口感爽脆。
兰花茄个小如指，二寸左右长，籽少皮薄，摘鲜嫩者，洗净后以盐渍而食，其味确有兰花之香，酱茄紫中带青，油光发亮，味鲜略酸，软而不酥，肉脆可口，中心像咸蛋黄油渗出，为夏令佳品。形状与普通茄子没有区别，颜色比一般长茄深，为黑紫色，每瓣花萼带一根硬刺。但最佳食用期个体较小，一般在6 cm。籽少皮薄、脆，质地较普通茄子稍硬。
兰花茄对自然环境很敏感，对温度要求尤其高，需要露地种植，而不适宜大棚栽种，结果较多，每亩产量600 kg左右。通常，在2月初播种，清明左右移栽入田，6月初成熟，可连续采收至立秋时。若在大棚生长，容易导致植株过高，但结果少。正宗兰花茄通常每根茄子有3～4个萼片，每个萼片都带有一个刺，刺很硬，人不小心可能会被扎破。</td></tr>
</table>

应用场景、消费定位及发展趋势简述（500字以内，可另附页）	松江兰花茄主要做酱菜或腌制菜，不做熟菜食用，这在一定程度上限制了兰花茄的推广种植。 目前，兰花茄分散种植于石湖荡镇、泖港镇、新浜镇、叶榭镇、小昆山镇等农业专业合作社以及部分农户。种植的兰花茄多用于自制酱菜或销售给饭店做酱菜。酱小茄紫中带青，油光发亮，甜酸适中，软而不酥，肉质爽口，味道鲜美，食客食用后对兰花茄赞不绝口。松江县农业志记载，1979年上海市食品公司曾委托松江酱菜厂加工900担松江兰花酱小茄远销日本，颇受日本人民的欢迎。 由于兰花茄食用方法主要是腌制和酱制，酱菜手艺的缺位在一定程度上也限制了兰花茄的种植推广。若解决兰花茄酱制工艺问题，将大大促进兰花茄的种植推广，有利于进一步创建兰花茄品牌优势。上海市松江区正在着力解决兰花茄小茄酱制工艺及标准化、机械化生产等问题，该品种是优异的地方特色种质资源，具备较大的产业化开发价值。

二、畜牧业申报范例（嘉定梅山猪）

1. 嘉定梅山猪介绍

得天独厚的地理环境和饲养培育历史，形成了嘉定梅山猪耐粗饲、抗逆性强、产仔率高、肉质鲜美的良好品质。近年来，为加强对嘉定梅山猪这一特色农产品的保护，在有序推进梅山猪的遗传育种、种质保护的基础上，通过整合资源，挖掘、利用和培育地理标志、名特优新农产品，开展嘉定梅山猪品牌建设及宣传推介，着力开发“嘉定梅山猪”区域公用品牌。

嘉定梅山猪

嘉定梅山猪（续）

全国名特优新农产品

证书

上海市嘉定区动物疫病预防控制中心：

你单位申报的**嘉定梅山猪**已被全国名特优新农产品名录收集登录。

特颁此证。

农业农村部

农产品质量安全中心

2023年8月29日

编号：CAQS-MTYX-20230339

（此证2024年8月28日后需与年度确认文件同时使用）

附证

证书编号为CAQS-MTYX-20230339的产品已纳入全国名特优新农产品名录，有效期至2024年8月28日。

主要生产经营单位：

1. 上海嘉定维高蔬果专业合作社

产地正宗　　品质地道

嘉定梅山猪全国名特优新农产品证书

2. 嘉定梅山猪农耕农品记忆索引名录申报范例

本文件以马陆葡萄作为畜牧业农耕农品记忆索引名录申报案例，产品填报信息如下。

农 耕 农 品 记 忆 索 引 名 录 征 集

申请材料

产品名称：嘉定梅山猪（上海）

申请单位：上海市嘉定区动物疫病预防控制中心（盖章）

目 录

附件

农耕农品记忆索引名录征集
申 请 表

产品名称：嘉定梅山猪

申请单位：上海市嘉定区动物疫病预防控制中心

（填写全称并加盖印章）

填报日期：2023 年 12 月 4 日

中国绿色食品发展中心 制

申请产品基本信息

<table>
<tr><td>产品全称</td><td colspan="3">嘉定梅山猪</td></tr>
<tr><td>规模数量</td><td>5 000头</td><td>年产值（万元）</td><td>×××</td></tr>
<tr><td>产地覆盖范围（200字以内，可另附页）</td><td colspan="3">根据《农产品地理标志登记管理办法》和《全国名特优新农产品》的规定范围：地理坐标为北纬31°36′50″～31°46′38″、东经121°11′87″～121°32′57″，主要区域为上海市嘉定区华亭镇、工业区、徐行镇、外冈镇，共4个镇（区），现养殖地点为上海市嘉定区动物疫病预防控制中心—国家级梅山猪保种场（嘉唐公路1991号）、上海嘉定维高蔬果专业合作社（嘉朱公路3333号）。</td></tr>
<tr><td>农耕特点及传承情况简述（500字以内，可另附页）</td><td colspan="3">嘉定梅山猪是生长在上海市嘉定区一带的梅山猪，中国著名地方品种，先后被多个国家引进，以高繁殖力和优良母性而名扬世界，成为世界著名猪种，被誉为中华“国宝”。嘉定区位于太湖流域地处长江三角洲平原的东部，地势平坦，河流纵横。得天独厚的地理环境，为饲养梅山猪提供优越的条件。经过多年的培育，形成了梅山猪耐粗饲、抗逆性强、产仔率高、肉质鲜美等特点。</td></tr>
<tr><td>产品特性（品质、风格）简述（500字以内，可另附页）</td><td colspan="3">商品生猪全身被毛黑色，耳中等大小、前垂，脸面有浅纹，嘴中等长而直，四肢结实，背腰平直，结构匀称。肉质品质上，肌肉鲜红、湿润有光泽，肉质细腻、紧密、弹性好，切面纹理清晰、光滑，胆固醇含量低于参照值47%。</td></tr>
<tr><td>应用场景、消费定位及发展趋势简述（500字以内，可另附页）</td><td colspan="3">为加强对我国优良地方品种——梅山猪这一特色农产品的保护，在有序推进梅山猪的遗传育种、种质保护的基础上，通过整合资源，挖掘、利用和培育地理标志、名特优新农产品，开展嘉定梅山猪品牌建设及宣传推介，着力开发“嘉定梅山猪”区域品牌。
嘉定梅山猪年上市商品猪5 000多头，嘉定区动物疫控中心（梅山猪保种单位）、上海嘉定维高蔬果专业合作社（商品猪经营单位）与上海五丰上食食品有限公司进行联合开发，分割优质肉已进入易初莲花、联华等10多家超市销售。
今后，将继续进行品牌建设，创建注册优质特色品牌肉商标，进一步开展宣传推介，提升“嘉定梅山猪”的品牌知名度和影响力。</td></tr>
</table>